# YA TE CARGÓ EL RETIRO

# YA TE CARGÓ EL RETIRO

Cómo tener un retiro digno
y alcanzar la libertad financiera

EDUARDO ROSAS

Grijalbo

El papel utilizado para la impresión de este libro ha sido fabricado a partir de madera procedente de bosques y plantaciones gestionadas con los más altos estándares ambientales, garantizando una explotación de los recursos sostenible con el medio ambiente y beneficiosa para las personas.

**Ya te cargó el retiro**
*Cómo tener un retiro digno y alcanzar la libertad financiera*

Primera edición: mayo, 2024

D. R. © 2024, Eduardo Rosas

D. R. © 2024, derechos de edición mundiales en lengua castellana:
Penguin Random House Grupo Editorial, S. A. de C. V.
Blvd. Miguel de Cervantes Saavedra núm. 301, 1er piso,
colonia Granada, alcaldía Miguel Hidalgo, C. P. 11520,
Ciudad de México

penguinlibros.com

Penguin Random House Grupo Editorial apoya la protección del *copyright*. El *copyright* estimula la creatividad, defiende la diversidad en el ámbito de las ideas y el conocimiento, promueve la libre expresión y favorece una cultura viva. Gracias por comprar una edición autorizada de este libro y por respetar las leyes del Derecho de Autor y *copyright*. Al hacerlo está respaldando a los autores y permitiendo que PRHGE continúe publicando libros para todos los lectores.

Queda prohibido bajo las sanciones establecidas por las leyes escanear, reproducir total o parcialmente esta obra por cualquier medio o procedimiento así como la distribución de ejemplares mediante alquiler o préstamo público sin previa autorización.
Si necesita fotocopiar o escanear algún fragmento de esta obra diríjase a CemPro (Centro Mexicano de Protección y Fomento de los Derechos de Autor, https://cempro.com.mx).

ISBN: 978-607-384-216-7

Impreso en México – *Printed in Mexico*

# Índice

Introducción .............................................. 9

CAPÍTULO 1
Cuánto necesitarás para tu retiro ............................ 17

CAPÍTULO 2
Primeros pasos ............................................ 45

CAPÍTULO 3
Fondo de emergencia, el primer paso
a tu libertad financiera ........................................ 67

CAPÍTULO 4
Paga tus deudas, el segundo paso
a tu libertad financiera ........................................ 101

CAPÍTULO 5
Afores ................................................... 127

CAPÍTULO 6
Planes personales para el retiro ........................... 157

CAPÍTULO 7
Cómo invertir para retirarse antes ........................ 177

CAPÍTULO 8
Dos claves del éxito de tus inversiones ................. 225

CAPÍTULO 9

**Problemas que pueden retrasar tu retiro** ............... 245

CAPÍTULO 10

**Rómpase cuando se llegue al retiro** ....................... 289

CAPÍTULO 11

**No esperes a tu retiro** ........................................... 307

# Introducción

El año es 1973 y el sistema de retiro funciona como un esquema piramidal. Sí, tal como esas estafas insostenibles que solo funcionan mientras nuevas personas sigan cayendo en ellas y lleguen a arriesgar su dinero. La única forma en que se puede pagar la pensión de las personas mayores de 65 es con el trabajo de las personas jóvenes; entonces, como en una pirámide, funciona mientras haya muchas más personas trabajando que personas retiradas. Pero es 1973 y la expectativa de vida en México es de apenas 61 años. Además, la población es joven: la media de edad es de apenas 15 años, 65.5% de la población es menor de 25, solo 3.8% de la población tiene más de 65 años, y la mujer promedio está teniendo más de seis hijos. El esquema piramidal es estable, entonces las personas que llegan a su edad de retiro pueden obtener una pensión de por vida que será fondeada por los trabajadores activos. Puedes notar claramente la estabilidad de este esquema piramidal en la imagen 1, que representa una gráfica que quizá te resulte familiar: una pirámide de población.

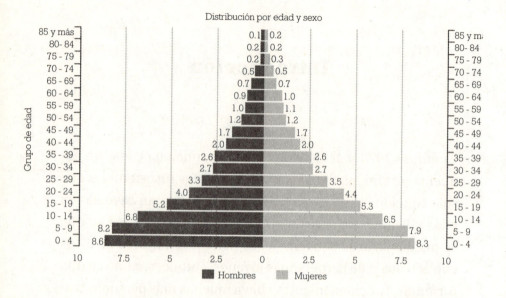

IMAGEN 1. Pirámide de población en México en 1970

Fuente: INEGI.

Para 1997 en México las cosas son muy diferentes: la expectativa de vida ha subido como un cohete hasta los 72 años, la mujer promedio ahora tiene menos de tres hijos, y la población está envejeciendo rápidamente. Esto quiere decir que cada vez habrá menos personas trabajando por cada persona pensionada. El esquema piramidal ya no podrá ser sostenible en el futuro; se requieren cambios urgentes. Y entonces, este esquema tuvo que cambiar a uno en el que cada persona sea responsable de su propio retiro. Ahora, si una persona llega a su edad de retiro, este deberá ser fondeado por los ahorros que juntó durante su vida laboral. Es el fin del esquema piramidal.

Los datos más recientes de 2020 muestran con más claridad la necesidad de haber dejado atrás ese esquema piramidal:

aunque la expectativa de vida solo subió a 75 años, el mexicano promedio a partir de 2024 ya tiene más de 30 años; solo 43% de la población es menor de 25 (y ese porcentaje va bajando rápidamente), más de 7.5% de la población es mayor de 65 (y subiendo), y la mujer promedio ahora tiene solo dos hijos. La imagen 2 muestra la ausencia de una pirámide estable, y la diferente realidad en la que los mexicanos vivimos en comparación con la época de nuestros padres o abuelos.

IMAGEN 2. Pirámide de población en México en 2020

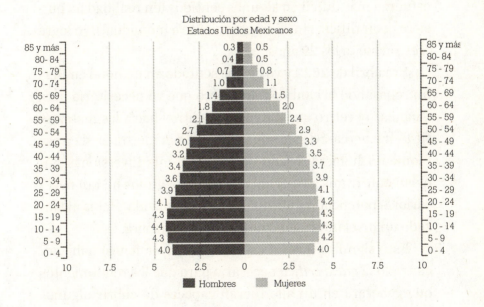

Fuente: INEGI.

Desde 1997 este nuevo sistema en México se apoya fuertemente en las famosas afores, que reciben y administran aportaciones que nuestros empleadores deben hacer de forma obligada, más cualquier aportación que nosotros hagamos por voluntad durante nuestros años productivos. Hoy en día, entonces, es necesario haber aportado lo suficiente para que nos dure por todos los años que nos queden por vivir una vez decidamos no volver a trabajar por dinero. Esto, como te imaginarás (sobre todo si has revisado el saldo de tu afore), es mucho más difícil de lograr que tan solo obtener una pensión por haber trabajado tan poco como 500 semanas en tu vida (el equivalente a unos 10 años), lo que era posible con el esquema piramidal anterior.

A pesar de que el sistema de afores en México (o sus equivalentes en muchas partes del mundo) hacen del retiro un esfuerzo más difícil en algunos sentidos (en realidad no quisiera decir difícil, sino más consciente e individual), yo logré "retirarme" a los 29 años.

Era abril de 2022 y yo estaba sentado en un hotel en Berlín repasando la cantidad de dinero que yo necesitaría para alcanzar el retiro que deseaba; mientras hacía las matemáticas, me percaté de algo que no había notado antes: si en ese momento hubiera dejado de trabajar, mis inversiones podrían cubrir mis gastos necesarios —y algunos no tan necesarios— potencialmente por el resto de mi vida. Había alcanzado un nivel intermedio de libertad financiera.

Esto significa que mi capital (mis inversiones) había alcanzado la *masa crítica* necesaria para que los rendimientos que generara en un año fueran capaces de cubrir algunos de mis gastos, lo que significa que podría dejar de trabajar, podría dejar de generar ingresos, y eso no impactaría mi capacidad de enfrentar mis obligaciones financieras, mis inversiones las cubrirían por mí. Eso es tremendamente poderoso, no tener que perseguir el siguiente cheque, sino poder usar tu tiempo para lo que sea que te guste porque sabes que, incluso si eso no genera nada de ingresos, todo estará bien.

Imagínate, por ejemplo, que tienes $100 que durante el año crecen a $108, y tus gastos del año son de solo esos $8; entonces al final del año seguirías teniendo los $100 originales, ¡tu dinero nunca se terminaría! Por el resto de tu vida puedes viajar, actuar, cantar, pintar, jugar videojuegos, o lo que sea que quieras, sin necesidad de ganar dinero de tu trabajo, porque esos $100 están generando el dinero suficiente para cubrir tus necesidades. Esta simplificación momentánea me ayuda a ilustrar la idea de libertad financiera; ya veremos en el primer capítulo las matemáticas más precisas para hacer cálculos reales de cuánto necesitas para alcanzarla, pero espero que este libro te ayude a trazar el camino hacia alcanzar tu propia masa crítica de capital.

Antes de eso, sin embargo, necesito contarte que el hecho de que el "descubrimiento" de mi propia libertad financiera me haya tomado por sorpresa no significa que el logro haya sido fácil —en lo absoluto—, para ese momento llevaba ya más de una década obsesionado con generar mayores ingresos cada vez. La sorpresa radicó más que nada en el hecho de que había perdido de vista el progreso que estaba teniendo con mis finanzas en favor de un objetivo más lejano, entonces, mientras me encaminaba a un alto nivel de libertad financiera (ese objetivo lejano), perdí de vista los niveles básicos e intermedios de libertad financiera que iba alcanzando. No estoy seguro de que esto haya sido un error; tener objetivos bien definidos y crear un plan para llegar a ellos es primordial para nuestro crecimiento personal, incluido el financiero.

De lo que estoy seguro es de que, aunque para los 29 años había alcanzado este nivel intermedio de libertad financiera, había cometido errores en el camino, no necesariamente errores que pospusieron esa libertad financiera (en retrospectiva algunos errores quizá incluso la aceleraron), pero que casi hicieron que esta rapidez no valiera la pena.

El propósito de este libro es compartirte las herramientas que están a tu disposición para que aceleres tu propio camino hacia la libertad financiera, al mismo tiempo que evitas los errores que yo cometí. He intentado lograr esto combinando capítulos puramente financieros con capítulos más orientados a la psicología del comportamiento humano.

Así pues, encontrarás capítulos enfocados por completo en algunos instrumentos financieros que puedes ocupar, como las mismas afores y sus hermanos mayores, los planes personales de retiro; otros en los que dejamos las finanzas de lado y nos enfocamos en problemas más humanos, como las razones por las que posponemos la planeación de nuestro retiro, o las razones por las que no debemos de esperar a ser libres financieramente para disfrutar nuestra vida; y también encontrarás capítulos que son una mezcla de ambas partes, como el capítulo 2, donde entenderás cómo gastas tu dinero y qué prioridades tienes en la vida, o el capítulo 8, donde hablamos del éxito de las inversiones a largo plazo, así como de tu propia reacción a las diferentes experiencias que un inversionista puede experimentar.

En general, cada uno de los capítulos, sean financieros o tengan un lado humano, están ordenados de tal forma que este libro se convierta en tu guía paso a paso de cómo lograr tu propia libertad financiera. Comenzamos, como dicen, desde el principio, conociendo nuestro destino, ¿a dónde queremos llegar?, y nuestro punto de origen, ¿desde dónde vamos a empezar? Y luego vamos cubriendo cada paso que será necesario seguir, en el orden que debe ser tomado.

El hecho de que este libro esté estructurado de forma cronológica a cómo tus propias finanzas pueden evolucionar quiere decir que podría guiarte a lo largo de décadas, no de las pocas o muchas semanas que pueda tomarte leerlo. Considero que la mejor manera de utilizarlo es leerlo de principio a fin una primera vez, para obtener un panorama completo del camino que debes tomar, y luego mantenerlo a la mano como referencia cada que necesites dar un nuevo paso en tu camino.

Por cierto, esta obra será más que solo una guía, te regañará al menos una vez si hay algo que estás haciendo mal con tus finanzas; también —espero— te inspirará a vivir la vida que deseas, pero sobre todo no será solo para leer, será para hacer. Haz notas, dobla páginas, usa marca textos, pega *post-its* y llena directamente en las páginas algunas de las tablas que se incluyen y que ayudarán en tu camino. Debo advertirte desde ahora que el camino a la libertad financiera es largo, pero si en verdad llevas a la práctica cada capítulo y no solo te quedas en la teoría, el trayecto quizá sea más corto, o mejor aún, más disfrutable.

Una última nota acerca del término *libertad financiera*. A lo largo del libro lo usaré como sinónimo de *retiro*, entonces, aunque mencione la palabra *retiro*, y muchas veces asumiré la fecha objetivo "para cuando tengas 65 años", esta la puedes reemplazar por *libertad financiera*, y la fecha objetivo adaptarla a la que tú desees.

Ahora sí, manos a la obra, que ese retiro no se alcanzará solo.

## CAPÍTULO 1

# Cuánto necesitarás para tu retiro

Si vas a visitar un lugar al que nunca has ido antes, quizá dependas de Google Maps para poder llegar a tu destino. Es bastante útil poder escribir el nombre o la dirección del lugar al que queremos llegar y permitir que mágicamente se encuentre el camino que debemos de seguir, incluso evitando caminos cerrados, optimizando la ruta según el tráfico del momento y hasta permitiéndonos elegir entre caminos con cuota o libres.

Sin embargo, alcanzar tu retiro no será tan fácil como escribir tu destino en una aplicación y seguir las indicaciones, pero será aún más difícil si no sabes siquiera cuál es ese destino tuyo. Por eso, antes que cualquier cosa, debes tener un objetivo en mente, un número que se convierta en tu brújula, apuntando siempre hacia ese destino que debes alcanzar. De eso se trata este capítulo, de calcular cuánto dinero necesitarás para tu retiro, para que ahora sí puedas trazar el camino a seguir para lograrlo.

Pero antes de hacer el cálculo, que podría espantarte al principio, necesito asegurarme de que te preparas mentalmente para el arduo camino que tienes por delante y entiendes algunas de las trabas que tu propio cerebro pone en tu camino. ¡Sí! Tu propio cerebro puede jugar en tu contra, pero por fortuna puedes hacer algo al respecto.

Y es que considera esto: ya es bastante común la idea de que alcanzar un retiro cómodo será tarea difícil, que las afores de las que depende el sistema de ahorro para el retiro en México no serán suficientes, y aun así le dedicamos muy poco tiempo a la planeación de este objetivo tan importante y tan retador. ¿Por qué nuestro cerebro no se pone las pilas?

Después de todo, sabemos que ya no podemos llegar a los 65 años esperando que nuestro retiro esté asegurado, listos para seguir recibiendo nuestras quincenas, pero ahora sin necesidad de trabajar. Entonces, el retiro es algo que se debe planear, de preferencia con décadas de anticipación. Por suerte la mayoría de las personas viviremos décadas de productividad, años en los que podemos generar ingresos, y con algo de planeación, ahorrar parte de esos ingresos y destinarlos para nuestro futuro. Lo malo es que esa misma distancia de décadas es la que juega en nuestra contra, porque nuestro cerebro no está hecho para planear a tan largos plazos, simplemente no evolucionó así.

**NUESTRO CEREBRO NO ESTÁ HECHO PARA PLANEAR A TAN LARGOS PLAZOS, SIMPLEMENTE NO EVOLUCIONÓ ASÍ.**

Cuando evolucionaron nuestros primeros antepasados, en la época de las cavernas, no tenían que planear tan lejos; la vida de los primeros humanos estaba tan llena de riesgos que no había ninguna ventaja evolutiva por la cual desarrollar la habilidad de planeación a largo plazo. Sí, resultaba ya ventajoso planear en el corto plazo, entonces evolucionaron partes del cerebro que nos permitieran planear la semana, sobrevivir hasta la siguiente temporada de caza a meses de distancia o incluso planear todo el año, racionando las provisiones disponibles para que duraran todo el invierno. Pero sin duda no evolucionamos ninguna habilidad para planear los siguientes 40 años, es más, los primeros humanos apenas y llegaban a su cumpleaños número 30.

**LOS PRIMEROS HUMANOS APENAS Y LLEGABAN A SU CUMPLEAÑOS NÚMERO 30.**

¡Con razón nuestro cerebro no sabe cómo prepararse para el retiro! Vivir más de 40 años —y ni hablar más de 60, 70 u 80 años— es algo tan nuevo para los humanos que no es sorpresa que estemos tan mal preparados para planear nuestro retiro.

Esto quiere decir que la planeación de nuestro retiro conllevará el enorme reto evolutivo de pensar en el largo plazo y posponer el uso de recursos que hoy recibimos en beneficio de nuestro yo del futuro, más allá de solo el enorme reto financiero de ahorrar lo suficiente para ser completamente responsables de nuestro futuro. Cada uno de estos retos por separado ya es bastante grande, pero al combinar ambos retos nos topamos con uno aún más grande que la suma de sus partes, y varias personas viven mucho tiempo felizmente ignorantes de este problema.

## Cómo enfrentar el enorme reto de ahorrar para el retiro

Ahora bien, resulta que no solo debemos de ahorrar suficiente dinero para retirarnos, además tenemos que intentar hacerlo mientras nuestro cerebro se opone a ello porque no evolucionó en la época de las afores. De la forma en que lo veo es que existen dos retos principales que el cerebro pone en el camino, y por los que muchas personas ignoran la planeación de su retiro. Por un lado está el miedo a saber qué tan mal están las cosas y cuánto trabajo costará arreglarlas; por otro está que vemos el retiro aún demasiado lejano como para prestarle importancia. ¡Y uno creyendo que nuestro cerebro está de nuestro lado!

Aunque podemos entender por qué sucede esto, ya que es natural tenerle miedo a lo desconocido, pavor a darnos cuenta de cómo el haber ignorado nuestros problemas los ha hecho aún más grandes. Así, en lugar de empezar a enfrentar esos problemas, cerramos los ojos aún más fuerte para intentar evitar la angustia de descubrir todo el trabajo arduo que ahora tenemos por delante, todo ese trabajo que tendremos que realizar para empezar a arreglar la situación que nuestra procrastinación ha creado.

Tener miedo a descubrir los errores que hemos cometido y los problemas que han ocasionado es un tema recurrente en el mundo de las finanzas personales, y no tenemos opción más que enfrentar directamente la situación. Estos problemas no van a desaparecer por mucho que soñemos que un día nos ganaremos la lotería —lamento ser la persona que te lo diga, pero un príncipe nigeriano no llegará al rescate de tu retiro—. La única recomendación que podría compartirte

**LAMENTO SER LA PERSONA QUE TE LO DIGA, PERO UN PRÍNCIPE NIGERIANO NO LLEGARÁ AL RESCATE DE TU RETIRO**

si este es tu caso y el miedo te paraliza, es que intentes enfrentar la situación sin mirarla como un problema por resolver o como la consecuencia de tus errores del pasado, sino con intriga y curiosidad para hacer, poco a poco, algunos cambios que te ayuden a mejorar tus finanzas.

No quiero que subestimes los efectos que este pequeño cambio de perspectiva puede tener en el largo plazo. Dedicar tan solo unos minutos a desarrollar curiosidad por el estado de tus finanzas, sin juzgarte o intentar encontrar soluciones, puede ser la manera en que intentas tranquilizar la naturaleza de tu cerebro y le dices que todo estará bien, que no vas a enfrentarte a un tigre dientes de sable, solo vas a revisar unos inofensivos papeles que te permitirán entender mejor tu situación financiera.

Aparte del miedo a descubrir el estado de nuestras finanzas, otra cosa que suele posponer los planes para el retiro es sentirlo demasiado lejano como para tomarlo en serio. Para empezar, si ese llegó a ser el problema de alguien, quizá se podría asumir que estaba viviendo sus veintes o treintas. ¡Entonces por supuesto que el retiro se siente lejano, podría estar aún a décadas de distancia! No es sorpresa entonces que, de jóvenes, el retiro no cruce por nuestra cabeza, ¡a esa edad ha pasado menos tiempo desde que nacimos que el tiempo que falta para retirarnos! Si a esto agregamos el hecho de que los humanos pensamos en nuestro yo del futuro de la misma forma en que vemos a un completo desconocido, no es en lo absoluto una sorpresa que no nos preocupemos por ahorrar para el retiro.

Tómate un segundo para entender qué está pasando en tu cerebro. Planear el retiro, en nuestro cerebro primitivo, es equivalente a preocuparnos por un desconocido (nuestro yo del futuro), a expensas de nuestro propio bienestar (nuestro yo del presente), y además conlleva preocuparnos por el estado de nuestras finanzas, y quizá hacer cambios no tan placenteros en nuestros hábitos de consumo. Tal vez nuestro cerebro solo quiere protegernos de riesgos irracionales, después de todo. Pero también hemos evolucionado un cerebro más racional, que nos ayuda a entender que es importante asegurarnos de que tenemos suficiente dinero para cuando ya no queramos trabajar, o para cuando queramos ser completamente libres de perseguir cualquier interés, independientemente de si nos genera ingresos o no, y que entonces nos ha invitado a planear desde ahora, ¡y a leer este libro! Gracias, cerebro, no quise echarte la culpa de mis problemas. Pongamos manos a la obra.

**PLANEAR EL RETIRO CONLLEVA PREOCUPARNOS POR EL ESTADO DE NUESTRAS FINANZAS, Y QUIZÁ HACER CAMBIOS NO TAN PLACENTEROS EN NUESTROS HÁBITOS DE CONSUMO.**

### Primeros cálculos

Ya que sabemos cómo preparar a nuestro cerebro para que deje de tener miedo y empiece a usar su lado racional con el fin de planear el retiro, es momento de encontrar la cantidad de dinero que necesitarás para retirarte, ese objetivo que servirá de ahora en adelante como tu brújula para guiarte en las decisiones financieras que tomes en el futuro.

Para calcular esta suma en un principio podríamos pensar que basta con definir cuánto gastamos al año y multiplicar ese monto por la cantidad de años que creemos que vamos a vivir después de los 65. Es más, podemos usar calculadoras creadas meticulosamente que contemplan múltiples factores (desde nuestros hábitos de sueño y alimentación, hasta el historial médico de nuestros padres y abuelos), para darnos una edad aproximada a la que, si nos libramos de accidentes o enfermedades repentinas, podríamos llegar. Con esa expectativa de vida más personalizada y precisa, incluso científicamente calculada, podríamos darnos una buena idea de cuántos años viviremos después de retirarnos. Con esa cantidad de años multiplicada por la cantidad de pesos que gastamos al año obtendríamos un cálculo que parecería acertado, pero este método básico no contempla ni la inflación, ni el hecho de que nuestro dinero puede crecer por sí solo (incluso una vez que estemos retirados), y no todo lo que ahorremos debe salir directamente de nuestros bolsillos.

Una mejor forma de calcular cuánto dinero necesitarás para tu retiro es utilizar una simple regla: la regla del 4%. Esta regla establece que, en nuestro retiro, deberemos limitarnos a retirar 4% de nuestros ahorros el primer año. Luego, a partir del segundo año, retirar la misma cantidad del año anterior más cualquier monto que resulte de agregar la inflación.

Este 4% proviene de una serie de simulaciones realizadas por Philip L. Cooley, Carl M. Hubbard y Daniel T. Walz en 1998. En esas simulaciones se evaluó qué porcentajes de retiro anual permitirían que los ahorros de una persona duraran hasta 30 años después de su retiro. En sus simulaciones encontraron que el porcentaje ideal es de 4%; porcentajes mayores como 5 o 6% resultaban en que los ahorros se terminaban antes de tiempo, mientras que porcentajes menores como 3% simplemente hacían que las personas gastaran mucho menos de lo que podían.

Usando entonces ese 4%, ya podemos calcular que en el caso de que juntáramos $1 000 000 para nuestro retiro, el primer año deberíamos retirar máximo $40 000 para que ese dinero no se termine antes de tiempo (4% de $1 000 000). Además, si durante ese primer año la inflación fue de 4%, para el segundo año retiraríamos los $40 000 originales más el 4% de la inflación para un total de $41 600, y así sucesivamente.

Hay algunas otras variables a tener en cuenta para calcular un monto preciso de cuánto necesitaremos para retirarnos, pero por ahora, la regla del 4% nos provee de un buen método para hacer nuestro cálculo inicial, ya revisaremos a su tiempo cómo invertir nuestro dinero y cómo asegurarnos de que ese dinero no se termina ni antes ni después de que nuestro tiempo en este planeta se termine (una disculpa a cualquier tripulante de una nave en viaje interplanetario, no es mi intención excluirlos en esta limitada alegoría a la muerte).

Teniendo esta regla del 4% se vuelve sencillo saber cuánto dinero deberíamos ahorrar para nuestro retiro. Primero tendremos que saber cuánto gastamos al año. Por ejemplo, si gastamos $15 000 al mes, multiplicar por 12 nos dirá que gastamos $180 000 al año. Si esos $180 000 son los que tendríamos que retirar de nuestros ahorros para enfrentar nuestros gastos, significa que 4% de nuestro dinero debe ser igual a $180 000. Por regla de tres, el 100% debe ser igual a $4 500 000. Aquellas personas con ojo matemático también se darán cuenta de que dividir entre 4% es lo mismo que multiplicar por 25, entonces esta regla del 4% nos indica que para alcanzar la libertad financiera debemos juntar 25 veces nuestros gastos anuales.

> **ESTA REGLA DEL 4% NOS INDICA QUE PARA ALCANZAR LA LIBERTAD FINANCIERA DEBEMOS JUNTAR 25 VECES NUESTROS GASTOS ANUALES.**

Toma en cuenta que la cantidad que calculamos arriba es la cantidad que deberíamos de ahorrar para nuestro retiro si lo hiciéramos este año, cuando nuestros gastos son los $15 000 del ejemplo. Lo más probable es que cada año nuestros gastos suban, al menos con la inflación. Dentro de 20 años, por ejemplo, en lugar de gastar $180 000 al año podríamos gastar el doble, $360 000. En este caso, siguiendo la regla del 4%, en realidad deberíamos juntar $9 000 000, no $4 500 000 como los calculamos al inicio.

Entonces, para hacer tu propio cálculo debes tomar en cuenta la inflación al momento de hacer las matemáticas. Para esto puedes tomar tu calculadora y elevar 1.04[1] al número de años que faltan para tu retiro. Si, por ejemplo, faltan 30 años para tu retiro, tendrías que elevar 1.04 a la 30ª potencia. El resultado en este ejemplo sería aproximadamente 3.2434. Enseguida deberás multiplicar tus gastos anuales por 25 y luego por ese 3.24. Para el ejemplo de arriba

---

[1] Estoy usando 1.04 para ejemplificar el efecto de una inflación promedio de 4% anual durante todo el tiempo restante antes del retiro. Por supuesto, la inflación puede variar año con año, y en 2023, al momento de escribir este libro, la inflación en México acaba de experimentar un par de años de inflación de entre 6 y 8.7%. Pero un 4% es un valor más "normal" que se puede esperar como promedio. Si quieres hacer un cálculo más conservador y obtener un valor que tome en cuenta una inflación promedio más elevada, puedes usar 1.05 en su lugar. O viceversa, podrías incluso utilizar 1.03 si quieres considerar la inflación objetivo del Banco de México, aunque considero que eso sería muy optimista de tu parte.

**REGLA DEL 4%**

Para alcanzar la libertad financiera necesitas ahorrar 25 veces tus gastos anuales, y al retirarte limitarte a gastar 4% de tus ahorros cada año, ajustando el gasto anual con la inflación.

tendrías que multiplicar los $4 500 000 calculados antes ($180 000 por 25) por ese 3.24 para encontrar que, ya contemplando la inflación, si actualmente gastamos $15 000 al mes, para nuestro retiro dentro de 30 años necesitaremos $14 595 000.

¡Ay no! ¿Debes juntar casi $15 000 000 con tu sueldo de $15 000 mensuales? Suena imposible, ¿no? Si ahorraras el 100% de tus ingresos (algo obviamente imposible) te tomaría 83 años ahorrarlo. ¡Con razón es tan popular la idea de que nunca podremos retirarnos! Con estas matemáticas todo suena a un sueño guajiro que solo los nacidos en la realeza pueden alcanzar.

Regla del 4%. Para alcanzar la libertad financiera necesitas ahorrar 25 veces tus gastos anuales, y al retirarte limitarte a gastar 4% de tus ahorros cada año, ajustando el gasto anual con la inflación.

## Querrás gastar más en tu retiro

Los cálculos que hicimos arriba consideraban que nuestros gastos suben cada año solo con la inflación. En esencia es calcular que tus gastos se mantengan igual a como son actualmente, solo persiguiendo la subida en los precios, pero sin cambiar tu estilo de vida, sin gastar más en cosas en las que quizá te gustaría gastar: viajes, restaurantes, autos, casas, etc. Esa no es la forma en que la mayoría de las personas se quieren retirar, quieren al fin poder gastar en cosas que no pudieron comprar mientras trabajaban.

Yo definitivamente no estoy aquí para decirte que, si te quieres retirar, debes sacrificar todo lujo en tu vida. Al contrario, espero que este libro te ayude no solo a alcanzar la libertad financiera, sino también a disfrutar tu dinero desde hoy. De hecho, en el capítulo 11 justamente te voy a invitar a gastar tu dinero mucho antes de tu retiro.

**ESPERO QUE ESTE LIBRO TE AYUDE NO SOLO A ALCANZAR LA LIBERTAD FINANCIERA, SINO TAMBIÉN A DISFRUTAR TU DINERO DESDE HOY.**

Pero es cierto que, según nuestro ejemplo anterior, ¡ni siquiera $15 000 000 serían suficientes para retirarnos con el estilo de vida que pensamos! Porque estoy seguro de que cualquier monto que gastes hoy mes a mes, tú quieres tener la posibilidad de gastar más, mejorar tu calidad de vida, disfrutar nuevas experiencias, y no hay nada de malo en eso. Será algo que debemos contemplar al momento de calcular la cantidad de dinero que realmente debes ahorrar.

Este es un problema adicional que parece ponerse en nuestro camino hacia la libertad financiera: no solo el monto a ahorrar es gigante considerando nuestros gastos de hoy, ¡sino que si queremos gastar como hemos soñado hacerlo, necesitaremos aún mucho más! Pero no desesperes, todo esto lo tomaremos en cuenta, y podremos crear un plan que nos ayude a alcanzar incluso esa libertad financiera en la que podemos gastar más de lo que gastamos hoy. El primer paso lo tomamos ahora, calculando un monto objetivo de ahorro ajustado según los gastos que vamos a querer realizar una vez nos retiremos, y que nuestras inversiones deberán cubrir en su totalidad para que no debamos trabajar.

Esa cantidad de dinero que debes ahorrar dependerá del nivel de libertad financiera que estás buscando alcanzar. En su libro *Dinero: Domina el juego*, Tony Robbins clasifica la libertad financiera en cinco niveles, entre más alto el nivel de libertad financiera que queramos alcanzar, mayor la cantidad de dinero que debemos ahorrar. Pero también es importante mencionar que no es en lo absoluto necesario escalar cada nivel, uno tras otro. Es más, en diferentes etapas de la vida podemos apuntar a un nivel diferente, cada uno de nosotros podemos diseñar la forma en que brincaremos de nivel en nivel a lo largo de nuestra vida. Pero antes de hablar de ejemplos, veamos lo que significa cada nivel.

**CADA UNO DE NOSOTROS PODEMOS DISEÑAR LA FORMA EN QUE BRINCAREMOS DE NIVEL EN NIVEL A LO LARGO DE NUESTRA VIDA.**

El primer nivel Tony Robbins lo denomina Seguridad Financiera, y es aquel en el que los gastos que puedes cubrir con tus ahorros son suficientes para cubrir tus necesidades básicas por el resto de tu vida (usando la regla del 4%). Si aproximadamente 4% de tus ahorros es suficiente para cubrir tus gastos anuales de hogar, comida, servicios básicos, vestimenta y transporte habrás alcanzado este primer nivel. En el ejemplo que venimos explorando quizá esos gastos los podemos cubrir con $10 000 en lugar de los $15 000 que gastamos mes tras mes. Bastarían unos $ 3 000 000 para retirarnos este año. Y sí, ya vimos que deberíamos agregar la inflación, pero la buena noticia es que podríamos alcanzar este objetivo mucho antes, entonces no sería necesario agregar la inflación de 30 años, sino tal vez solo de 15 años. En ese caso, en lugar de $15 000 000 necesitaríamos (solo) unos $5 400 000, haciendo el objetivo más fácil de alcanzar. Sin duda un objetivo aún grande, pero como es un objetivo mucho más asequible, que además alcanzaríamos varios años antes, nos hará preguntarnos si vale la pena intercambiar años de nuestra vida para alcanzar los siguientes niveles que ya contemplan gastos en diferentes lujos. No te preocupes, no juzgaré si tu respuesta es sí (¡la mía fue sí!), no te voy a pedir que vivas la vida de un monje tibetano.

Al segundo nivel Robbins le llama Vitalidad Financiera, y para llegar a él, 4% de tus ahorros deberá ser capaz de cubrir (además de tus gastos básicos del nivel uno) gastos extra, como restaurantes, entretenimiento y pequeños lujos. Notarás precisamente que llegar a este nivel ya no es necesario *per se*, es el nivel uno el que cubre los gastos necesarios para vivir, entonces apuntar a ese nivel uno podría ser suficiente si así lo decides. Es a partir del nivel dos cuando debes ser muy consciente de las cosas en las que en realidad quieres gastar, porque significará sacrificar tiempo (nuestro recurso más valioso) a cambio de cosas honestamente innecesarias para vivir. Te imploro entonces que elijas muy bien aquellas cosas extra, que valgan la pena y te traigan suficiente bienestar como para intercambiarlo por tu tiempo. Regresando a nuestro ejemplo, quizá es justamente el nivel que alcanzaríamos al ahorrar los $15 000 000, pero pocas personas piensan en un retiro en el que sigan gastando igual a como lo hacen ahora, por lo regular quieren gastar más.

Entonces brincamos al tercer nivel, que es la Independencia Financiera. En este nivel, 4% de tus ahorros debería además cubrir lujos ocasionales, como la compra de un auto, de una casa o el pago de un viaje. Ojo, esto no significa que ese 4% deba cubrir el valor completo de ese auto, viaje o casa en un solo año, sino las mensualidades de un préstamo (o mucho mejor aún, el ahorro mensual para la futura compra). Este es el nivel en el que me encuentro en este momento, y aunque apunto a alcanzar el cuarto nivel en el futuro, ese es un brinco que no espero dar en al menos una década, tengo otras prioridades para mi dinero en este momento por encima de seguir brincando de niveles. En nuestro ejemplo, alcanzar este nivel podría significar duplicar los gastos del mes, subiendo el objetivo de ahorro a $30 000 000 (si es que no se pospone más allá de 30 años). Para calcular tu propio número agrega a tus gastos anuales actuales esos gastos extra que quisieras realizar en autos, casas, viajes o lujos de este estilo. Por ejemplo, si quieres comprar un auto de $500 000 pesos cada cinco años, agregarías $100 000 a tus gastos anuales. Recuerda que esos gastos anuales se deben multiplicar por 25 y luego se les debe agregar la inflación.

El cuarto nivel es la Libertad Financiera Verdadera. Para este nivel, 4% de tus ahorros debería cubrir, además de lo mencionado en niveles anteriores, lujos grandes que planees para el futuro. En este nivel ya estamos considerando casas de campo o casas de playa, autos de lujo, viajes de varios meses o cualquier lujo grande que se te ocurra. Para mí, alcanzar este cuarto nivel significaría comprar un pequeño viñedo, una avioneta y quizá una casa a la orilla de un lago donde pueda vivir con diez perros. Ah, y claro, que sean mis inversiones las que paguen por todo esto, no mis horas de trabajo. Calcular cuánto dinero necesitamos juntar para alcanzar este nivel (y el nivel cinco, también) ya dependerá más que nada de aquellos lujos que queremos comprar.

Para conocer tu objetivo de ahorro toma cualquier monto que hayas calculado para el nivel 3 y añade los costos de estos lujos que quieres en el nivel 4 (no te olvides de la inflación).

Por último, el quinto nivel es la Libertad Financiera Absoluta. Para alcanzar este nivel tus inversiones deberán ser capaces de cubrir cualquier capricho que vayas a querer darte: todos los coches deportivos que quieras, todas las bolsas que quieras, todos los zapatos, viajes, casas, tinas llenas de billetes, incluso aquellos que solo surgen como un capricho por un momento y después olvidarás en un rincón de una de tus cinco mansiones. Si quieres lograr este nivel de libertad financiera, calcula tu objetivo de ahorro sumando la cantidad de dinero que te gustaría gastar en extravagancias al año (ajustado con la inflación) al monto calculado en el nivel 4.

¿Ya identificaste el nivel de libertad financiera que quieres lograr? ¿Hiciste ya tus cálculos? Escribe aquí ese objetivo de ahorro, que será tu destino y tu brújula. De ahora en adelante toda decisión financiera que tomes deberá ser en función de lograr este objetivo.

He de repetir que la forma de brincar entre estos niveles no es necesariamente del uno al cinco, un nivel tras otro. Habrá personas (como yo, por ejemplo) que tienen poco interés

## MI OBJETIVO DE AHORRO ES:

$ _____

_____

en el nivel cinco y solo apuntan al cuatro (o a cualquier nivel inferior). Otras personas tal vez no quieran siempre brincar hacia "arriba", sino buscar alcanzar el nivel dos en sus treintas y vivir trabajando poco, incluso si eso significa "bajar" al nivel uno en sus cuarentas y regresar a trabajar mucho, para luego apuntar a lograr el nivel tres en sus sesentas.

Hace unos años me hubiera gustado que alguien me dijera que este tipo de brincos (para "arriba" y para "abajo") eran posibles. Crecemos escuchando todo el tiempo la idea de que el retiro es hasta los 65 y no nos damos cuenta de que esa es solo una forma de retirarse. Pero nosotros podemos diseñar la vida que queremos, la forma en que deseamos descansar, "retirarnos" y ser libres financieramente.

**CRECEMOS ESCUCHANDO TODO EL TIEMPO LA IDEA DE QUE EL RETIRO ES HASTA LOS 65 Y NO NOS DAMOS CUENTA DE QUE ESA ES SOLO UNA FORMA DE RETIRARSE. PERO NOSOTROS PODEMOS DISEÑAR LA VIDA QUE QUEREMOS, LA FORMA EN QUE DESEAMOS DESCANSAR, "RETIRARNOS" Y SER LIBRES FINANCIERAMENTE.**

Suena todo muy bonito, poder alcanzar uno de estos niveles, tomar algunos años para viajar y disfrutar la vida, regresar a trabajar para perseguir otros niveles, etc. Pero acabas de calcular que necesitarás millones para alcanzar cada nivel. Eso será tarea difícil, no te voy a mentir, pero no necesariamente porque te costará mucho trabajo, sino por la gran disciplina que conllevará.

## No entres en pánico

Con los números que acabamos de calcular, incluso para el nivel uno de libertad financiera, no te culparía si de pronto lo único que sientes es desánimo, ahí estaría otra vez el miedo apoderándose de tu cerebro, que como método de protección utiliza el "ojos que no ven, cerebro que no siente". Creo que en este momento los lectores de este libro se podrían dividir en dos grupos: el grupo uno, que lleno de angustia dejará la lectura (y con algo de fortuna la retomará unos días después), y el grupo dos, que ansioso por conocer la forma en que resolveremos este problema, seguirá leyendo sin soltar el libro hasta terminarlo.

Entenderé si perteneces al primer grupo, ya nos veremos en unos días con un poco más de calma, quizá cuando tu cerebro se sienta menos ansioso. No te preocupes, aquí estaré esperando, date un espacio si lo necesitas. Pero lo cierto es que tenemos muchas razones para sentirnos optimistas sobre nuestro retiro, incluso con esos números tan adversos delante de nosotros.

Para empezar, la regla del 4% que te presenté es pesimista en varios sentidos. Investigaciones más recientes, una incluso de los mismos autores de esta regla, demuestran que una "regla del 5%" podría ser igualmente eficaz para el retiro de las personas. Esto significa que, en lugar de apuntar a juntar 25 veces nuestros gastos anuales, 20 serían suficientes. Muchas veces incluso una "regla del 6%" sería suficiente, es decir, juntar 16.67 veces nuestros gastos anuales, pero esto ya sería muy optimista; es mejor tener un buen margen de error.

Además, el dinero que debemos ahorrar no tendrá que salir 100% de nuestro bolsillo. Si hacemos bien las cosas, un gran porcentaje provendrá del crecimiento de nuestro dinero (nuestro dinero haciendo aún más dinero), no de nuestras quincenas. Y este porcentaje será mayor cuanto antes empieces. Nota por ejemplo la gráfica 1, que muestra una aportación de $10 000[2] pesos hecha cada año por 40 años a una inversión que generó 8% de rendimiento anual.[3] Al principio el ahorro total (que representa el dinero aportado directamente, desembolsado por nosotros) corresponde a la mayoría de la inversión. Pero poco a poco el rendimiento total, ese dinero que proviene del crecimiento de la inversión y no del bolsillo de la persona que invierte, es mayor. Al final del periodo de 40 años, de los 4.2 millones de pesos disponibles, solo 22% provienen del ahorro, 78% fue rendimiento de la inversión. Podría ser que de cada peso que debemos juntar para nuestro retiro, si este está a 40 años, solo 22 centavos deben salir de nuestro bolsillo.

**PODRÍA SER QUE DE CADA PESO QUE DEBEMOS JUNTAR PARA NUESTRO RETIRO, SI ESTE ESTÁ A 40 AÑOS, SOLO 22 CENTAVOS DEBEN SALIR DE NUESTRO BOLSILLO.**

---

[2] La gráfica en realidad muestra una aportación de $10 000 pesos que crece cada año 4% para tomar en cuenta la inflación en los precios, de forma que el segundo año la aportación sería de $10 400, el tercer año de $10 816, y así sucesivamente.
[3] Ya veremos más adelante cómo invertir para generar este tipo de rendimientos.

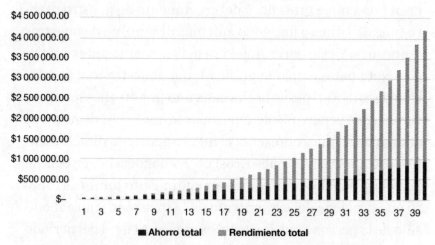

GRÁFICA 1. Contribución del ahorro total salido del bolsillo del inversionista comparado con la contribución de los rendimientos totales de su inversión

Por si esto fuera poco, la expectativa de vida de las personas —y la expectativa de vida saludable, que no es lo mismo— va en aumento. Esto quiere decir que al cumplir 65 años aún podríamos tener muchos años de buena salud por delante, permitiéndonos trabajar y generar un ingreso que complemente nuestro retiro. Que claro, el objetivo de este libro es llevarte hacia la libertad financiera y a ese soñado retiro donde ya no tendrías que trabajar más. Pero ojo, no tener que trabajar puede significar que en tus sesentas o setentas generas ingresos haciendo cosas que en realidad amas, no porque necesites el ingreso, sino simplemente como "efecto secundario" de hacer esas cosas que de todos modos harías, lo cual es importantísimo. Imagina, por ejemplo, que en tu retiro te dedicas a crear música, algo que siempre quisiste hacer, pero no hacías por miedo a no generar ingresos. En tu retiro ya no necesitarás ingresos porque tus ahorros te dan libertad financiera, así que te animas a crear esa música, tocas en restaurantes, en pequeños eventos familiares, y lo haces muy bien y empiezas a recibir algo de ingreso. Ese ingreso es un simple efecto secundario por hacer algo que te gusta, y podrá complementar tu retiro sin que lo necesites.

Y aunque idealmente podrías generar ingresos haciendo cosas que amas desde mucho antes que tus setentas, el objetivo de alcanzar la libertad financiera será darte esa libertad de cambiar y moldear tu vida como tú la deseas, sin la preocupación del impacto económico que esto pudiera ocasionar.

## La solución es invertir

Hace unas páginas calculamos que si queremos retirarnos en 30 años y en la actualidad gastamos $15 000 al mes, necesitaríamos ahorrar casi $15 000 000 para un nivel dos de libertad financiera. Ahorrando el 100% de nuestros ingresos nos tomaría 83 años juntar esta cantidad. Pero ya vimos que una regla del 5% podría ser suficiente, entonces nuestros ingresos anuales solo debemos multiplicarlos por 20 (o dividir entre 5%) y luego multiplicarlos por 3.24, que representan la inflación de 30 años, como vimos anteriormente. Con este cambio ya "solo" necesitamos $11 700 000.

Pero no tenemos que ahorrar el 100% de esos $11 700 000, el dinero que sí salga de nuestro bolsillo puede dedicarse a crear más dinero por su propia cuenta, sin que tenga que salir de nuestra cartera. Esto, claro, lo logramos a través de invertir. Como ya veíamos en la gráfica 1, buena parte del dinero puede provenir de nuestros rendimientos: 78% si invertimos por 40 años o aproximadamente 68% si lo hacemos por un periodo de 30. De estos 11.7 millones solo unos 3.7 millones deben de salir de nuestro bolsillo a lo largo de 30 años. Gran diferencia, ¿no? También, *spoiler alert*, parte de ese dinero no saldrá del bolsillo de tu empleador gracias a las afores, entonces mejor aún.

No me quiero adelantar, pues en este libro hay capítulos completos dedicados a hablar sobre esas afores y la forma en que puedes invertir, pero hacerlo correctamente puede hacer que tu dinero crezca mucho más rápido de lo que tú puedes aportar a tu retiro. Créeme cuando te digo que después de no mucho tiempo, el crecimiento de tus inversiones llegará a ser mayor que las aportaciones que hacías al inicio.

Por ejemplo, échale un ojo a la tabla 1 e imagina que tú ganas esos $15 000 al mes y puedes ahorrar 10% de esa cantidad. Eso quiere decir que en un año podrías ahorrar $18 000. Pero si empiezas a invertir ese dinero, para el segundo año esos $18 000 podrían haber crecido a $19 440.[4]

Podrías continuar tu ahorro el segundo año aportando de tu bolsillo otros $18 720[5] (asumiendo que tu ingreso sube 4% al año al mismo ritmo que la inflación y que tu ahorro se mantiene en 10% de tu ingreso, el segundo año ahorrarías

---

[4] Si ya quieres saber de dónde viene este crecimiento, aunque lo veremos más a detalle en siguientes capítulos, estoy contemplando un crecimiento promedio de tu inversión de 8% anual. Este es un promedio, lo que significa que podría haber años que crezca más, años que crezca menos, o hasta años en que no crezca nada o incluso decrezca. Pero este es un buen promedio por considerar para cálculos de largo plazo, históricamente es el rendimiento promedio anual que una inversión diversificada genera. Me estoy adelantando, por ahora basta con saber que los $19 440 salen de la multiplicación de $18 000 por 1.08 (que es 100% de inversión inicial más ese crecimiento de 8%). Esa misma multiplicación por 1.08 la hago en los siguientes cálculos de crecimiento.

[5] De forma similar, aquí estoy asumiendo una inflación promedio, que puede variar cada año, pero en promedio será aproximadamente 4%. Entonces el resultado de $18 720 sale de la multiplicación de los $18 000 del año anterior por 1.04.

un poco más que el primero, porque tu ingreso subió), que se sumarían no solo a los $18 000 originales que ahorraste el primer año, sino al rendimiento que ya habías generado.

Si continúas ahorrando de esta forma, muy pronto los rendimientos generados por tus ahorros tendrán un peso importante comparados con tus aportaciones. Nota en la tabla 1 cómo para el quinto año el rendimiento ya es aproximadamente 25% del crecimiento en el ahorro acumulado de ese año, el ahorro creció de $85 783 el año anterior hasta $113 703 (un total de $27 920), pero solo $21 057 (75%) habrían salido de tu bolsillo.

TABLA 1. Impacto de los rendimientos en tus ahorros
(en pesos)

| Año | Ahorro inicial | Rendimiento | Total | Ahorro mensual | Ahorro del año | Ahorro acumulado |
|---|---|---|---|---|---|---|
| 1 | 0.00 | 0.00 | 0.00 | 1 500.00 | 18 000.00 | 18 000.00 |
| 2 | 18 000.00 | 1 440.00 | 19 440.00 | 1 560.00 | 18 720.00 | 38 160.00 |
| 3 | 38 160.00 | 3 052.80 | 41 212.80 | 1 622.40 | 19 468.80 | 60 681.60 |
| 4 | 60 681.60 | 4 854.53 | 65 536.13 | 1 687.30 | 20 247.55 | 85 783.68 |
| 5 | 85 783.68 | 6 862.69 | 92 646.37 | 1 754.79 | 21 057.45 | 113 703.83 |

Si tienes buen ojo te habrás percatado de que tu dinero cada vez crece más rápido; el segundo año, por ejemplo, el rendimiento solo representó 7% del crecimiento del ahorro, el resto salió de tu bolsillo, pero ya vimos que para el quinto año este rendimiento representaba 25%. Este efecto, en el que una inversión crece cada vez más rápido, se llama interés compuesto, y existe cuando los rendimientos del año anterior generan rendimientos en el nuevo año, acelerando el efecto. Este interés compuesto es esencialmente el resultado de que los rendimientos de inversiones anteriores generen sus propios rendimientos.

**ESTE INTERÉS COMPUESTO ES ESENCIALMENTE EL RESULTADO DE QUE LOS RENDIMIENTOS DE INVERSIONES ANTERIORES GENEREN SUS PROPIOS RENDIMIENTOS.**

Cuando tú y tu dinero hacen equipo, el crecimiento de tu patrimonio se vuelve exponencial, es más, llegará un momento en que tus aportaciones anuales palidecerán en comparación con el crecimiento de tus inversiones. Y eso sucederá muy rápido. Este crecimiento exponencial de tus rendimientos en comparación con tus desembolsos se nota claramente en la gráfica 2, que es un acercamiento de la gráfica 1; mientras que los primeros años el rendimiento acumulado apenas se nota y nuestro ahorro para el retiro depende altamente de nuestros propios desembolsos; poco a poco es el rendimiento el que se vuelve el protagonista. Para el año 10, casi 30% del ahorro acumulado total proviene de los rendimientos, para el año 20 ya es la mayoría (51% del total) la que proviene de ese crecimiento, y para el año 30 más de dos tercios del ahorro total provendrían de los rendimientos.

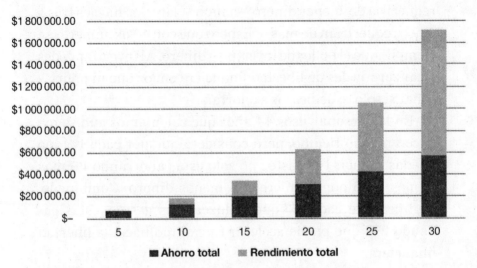

GRÁFICA 2. Ahorro total comparado con rendimiento total de una inversión a lo largo de 30 años

Por si esto no fuera poco, te has acostumbrado a gastar 10% menos, es decir que, en nuestro ejemplo, ya no gastas $15 000, sino $13 500 porque los otros $1 500 los estás ahorrando todos los meses. Esto quiere decir que al año ahora gastas $162 000, y usando la "regla del 5%" en lugar de la regla original del 4% y sumando la inflación, en vez de los $11 700 000 que habíamos calculado arriba, ahora "bastarían" $10 500 000.

Al invertir $1 500 todos los meses (más la inflación), lo que en un inicio calculamos que nos iba a tomar 83 años (ahorrando el 100% de nuestro dinero), ahora nos tomaría 44 años (invirtiendo 10% de nuestro ingreso). Aún son muchos, pero muestra que este objetivo es alcanzable, y que el poder del interés compuesto es gigantesco. De empezar a los 20 años lograrías tu libertad financiera a los 64. Y eso es considerando un nivel dos de libertad financiera, el nivel uno requeriría de menos dinero —aunque claro, los niveles tres a cinco requerirían de más—. Espero que con estos números se ejemplifique el poder de invertir tu dinero. Al invertir puedes alcanzar niveles de libertad financiera en los que ni podrías soñar si solo te dedicaras a ahorrar.

En lo personal, esos 44 años que calculamos aún se me hacen mucho tiempo, pero considera que por cada 1% que puedas reducir tus gastos no solo estás ahorrando 1% más al mes, sino que requieres 1% menos dinero. Combinado, significa que cada 1% que reduzcas tus gastos, estas ganando 2%, que puede acelerar tu camino hacia la libertad financiera.

Si quieres aún mejores noticias, piensa que si en nuestro ejemplo ahorráramos 20% de nuestros ingresos (un valor continuamente repetido en el mundo de las finanzas personales) nuestro objetivo de ahorro bajaría de $10 500 000 a $9 340 000 (porque gastamos menos) y podríamos alcanzar este objetivo no en 83 años, ni en 44, sino en 35 años. Incluso si empezaras todo este camino hasta los 30 años, alcanzarías tu objetivo justo a los 65.

Por supuesto que mientras antes empecemos a invertir, mejor; es claro que entre más porcentaje de nuestros ingresos ahorremos, mejor, y no hay duda de que el objetivo es alcanzable.

Pero que empezar cuanto antes sea lo mejor no significa que de jóvenes no podemos disfrutar y gastar. Que entre más porcentaje ahorremos mejor no es igual a que debamos volvernos unos tacaños. Que invertir sea el camino no quiere decir que cualquier inversión nos llevará al destino. Y que el objetivo sea alcanzable no es sinónimo de que nos podemos confiar.

Pongamos manos a la obra para alcanzar esa libertad financiera, no lo más rápido posible, ni siquiera de la forma más eficiente posible, sino de una manera en que maximicemos nuestro dinero para que nos haga tan felices durante el retiro como desde hoy.

Yo alcancé mi libertad financiera quizá lo más temprano posible para mí: a los 29 años. Pero no fue de la forma que maximizara mi dinero, porque para alcanzarla sacrifiqué mis veintes, algunos amigos, muchos familiares, innumerables experiencias. Eso no es lo que yo quiero para ti, no quiero que cambies tu tiempo en tus años de juventud (veintes, treintas, cuarentas, cincuentas) por tu tiempo en tus años de "no tanta juventud" (sesentas, setentas, ochentas). Quiero que disfrutes todas tus décadas, que no sacrifiques tus años de juventud por el futuro, pero que tampoco sacrifiques tu futuro por los deseos de hoy.

Alcanzar este balance entre los dos lados será un camino arduo, no te voy a mentir, pero valdrá la pena porque te habrás asegurado de que usaste tu dinero para servir tus propósitos, en lugar de haber servido toda tu vida en favor del dinero.

# CAPÍTULO 2

# Primeros pasos

Si, como vimos en el capítulo anterior, por cada 1% de nuestros ingresos que ahorremos, ganamos 2% en nuestro camino a la libertad financiera (1% más de ahorro, 1% menos de gastos), vamos a querer prestarle mucha atención a ese porcentaje de ahorro. Con esto en mente podríamos pensar que la clave de alcanzar la libertad financiera es enfocarnos precisamente en maximizar ese porcentaje. Pero esto solo es cierto si lo que queremos es alcanzar la libertad financiera cuanto antes. Como ya te platiqué sobre mi experiencia, esto podría no ser lo mejor.

A la par de reducir nuestros gastos, también debemos asegurarnos de que disfrutamos el dinero, o más específicamente, la vida (ahí está otra vez esa parte romántica de este libro financiero). Significa que debemos buscar un balance entre gastar menos ahorrando la diferencia, y gastar dinero de forma que seguimos permitiéndonos gastar en las cosas en las que en realidad nos gusta gastar.

A lo largo de este capítulo harás precisamente eso, buscar estructurar tus finanzas, tus gastos, de forma que gastas hoy al mismo tiempo que ahorras para mañana. En este capítulo además prepararás el camino para que puedas empezar a ahorrar para tu retiro. Como veremos, ese dinero que logres apartar para mañana no necesariamente tiene que irse de inmediato a tus cuentas de inversión o ahorro para el retiro, sino que hay pasos previos que debes tomar.

## Conoce tu presupuesto

Esta es la primera parte del libro que es sumamente práctica. Para poder ahorrar para nuestro retiro al mismo tiempo que desde hoy gastamos en cosas que nos gustan necesitamos ser eficientes con nuestros gastos. Atrás deben quedar los días en que gastábamos indiscriminadamente, en todo lo que se nos ocurría, en todo lo que se nos atravesaba, solo limitados (y eso a veces) por el saldo en nuestra cuenta de banco.

Tu objetivo será gastar de forma muy consciente. Es muy común gastar en modo automático, sin haber tomado una decisión anticipada sobre a dónde destinar nuestro dinero. Para cambiar de un hábito de gastos en automático a un hábito de gastos conscientes tenemos que apuntar a gastar solo en las cosas que nos brindan felicidad, y cortar gastos sin piedad en todo lo demás. Esta es una filosofía que Ramit Sethi comparte en su libro *I Will Teach You to Be Rich* (Te enseñaré a ser rico), y que nos permitirá lograr los objetivos de seguir gastando como nos gusta, y hacer un espacio en nuestro ingreso mensual para destinar a nuestros ahorros.

Lograremos esto a través de identificar, detalladamente, a dónde se está yendo tu dinero. Saber en qué gastas mes a mes te ayudará a identificar aquellas categorías en las que estás gastando más de lo que en realidad esperabas. Si, por ejemplo, descubres que consistentemente has gastado $1 000 al mes en restaurantes, pero ir a restaurantes no es en realidad algo que te brinde tanta felicidad, ni experiencias que tú quieres tener, podrías decidir dejar de gastar en esa categoría los siguientes meses y, al contrario, destinar ese dinero a tus ahorros.

Deberás tener muy presente que estamos buscando identificar un hábito pasado no para juzgarnos o darnos de topes por haber gastado ese dinero. Simplemente estamos buscando identificar esos gastos para dejarlos de hacer en el futuro, tomando la decisión sin juzgarnos. Esta distinción es importante. En un momento te pediré que te eches un clavado en tus finanzas, en tus hábitos de gasto anteriores y en las deudas que podrías tener. Esto nos puede causar pavor. Descubrir el mal estado de nuestras finanzas podría paralizarnos de miedo, a menos que en lugar de miedo cambiemos la perspectiva de este ejercicio a una de curiosidad. Al echarnos ese clavado no vamos a buscar culpables, ni vamos a juzgar los malos hábitos, ni siquiera vamos a buscar soluciones aún. Lo único que buscaremos será entender a dónde se ha ido nuestro dinero, para posteriormente, con más calma, trazar un camino más informado hacia la libertad financiera.

**SIMPLEMENTE ESTAMOS BUSCANDO IDENTIFICAR ESOS GASTOS PARA DEJARLOS DE HACER EN EL FUTURO, TOMANDO LA DECISIÓN SIN JUZGARNOS.**

Si eres como yo, la idea de crear un presupuesto suena aburrida y tediosa, y en ocasiones lo es, lo que nos invita a posponer esa tarea. Por eso es importante que veas este ejercicio como uno de reconocimiento. Vas a sentarte con calma, solo o con los miembros de tu familia o aquellas personas con quienes compartes gastos, con tus bebidas o bocadillos preferidos, y prepararás el ambiente como si fueras a jugar un juego de mesa, con estados de cuenta y recibos de compra en lugar de tablero, calculadoras en lugar de cartas, y este libro en lugar del manual de instrucciones. Al momento de hacer este ejercicio no tomes a la ligera el adoptar la perspectiva de curiosidad sobre una perspectiva de miedo. Puede ser la diferencia entre el éxito y el fracaso.

Además de esto, en lugar de pensar en este ejercicio como la creación de un presupuesto, puedes pensar que estás creando tu "guía de estilo de vida". Esta es una idea que Shinobu Hindert comparte en su libro *Investing Is Your Superpower* (Invertir es tu superpoder) como la forma de crear un plan de gastos que te ayude a darle prioridad a lo que quieres en tu vida. Así, esta se convierte en una tarea acerca de diseñar la vida que deseas, no de limitar tus gastos. ¡Mucho más divertido!

Tendiendo esto en cuenta, ahora sí, aquí tienes tus instrucciones:

1. Si compartes gastos con alguien (pareja, hijos, padres, etc.), agenda una reunión con ellos para la fecha más conveniente. Destina mínimo unas dos o tres horas.
2. La fecha de la reunión prepara tu bebida y bocadillo de preferencia.
3. Descarga e imprime los estados de cuenta de tus tarjetas de crédito y débito que usaste durante el mes completo anterior (por ejemplo, si una tarjeta tiene fecha de corte del 20, asegúrate de conseguir el estado de cuenta que incluye gastos hasta ese día 20, y el estado de cuenta o movimientos del 20 al final del mes).

4. Si haces gastos en efectivo, recupera cualquier recibo de compra que hayas guardado de ese mes, o alista tu memoria, vas a ponerla a trabajar.

5. Identifica la lista de categorías y subcategorías en la tabla 2.

6. Usa la tabla 3 para revisar tus gastos de cada día (ayudándote de estados de cuenta, recibos o tu propia memoria) y asigna una categoría y subcategoría a cada uno. Siéntete en libertad de extender la lista en una libreta.

7. Cuando la tabla 3 esté llena, suma los gastos por subcategoría en la tabla 2, en la columna de "gastado".

8. Suma los totales por categoría en la misma tabla 2, también en la columna de "gastado".

9. La tarea más importante: identifica subcategorías en las que sientes que estás gastando de más, y toma la decisión consciente de gastar menos en esa subcategoría durante el siguiente mes, escribe tu monto objetivo de gasto por categoría y subcategoría en la columna de "presupuestado".

10. Planea algo divertido después, como ir por un helado, porque habrás terminado una tarea muy importante para encaminarte a la libertad financiera, ¡te lo mereces!

## TABLA 2. Lista de categorías y subcategorías de gasto

| VIVIENDA | GASTADO | PRESUPUESTADO |
|---|---|---|
| Renta | | |
| Hipoteca | | |
| Impuestos a la vivienda | | |
| Reparaciones / mantenimiento | | |
| Otros costos de vivienda | | |
| TOTAL | | |
| **ALIMENTACIÓN** | GASTADO | PRESUPUESTADO |
| Despensa | | |
| Restaurantes | | |
| TOTAL | | |
| **IMPUESTOS Y DONACIONES** | GASTADO | PRESUPUESTADO |
| Impuesto sobre la renta | | |
| Otros impuestos | | |
| Donaciones | | |
| TOTAL | | |
| **TRANSPORTE** | GASTADO | PRESUPUESTADO |
| Gasolina y fluidos | | |
| Reparaciones y llantas | | |
| Licencia e impuestos | | |
| Estacionamiento y casetas | | |
| Vuelos | | |
| Renta de vehículos | | |
| Transporte público | | |
| TOTAL | | |
| **SEGUROS** | GASTADO | PRESUPUESTADO |
| Vida | | |
| Gastos médicos | | |

| | | |
|---|---|---|
| Hogar | | |
| Discapacidad | | |
| Robo | | |
| Cuidado en la vejez | | |
| Otros seguros | | |
| TOTAL | | |
| **AHORROS** | **GASTADO** | **PRESUPUESTADO** |
| Fondo de emergencias | | |
| Fondo para el retiro | | |
| Fondo para la educación | | |
| Otro ahorro 1 | | |
| Otro ahorro 2 | | |
| Otro ahorro 3 | | |
| TOTAL | | |
| **SALUD** | **GASTADO** | **PRESUPUESTADO** |
| Medicamentos | | |
| Doctores | | |
| Dentistas | | |
| Oculistas | | |
| Suministros médicos | | |
| Vitaminas | | |
| Otros gastos de salud | | |
| TOTAL | | |
| **SERVICIOS** | **GASTADO** | **PRESUPUESTADO** |
| Electricidad | | |
| Gas | | |
| Agua | | |
| Recolección de residuos | | |
| Celular | | |
| Internet | | |

| | | |
|---|---|---|
| Televisión por cable | | |
| Seguridad | | |
| TOTAL | | |
| **RECREACIÓN** | **GASTADO** | **PRESUPUESTADO** |
| Suscripciones de video | | |
| Suscripciones de audio | | |
| Entradas a eventos | | |
| Entradas a atracciones | | |
| Paquetes de viajes | | |
| Hospedaje | | |
| TOTAL | | |
| **VESTIMENTA** | **GASTADO** | **PRESUPUESTADO** |
| Ropa adultos | | |
| Ropa niños | | |
| Zapatos adultos | | |
| Zapatos niños | | |
| Cuidado y limpieza | | |
| TOTAL | | |
| **DEUDAS** | **GASTADO** | **PRESUPUESTADO** |
| Créditos automotrices | | |
| Créditos personales | | |
| Tarjetas de crédito | | |
| Anualidades de tarjetas de crédito | | |
| Comisiones | | |
| Otras deudas | | |
| TOTAL | | |
| **GASTOS PERSONALES** | **GASTADO** | **PRESUPUESTADO** |
| Cuidado de niños | | |
| Artículos de aseo personal | | |
| Cosméticos y aseo de cabello | | |

| | | |
|---|---|---|
| Colegiaturas / educación | | |
| Libros y útiles | | |
| Pensión alimenticia | | |
| Manutención de hijos | | |
| Costos de organización | | |
| Regalos | | |
| Reemplazo de muebles | | |
| Suministros para mascotas | | |
| Artículos de tecnología | | |
| Otros gastos personales | | |
| TOTAL | | |

TABLA 3. Lista de gastos categorizados

| DÍA | GASTO | $ | CATEGORÍA | SUBCATEGORÍA |
|---|---|---|---|---|
| | | | | |
| | | | | |
| | | | | |
| | | | | |
| | | | | |
| | | | | |
| | | | | |
| | | | | |
| | | | | |
| | | | | |
| | | | | |
| | | | | |
| | | | | |
| | | | | |
| | | | | |

| Día | Gasto | $ | Categoría | Subcategoría |
|---|---|---|---|---|
| | | | | |
| | | | | |
| | | | | |
| | | | | |
| | | | | |
| | | | | |
| | | | | |
| | | | | |
| | | | | |
| | | | | |
| | | | | |
| | | | | |
| | | | | |
| | | | | |
| | | | | |
| | | | | |
| | | | | |

Hacer este ejercicio te permitirá estar más consciente sobre a dónde estás dirigiendo tu dinero, y si encuentras qué parte de tu dinero se está yendo a subcategorías que en realidad no te importan tanto, puedes decidir dejar de gastar en ello. Como ya tendrás mucho mayor consciencia de esos gastos, el siguiente mes puedes decidir con más facilidad no gastar en eso, porque conscientemente estarás buscando hacerlo de forma diferente. Todo esto te ayudará a dejar de gastar de manera automática, y gastar más acorde al estilo de vida que quieres tener. Empezarás a vivir la vida que has diseñado.

Además, este ejercicio es un gran paso hacia tu libertad financiera: si reduces tus gastos en cosas innecesarias y empiezas a destinar ese dinero extra hacia tus ahorros y la mejora de tus finanzas personales, el camino que tomes hacia tu retiro será más corto, y ese objetivo de ahorro que escribiste hace unas páginas, ese norte atrayendo tu brújula de decisiones financieras, estará más cerca.

## Págate a ti primero

Ahora que has identificado aquellas categorías y subcategorías en que estás gastando de más, puedes empezar a pagarte a ti primero, es decir, puedes ahorrar para tus objetivos financieros desde el inicio de la quincena. Esto es posible porque ya tienes una muy buena idea de a dónde se iba tu dinero, y conscientemente has decidido dejar de gastar en algunas cosas. Si, por ejemplo, a partir de ahora has decidido gastar $1 000 menos al mes en restaurantes, comida a domicilio o comida chatarra, esos $1 000 los podrás ahorrar desde el principio de la quincena o mes.

Ya hablaremos más adelante sobre los lugares donde puedes guardar ese dinero, porque no, no lo dejaremos debajo de tu colchón o en una cuenta de banco. Pero antes de eso necesito aclarar la importancia de pagarte a ti primero, porque esa idea me causaba mucho estrés en el pasado, y no tiene por qué ser así.

A mí me causaba estrés porque solo la leía y parecía que significaba forzarme a ahorrar dinero que no sabía si necesitaría más adelante en el mes; si gastaba $10 000 mes a mes era imposible para mí "pagarme primero" y ahorrar al inicio de la quincena $2 000, o ni siquiera $1 000 o $500, pues seguro los necesitaría.

Pero al contrario de otros autores que podrían solo decirte que hagas algo sin decirte cómo (cof cof, Kiyosaki, cof cof), en este libro ya encontraste las herramientas. Ya sabes, con alto grado de confianza, cuánto dinero podrías ahorrar si reduces tus gastos como has decidido en el ejercicio de la tabla 2. Entonces, ¿por qué tanta insistencia con pagarnos a nosotros primero ahorrando al principio de la quincena? ¿No podríamos hacerlo al final?

En el mundo de la productividad existe la ley de Parkinson, que establece que una tarea tardará en ser completada tanto tiempo como le sea asignada. Seguro la has experimentado, en tu escuela o en tu trabajo, cuando te dicen que tienes una semana para completar una tarea: sin importar si puedes terminarla en un día, tardarás la semana completa en terminarla.

En el mundo de las finanzas esta ley puede ser adaptada para establecer que nuestros gastos van a ser iguales a la cantidad de dinero que esté disponible en nuestro bolsillo. Y seguro también te ha pasado, no importa que hayas decidido gastar $1 000 menos en restaurantes, de una u otra forma el dinero se terminó para el final de la quincena, se esfumó en gastos hormiga, o decidiste comprar otra cosa que no estaba previamente presupuestada, y al final del mes no ahorraste nada.

> **EN EL MUNDO DE LAS FINANZAS ESTA LEY PUEDE SER ADAPTADA PARA ESTABLECER QUE NUESTROS GASTOS VAN A SER IGUALES A LA CANTIDAD DE DINERO QUE ESTÉ DISPONIBLE EN NUESTRO BOLSILLO.**

He ahí la importancia de pagarte a ti primero, ya que así evitamos que la ley de Parkinson juegue en nuestra contra. Si desde el principio de la quincena ahorramos esos $1 000 que decidimos dejar de gastar en restaurantes, esos $1 000 salen de nuestra vista, dejan de estar disponibles para gastar en otras cosas, nos hemos forzado a ahorrar esos $1 000 y deberemos enfrentar nuestros gastos con el dinero restante que quedó en nuestro bolsillo.

La eficacia de pagarnos a nosotros primero no será del 100%, definitivamente habrá quincenas o meses, sobre todo al inicio del camino hacia unas mejores finanzas, en las que los gastos que no anticipamos requerirán que saquemos el dinero que habíamos ahorrado al principio del mes. Está bien tropezar de vez en cuando, cada vez lo harás con menos frecuencia. Será mucho mejor pagarte a ti primero y que eso tenga éxito el 50% de los meses, o pagarte a ti primero $1 000 al inicio del mes y tener que sacar $500 para un gasto inesperado, que nunca ahorrar nada. Y poco a poco, conforme tus finanzas se vuelven más estables, la frecuencia de éxito será mayor.

Ley de Parkinson. Los gastos se expanden hasta usar el dinero disponible para que este se termine. Más te vale, entonces, ahorrar el dinero antes de gastártelo.

## La regla de las $4x^2$

Si empiezas a pagarte a ti primero todas las quincenas, o al menos todos los meses, podrás apartar poco a poco una buena cantidad de dinero y destinarla a tus objetivos financieros. Es importante perseguir los objetivos en el orden correcto,

## LEY DE PARKINSON

**Los gastos se expanden hasta usar el dinero disponible para que este se termine. Más te vale, entonces, ahorrar el dinero antes de gastártelo.**

porque como ya te adelantaba al principio de este capítulo, existen pasos previos al ahorro para el retiro que son vitales para que un plan de retiro tenga éxito.

Pero antes de adentrarnos en el primero de esos pasos previos quiero agregar una herramienta más a tu arsenal para ayudarte a combatir los gastos que podrían existir fuera de tu presupuesto mensual. Y es que en el ejercicio en el que listaste tus gastos solo tomaste en cuenta los del mes anterior, y pueden existir algunos gastos que solo realizas una vez al año, o en periodos más largos. Por ejemplo, quizá compras un celular nuevo cada dos años, una computadora nueva cada tres, o un auto nuevo cada cinco. Ninguno de esos gastos aparecería en tu lista si no lo hiciste hace poco. Aun así, prepararte para esas compras que no puedes realizar solo con tu ingreso del mes es sumamente importante.

Lo último que queremos es pedir un préstamo que nos cobre intereses, ese es el peor enemigo al que nos podemos enfrentar en el camino hacia la libertad financiera. Si un auto cuesta $300 000 pesos, comprarlo con ayuda de un préstamo podría hacer que el costo final (ya contemplando comisiones e intereses que deberíamos pagar) se eleve hasta los $450 000. Eso es dinero que dejamos de destinar a nuestros objetivos de ahorro, solo a cambio de obtener ese auto (o cualquier cosa que compremos a crédito) hoy, en lugar de esperar a ahorrar lo suficiente para comprar de contado. Es el "impuesto a la impaciencia".

Aquí empieza a ser importante esa disciplina que ya mencionaba que va a ser crucial para alcanzar tus objetivos. Claro que es difícil tenerla, ver a tus vecinos o familiares comprar un auto nuevo mientras tú te tienes que esperar porque aún no ahorras lo necesario puede generarte suficientes celos como para de una vez pedir un préstamo (aunque eso signifique posponer tus metas de ahorro). Sin disciplina evitar esto será muy difícil, entonces para ayudarte a construirla déjame presentarte la regla de las $4x^2$.

Esta regla la adapté de dos diferentes reglas de las 2x de dos diferentes autores (2x por 2x es igual a $4x^2$, de ahí el nombre) y me ha ayudado a tomar decisiones muy rápidas sobre si debería hacer una compra o no.

## Las primeras 2x

La primera regla de las 2x la presenta Ramit Sethi en su libro *I Will Teach You to Be Rich*. Para aclarar, no la presenta precisamente como una regla, pero a menudo menciona que —número 1— podemos gastar de forma extravagante en las cosas que amamos, siempre que —número 2— cortemos gastos sin piedad en todo lo demás. Para lograr esto deberemos crear una pequeña lista de *dos* prioridades en las que nos permitiremos gastar sin culpa, incluso si es extravagante. Esta lista puede cambiar varias veces, pero una buena forma de crearla es preguntándote si en tu lecho de muerte te arrepentirías de no haber hecho una compra; si la respuesta es no, es probable que no sea una prioridad, pero si la respuesta es sí, agrégala a la lista. Por ejemplo, seguro que en tu lecho de muerte no te arrepentirás de no haber comprado el iPhone 28, pero quizá te arrepentirías de no haber hecho un viaje familiar a la playa cuando tus hijos eran pequeños; gastar en viajes familiares sería una de tus prioridades.

Entonces esta primera regla de las 2x se trata de crear esa lista de dos prioridades. Anda, anota esas dos cosas en las que quisieras permitirte gastar sin culpa, de las que realmente te arrepentirías en tu lecho de muerte si no gastaras en ellas durante tu vida.

TABLA 4. Tu lista de dos prioridades para gastar sin culpa

| Prioridad 1 | |
| --- | --- |
| Prioridad 2 | |

Por ejemplo, en mi caso, el año pasado esta lista estaba compuesta por viajar y comprar experiencias, entonces gasté extravagantemente en vuelos, hoteles, entradas a museos y conciertos, comidas en restaurantes con tres estrellas Michelin y varias otras cosas dentro de esas dos categorías. Pero también dejé de gastar sin piedad en otras cosas, como artículos de tecnología, zapatos, ropa, entre otros. Este año, sin embargo, mis prioridades han cambiado, y ahora en lugar de gastar en viajes he gastado en regalos para mi familia y amigos cercanos.

Cualquiera que sea tu lista de dos prioridades, para usar esta regla de las $4x^2$ ahora debes regresar al ejercicio de la tabla 3 en el que listaste tus gastos y decidir cortar de manera despiadada aquellos que realizas en las categorías que no son parte de estas dos prioridades —y que no son necesarios, claro—.

Estas primeras $2x$ no solo te permiten gastar en las cosas que en realidad te brindan bienestar al mismo tiempo que mantienes unos gastos responsables (por cortar gastos en otras categorías), sino que serán bastante útiles la siguiente vez que sientas envidia porque alguien cercano a ti compró algo que te gustaría tener. No lo tienes que negar, somos humanos, está en nuestra naturaleza no querer quedarnos atrás. Por eso nos comparamos constantemente con las personas con quienes convivimos, y si vemos que tienen un auto nuevo, queremos uno también; si se van de vacaciones al Caribe, queremos irnos de vacaciones a Europa; si se compran el nuevo iPhone Pro, queremos el iPhone Pro Max. Sucumbir a estas emociones puede dañar nuestras finanzas, reduciendo nuestros ahorros y posponiendo nuestro retiro. Pero con esta primera regla de las 2x podemos "engañar" a nuestro cerebro envidioso diciéndole que ese auto nuevo, o ese viaje al Caribe, o ese iPhone Pro deben ser las prioridades de esas personas, pero si no son las nuestras, no importa y no debemos de gastar en lo mismo. Nosotros tenemos nuestras prioridades en otro lado, y ahí es donde decidimos gastar nuestro dinero.

## Las segundas 2x

La segunda regla de las 2x sí fue compartida como tal por Nick Maggiulli en su libro *Just Keep Buying* y establece que debemos limitar nuestras compras (fuera de las que son necesarias) a aquellas que podemos cubrir dos veces. Por ejemplo, si queremos comprar un celular de 10 000 pesos debemos tener $20 000 listos; $10 000 los usaríamos para comprar el celular y los otros $10 000 deberíamos ahorrarlos.

Lo anterior, de entrada, significa que no debemos permitirnos comprar cosas para las que no hemos ahorrado aún. Es difícil autoimponernos esto, en especial en un mundo en que todo está a un clic de distancia, pero si tienes la disciplina de adoptar esta regla no solo evitarás el uso de créditos que te cobrarán intereses, sino que te ayudará a limitar tus compras a aquellas que en verdad decides hacer conscientemente.

Seguir esta regla, además, impedirá que tus gastos se salgan de control e impidań que ahorres para tus objetivos, después de todo agregarás dinero a tus ahorros cada que haces una compra. Pero lo más importante, desde mi punto de vista, ¡es que podemos gastar sin culpas! No importa qué compra hagamos, incluso aquellas que por sí solas parecen compras completamente irresponsables, evitaremos la culpa porque sabemos que también estamos ahorrando. ¡Qué importa que el año pasado haya gastado $5 000 en videojuegos que a la fecha siguen guardados y sin abrir, si al mismo tiempo agregué $5 000 a mis ahorros!

## Juntando ambas reglas

Ahora, juntar ambas reglas en una regla de las $4x^2$ significa que cada que realicemos una compra (fuera de gastos necesarios como renta, gasolina o despensa) primero tendremos que evaluar si esta cae dentro de nuestras prioridades (primeras 2x). Si no lo hace, la descartamos y listo, ese dinero no se gasta. Si sí cae en nuestras prioridades, además debemos evaluar si esa compra la podemos cubrir dos veces (segundas 2x). Si no podemos, no la hacemos, quizá la dejamos para después, y nos enfocamos en seguir ahorrando. Solo si las dos cosas son ciertas (es parte de nuestras dos prioridades y además podemos cubrir la compra dos veces) entonces hacemos el gasto, y claro, ahorramos un monto idéntico al dinero utilizado.

**SOLO SI LAS DOS COSAS SON CIERTAS (ES PARTE DE NUESTRAS DOS PRIORIDADES Y ADEMÁS PODEMOS CUBRIR LA COMPRA DOS VECES) ENTONCES HACEMOS EL GASTO, Y CLARO, AHORRAMOS UN MONTO IDÉNTICO AL DINERO UTILIZADO.**

Esto también quiere decir que debemos de presupuestar el ahorro mensual para las compras grandes que queremos hacer y no podremos cubrir con nuestros ingresos de un mes. Planear estas compras por adelantado y calcular cuánto debemos ahorrar cada mes para poder realizarlas a tiempo es uno de los efectos de usar esta regla.

Agregar esta regla de las $4x^2$ a tu arsenal, en esta persecución de mejorar tus finanzas y alcanzar la libertad financiera, significa que tus ahorros crecerán sin que tengas que establecer presupuestos tediosos y rígidos que pocas veces funcionan para la vida real, porque la vida real pasa fuera de las hojas de cálculo, incluso fuera del ejercicio de listado de gastos que hicimos arriba.

Este tipo de reglas, en mi opinión, son geniales porque eliminan el proceso de decisión en el futuro. ¡La decisión la tomamos anticipadamente! En el futuro, cuando nos enfrentemos a un gasto, no debemos tomar una decisión difícil basada en múltiples factores, ni tomar una decisión errónea por falta de planeación. Bastará seguir esta simple regla para saber lo que tendríamos que hacer. Junto con la ley de Parkinson (usada a nuestro favor), esta regla de las $4x^2$ la podemos agregar a nuestro propio "sistema operativo financiero" y facilitar las decisiones financieras futuras, reduciendo la probabilidad de que tomemos una decisión equivocada que dañe nuestras finanzas y posponga nuestros objetivos.

Regla de las $4x^2$. Limita tus gastos innecesarios a aquellos que forman parte de tus prioridades y cuyo costo puedas cubrir dos veces: una para hacer la compra y otra para ahorrar una cantidad idéntica.

CAPÍTULO 3

# Fondo de emergencia, el primer paso a tu libertad financiera

Ahora que hemos hecho un espacio en nuestros ingresos mensuales para destinarlos a nuestros objetivos de ahorro, ya sea porque encontramos gastos que podemos cortar, o porque seguimos la regla de las $4x^2$, ha llegado el momento de hablar precisamente de esos objetivos de ahorro que debemos ir persiguiendo, uno por uno, para llevarnos a la libertad financiera.

Es cierto que nuestro objetivo principal es ahorrar para el retiro, pero brincar directamente a ese objetivo sería como querer correr un maratón sin aún haber aprendido a caminar. Es importante que establezcamos bases sólidas teniendo lista una de las partes más fundamentales de la libertad financiera: un fondo de emergencias.

> **ES CIERTO QUE NUESTRO OBJETIVO PRINCIPAL ES AHORRAR PARA EL RETIRO, PERO BRINCAR DIRECTAMENTE A ESE OBJETIVO SERÍA COMO QUERER CORRER UN MARATÓN SIN AÚN HABER APRENDIDO A CAMINAR.**

Si hablamos de libertad financiera, construir nuestro fondo de emergencias es como el nivel 0 en la escala de libertad financiera de Tony Robbins. No podemos brincar al nivel 1 (seguridad financiera) sin una base en la que apoyarnos. El fondo de emergencias es esa base.

## La importancia del fondo de emergencias

Un fondo de emergencias va a ser dinero que no puedes gastar, pero que tampoco puedes destinar a tus inversiones, el pago de tus deudas o el ahorro para el retiro. Parece ser una cantidad de dinero desperdiciada, sentada en una cuenta de banco solo existiendo por si llegara a suceder una emergencia. Además, el monto podría ser bastante grande, no será raro pensar que ese dinero estaría mejor siendo destinado a otros objetivos financieros, varios de los cuales pueden ser bastante urgentes.

Pero sin un fondo de emergencias, un gasto repentino que debamos realizar (una emergencia, vaya), puede dañar nuestras finanzas. Si se presenta esa emergencia para la que no estamos preparados, y que debemos de atender sí o sí, esta situación nos obligará a pedir un préstamo, que ya sabemos, nos cobraría intereses que pospondrían nuestros ahorros. Porque claro, cuando pedimos prestado dinero no solo debemos regresar el dinero que nos prestaron, si no esos intereses adicionales. Un préstamo de $10 000 fácilmente podría costarnos $15 000 en total.

Imagina, por ejemplo, que se descompone tu refrigerador, o se poncha una llanta de tu coche, o tu perro se come parte del sillón dos días antes de que tus suegros vengan de visita. Urgirá reparar o reemplazar el refrigerador, parchar la llanta, y no necesariamente arreglar el sillón, pero sí llevar a

Firulais a la veterinaria a que revisen que esté bien. Si no tenemos la posibilidad de acceder al dinero necesario para enfrentar estos problemas, para los cuales la solución no puede esperar, tendremos que pedir un préstamo, sea usando una tarjeta de crédito o pidiendo dinero al banco. La solución momentánea se convertirá en un problema a futuro, en el que tendrás que hacer espacio en tu presupuesto no para tus metas financieras, sino para pagarle intereses al banco. Hay pocas cosas tan desalentadoras como trabajar arduamente en reducir tus gastos solo para que los frutos de ese trabajo se los quede alguien más.

**NOTA:** Si cuando has llegado a tener una emergencia has recibido ayuda de tus padres, hijos, abuelos, o quien sea, y han sido súper amables y no te han cobrado intereses, ¡no significa que te puedes librar de juntar tu fondo de emergencias! Repite conmigo: "Mis familiares o amigos no son mi fondo de emergencias". Ellos tienen sus propios problemas, no siempre estarán para apoyarte, debes valerte por tus propios medios. Además de que al pedirles prestado dinero (¡que espero les hayas devuelto!) podrías haber pospuesto sus propios objetivos financieros. Yo sé que amas a esas personas, entonces no dañes sus finanzas con tal de salvar las tuyas, ¡ahorra tu fondo de emergencias!

Entonces un fondo de emergencias es importante para enfrentar gastos inesperados, y seguirá siéndolo incluso cuando tus finanzas sean mucho más robustas. Llegará el día en que tengas tu fondo de emergencias y además tengas buenos ahorros para tu retiro, en ese momento es común preguntarse si el fondo de emergencias sigue siendo útil, después de todo, de presentarse un inconveniente, siempre podrías retirar de tu ahorro para el retiro, ¿no? Esto es en general cierto, y aunque en algunos escenarios esto conllevaría penalizaciones, con las tasas de interés criminales que se cobran en México por prestar dinero, retirar de nuestro ahorro para el retiro puede ser una mejor opción que pedir un préstamo (que bueno, un préstamo con las tasas de interés gigantes de México es un estándar muy bajo). ¡Pero aun así deberías mantener tu fondo de emergencias!

Déjame repetirlo. No importa cuantos millones tengas ahorrados para tu retiro, ese dinero no se toca hasta que te retires, ni en una emergencia. Para esos escenarios debe seguir existiendo tu fondo de emergencias. Si usas tu ahorro para el retiro antes de tiempo, puedes arruinar tu plan. Independientemente del retraso que significaría tener menos dinero ahorrado, el plan habrá sido creado con una fecha objetivo en mente. Como veremos, no será lo mismo invertir tu ahorro a 30 años, que hacerlo a 10. Si retiras parte de tu ahorro antes del plazo definido podrías dañar tu patrimonio.

El 2020 es un ejemplo muy claro que podríamos tener muy fresco aún. En marzo y abril de ese año muchas personas perdieron su empleo, al mismo tiempo que el valor de múltiples inversiones se veía disminuido considerablemente (incluidos los ahorros para el retiro). Sin un fondo de emergencias, miles de personas se vieron obligadas a retirar dinero de esas inversiones solo para cubrir sus gastos del mes. Los meses siguientes, esas personas tuvieron que soportar ver cómo el valor de las inversiones que acababan de vender se recuperaba incluso más allá de los niveles de febrero de 2020 en cuestión de cinco meses. De haber tenido un fondo de emergencias, sus inversiones pudieron haber sobrevivido e incluso crecido, pero por la necesidad de enfrentar sus gastos, muchos retiraron dinero en el peor de los momentos.

Claro que esas personas corrieron con la malísima suerte de enfrentarse, desprevenidas, a una pandemia global, un evento que no había ocurrido en cien años. Nadie creaba su fondo de emergencia "en caso de que una pandemia global nos deje sin empleo y confinados a nuestras casas por meses".

Entonces un fondo de emergencias es sumamente importante para permitirnos continuar nuestro camino hacia la libertad financiera, incluso si se presentan imprevistos. Con un fondo de emergencia, esos imprevistos no serán más que pequeños topes en el camino; sin el fondo, esos imprevistos serán desvíos completos por el camino incorrecto.

> **CON UN FONDO DE EMERGENCIA, ESOS IMPREVISTOS NO SERÁN MÁS QUE PEQUEÑOS TOPES EN EL CAMINO; SIN EL FONDO, ESOS IMPREVISTOS SERÁN DESVÍOS COMPLETOS POR EL CAMINO INCORRECTO.**

### Cómo juntar tu fondo de emergencias

Ya aclarada la importancia del fondo de emergencia debes saber que este deberá conformarse de 12 meses de tus gastos, pero lógicamente ese no es un objetivo que vayamos a lograr de la noche a la mañana; al contrario, dividiremos este objetivo en cinco diferentes —cada uno con distintos niveles de urgencia— para irlos persiguiendo durante los siguientes años. Estos objetivos están expresados en "MDG", que se refieren a la cantidad de meses de tus gastos que deberás juntar para cumplirlos.

TABLA 5. Objetivos del fondo de emergencia y su prioridad

| Objetivo | Prioridad | % AL FONDO DE EMERGENCIA | % A OTROS OBJETIVOS |
|---|---|---|---|
| $10 000.00 | URGENTE | 100 | 0 |
| 1 "MDG" | MUY ALTA | 100 | 0 |
| 3 "MDG" | ALTA | 75 | 25 |
| 6 "MDG" | MEDIA | 50 | 50 |
| 12-24 "MDG" | BAJA | 25 | 75 |

1. **OBJETIVO 1.** Urgente. Si en este momento no tienes nada de dinero ahorrado para una emergencia, tu principal objetivo financiero, es más, tu único objetivo financiero, debe ser juntar 10 000 pesos (o unos 500 dólares) lo más pronto posible. Esto es en calidad de urgente; todo el presupuesto que liberaste en la tabla 2 deberás destinarlo a este objetivo, y hasta que no lo cumplas, ni siquiera gastes dinero en tus prioridades; ¡incluso siguiendo la regla de las $4x^2$ no tienes permiso aún! Hay muy pocos escenarios en los que soy tan duro e inflexible con la forma en que gastas tu dinero, y esta es una de ellas.

2.  **Objetivo 2.** Muy alta prioridad. Una vez tengas $10 000 ahorrados en tu fondo de emergencias, el siguiente objetivo es crecerlo hasta que pueda cubrir un mes de tus gastos (si en un mes gastas menos de $10 000 puedes ignorar este paso). Este objetivo ya lo puedes perseguir con menos urgencia, aunque todavía será de muy alta prioridad. Aún deberá tratarse de tu único objetivo financiero, pero ya tienes permiso de gastar en tus prioridades (siempre que sigas esa regla de las $4x^2$). Todo el presupuesto que hayas liberado, y todo lo que resulte de seguir la regla, tendrás que destinarlo a este objetivo.

3.  **Objetivo 3.** Alta prioridad. El siguiente paso debe ser juntar tres meses de tus gastos. Para este punto tus finanzas ya son más resistentes, entonces juntar esta cantidad de dinero en tu fondo de emergencias baja de prioridad y podrías destinarle solo 75% del espacio que creaste en tu presupuesto en la tabla 2. El otro 25% podrás empezar a destinarlo a los siguientes objetivos financieros que veremos y que te llevarán a la libertad financiera (*spoiler alert*: pagar tus deudas y ahorrar para tu retiro).

4.  **Objetivo 4.** Media prioridad. En cuanto juntes tres meses de tus gastos, ¡felicidades!, tus finanzas pueden soportar la mayoría de los imprevistos. Pero para llevar tus finanzas a otro nivel, deberás juntar seis meses de tus gastos. Este objetivo tiene una prioridad media, lo que quiere decir que puedes destinarle solo 50% del presupuesto que liberaste en la tabla 2, el otro 50% podrás destinarlo a los siguientes objetivos. Con este paso terminado alcanzarías el "nivel 0" de libertad financiera, un nivel en que tus ahorros pueden hacerle frente a cualquier imprevisto que se presente. Tu fondo de emergencias podría quedarse

aquí, pero si realmente quieres un fondo de emergencias que te otorgue grandes libertades, deberás considerar tomar el siguiente paso.

5. **Objetivo 5.** Baja prioridad. Juntar 12 a 24 meses de tus gastos no es tan necesario para tener unas finanzas sanas. En la mayoría de los escenarios, si llegaras a perder tu empleo, una de las emergencias más grandes a la que nos podemos enfrentar, seis meses serán suficientes para encontrar el siguiente. Este paso es, entonces, relativamente opcional (digo relativamente porque 2020 demostró que a veces ni seis meses de gastos en el fondo de emergencias son suficientes). Con su baja prioridad, podrías destinarle solo 25% del presupuesto liberado en la tabla 2, pero en cuanto juntes 12 meses de tus gastos (que claro tomaría unos cuantos años) tu fondo de emergencias se graduaría a ser un "fondo de libertad a corto plazo": este es un fondo listo para ser usado ante emergencias no tan urgentes, como que puedas renunciar a tu trabajo porque te están tratando mal, o que puedas renunciar porque te quieres mudar a otra ciudad para perseguir una pasión, o que puedas apoyar a tu pareja en su propio cambio de carrera, y que en cualquiera de estos escenarios tengas la posibilidad de cubrir mínimo seis meses de tus gastos sin gran preocupación (seis meses de tus gastos si tienes un fondo de emergencias con 12 MDG, hasta 18 si tu fondo de emergencias se conforma de 24 MDG; no te recomendaría permitir que tu fondo baje de contener seis meses de tus gastos por estas "emergencias no urgentes").

Alcanzar este objetivo 5 te proveerá de grandes libertades. No exactamente un nivel 1 de libertad financiera en la que tus ahorros e inversiones ya cubren "para siempre" tus gastos básicos, pero sí un sólido nivel 0.5 en el que, al menos por unos meses, puedes ser libre de perseguir pasiones o huir de relaciones tóxicas sin que el dinero sea un impedimento.

Para eso es el dinero, para usarlo como herramienta para vivir tu mejor vida.

> **NOTA:** Podrás darte cuenta de que en todo momento mencioné meses de tus gastos, no de ingresos. La idea es que este fondo de emergencia te permita hacerles frente a todos tus gastos incluso si pierdes tu empleo (además de permitirte enfrentar emergencias). En caso de que pierdas tu empleo podrás pausar otros ahorros —incluso tu ahorro para el retiro—, entonces no es necesario que tu fondo de emergencias cubra eso. Basta con que cubra lo que sabes (gracias al ejercicio de la tabla 2) que gastas mes a mes.

Algo que quiero que tengas presente al momento de ver los porcentajes de la tabla 5 es la importancia de perseguir varios objetivos al mismo tiempo. Si bien al principio es de vital importancia tener un fondo de emergencias sólido, en cuanto tengas al menos 1 "MDG" debes empezar a destinar dinero a los demás objetivos. Esto te permitirá empezar a nutrir los hábitos del ahorro y la inversión lo más pronto posible. A veces tener varios objetivos al mismo tiempo no es la mejor decisión financieramente hablando, pero como espero que vayas aprendiendo de este libro, las decisiones no tienen que ser puramente financieras o matemáticas, tomar en cuenta el desarrollo de hábitos y otras variables relacionadas a nuestro comportamiento humano es igual de importante, y nos ayudará a tener unas finanzas más sólidas en el largo plazo.

## Cuánto tiempo te tomará juntar tu fondo de emergencias

Completar cada uno de los cinco pasos detallados arriba tomará varios meses, pero la buena noticia es que incrementar tu porcentaje de ahorro se traduce en una doble victoria. No solo estás ahorrando más, sino que estás gastando menos, reduciendo la cantidad de dinero que debes juntar al mismo tiempo que estás juntando más dinero mes a mes.

Para entender esta doble victoria imagina que ahorras 10% de tus ingresos, y gastas el otro 90%. Para juntar un mes de tus gastos (que equivale a 90% de tu ingreso del mes), tendrás que ahorrar tu 10% en el fondo de emergencias durante nueve meses; juntar tres meses de tus gastos te tomaría 27 meses. Pero si ahorras 20% de tus ingresos (y gastas el otro 80%), para juntar un mes de tus gastos solo necesitas juntar el equivalente a ese 80% de tus ingresos, lo que te tomaría solo cuatro meses. Juntar tres meses de tus gastos te tomaría 12 meses. ¡Una gran diferencia!

Considerando que la prioridad de ahorrar en nuestro fondo de emergencias va disminuyendo conforme más meses de nuestros gastos (MDG) hemos juntado, la tabla 6 muestra cuánto tiempo te tomaría juntar el fondo según el porcentaje de tus ingresos que destines a tus ahorros. Nota la importancia de incrementar tu porcentaje de ahorro y el impacto que esto tiene en la velocidad con que juntas tu fondo de emergencias. Ahí está la doble victoria que mencionaba.

TABLA 6. Tiempo que tomará ahorrar tu fondo de emergencias según tu porcentaje de ahorro. Entre paréntesis se expresa la prioridad asignada a cada meta del fondo de emergencias

| AHORRANDO | 1 MDG (100%) | 3 MDG (75%) | 6 MDG (50%) | 12 MDG (25%) |
|---|---|---|---|---|
| 5% | 1 año y 7 meses | 5 años y 10 meses | 15 años y 4 meses | 53 años y 4 meses |
| 10% | 9 meses | 2 años y 9 meses | 7 años y 3 meses | 25 años y 3 meses |
| 15% | 6 meses | 1 año y 9 meses | 4 años y 7 meses | 15 años y 11 meses |
| 20% | 4 meses | 1 año y 3 meses | 3 años y 3 meses | 11 años y 3 meses |
| 25% | 3 meses | 11 meses | 2 años y 5 meses | 8 años y 5 meses |
| 30% | 2 meses | 9 meses | 1 año y 11 meses | 6 años y 7 meses |
| 40% | 2 meses | 6 meses | 1 año y 3 meses | 4 años y 3 meses |
| 50% | 1 mes | 4 meses | 10 meses | 2 años y 10 meses |

A pesar de la doble victoria que significa incrementar el porcentaje de ahorro, no es buena idea imponernos metas poco realistas en cuanto a la cantidad de dinero que podemos ahorrar el siguiente mes. Si el mes pasado ahorraste 1% de tus ingresos, de poco servirá apuntar a ahorrar 20% el siguiente mes. El fallar en alcanzar el objetivo podría desanimarte y hacer que te rindas en tu búsqueda de mejorar tus finanzas personales (a mí me pasó esto por años). Pero incluso si logras este objetivo durante uno o dos meses, puede ser algo insostenible en el largo plazo si no existen unas bases sólidas detrás de este recorte en tus gastos. En lugar de establecer un porcentaje de ahorro objetivo, regresar al ejercicio de la tabla 2 es ideal. Conociendo esta doble victoria que logras al incrementar tu porcentaje de ahorro, ¿puedes identificar otros gastos que puedas cortar y no habías considerado?

Todo este proceso, en mi opinión, se trata de reordenar prioridades. Conforme se aclara más nuestro camino hacia la libertad financiera podemos darnos cuenta de que hay algunas compras que hacemos hoy que no valen la pena. Aunque claro, bien pueden seguir existiendo compras que sí valen la pena, me atrevería a decir que *deben* existir esas compras que queremos hacer hoy incluso si posponen nuestra libertad financiera. Esa lista de prioridades que hicimos en la tabla 4 puede ir cambiando, volviéndose una que refleje —cada vez de mejor manera— las cosas que en realidad disfrutamos comprar.

## Seguros

Si estamos hablando de cubrirnos de emergencias y de gastos repentinos, los seguros son una herramienta fundamental que nos ayuda a proteger nuestras finanzas personales. Pero esto no significa que reemplazan a un fondo de emergencias, sino que se complementan entre sí. Los seguros funcionan a través del pago de una prima a una aseguradora (puedes revisar la lista completa de aseguradoras en México desde el sitio[6] de la Comisión Nacional de Seguros y Fianzas), a cambio de la cual, de ocurrir un *siniestro* (palabra rimbombante utilizada por las aseguradoras para referirse a la situación contra la que nos aseguramos), recibiríamos la suma asegurada.

Imagina, por ejemplo, que contrataste un seguro contra el robo de tu celular. La póliza (o contrato del seguro) especificará las condiciones, incluida la suma asegurada que imaginaremos que es de 30 000 pesos. A cambio de protegerte contra esa posibilidad, una aseguradora podría cobrarte una prima mensual de $300 (este monto es solo un ejemplo). Mientras tú pagues esa prima, el seguro estará activo. Si sucede el siniestro (te roban tu celular), tras comprobarlo con una denuncia, factura del celular y algunos otros papeles, la aseguradora te pagará el valor del celular hasta el límite de suma asegurada, que en nuestro ejemplo es de $30 000.

Algunos tipos de seguro, además de la suma asegurada, establecen un coaseguro, que es un porcentaje que tú deberás pagar por tu cuenta, usualmente limitado a un monto en pesos. Por ejemplo, un coaseguro podría ser de 10% con límite de $2 500. Si en nuestro ejemplo anterior el seguro contra robo de tu celular tenía ese coaseguro, y el valor de tu celular era exactamente $20 000, la aseguradora solo cubrirá $18 000 porque 10% ($2 000 en este caso, que no sobrepasa el límite del coaseguro) tiene que salir de tu bolsillo.

Algunos tipos de seguro también podrían tener deducible, que es un monto fijo que tendría que salir de tu bolsillo

---

[6] https://listainstituciones.cnsf.gob.mx/.

para cubrir el siniestro. Siguiendo el ejemplo anterior, imaginemos que el seguro contra robo de tu celular tiene un deducible de $1 000 además del coaseguro que ya mencionamos. De los $20 000 que costaba el celular que te robaron debes cubrir 10% debido al coaseguro ($2 000) y el deducible ($1 000), el resto ($17 000) lo cubrirá la aseguradora.

Con este ejemplo espero que quede claro por qué contar con algunos seguros es tan importante: a cambio de una prima que podríamos presupuestar fácilmente y que podemos pagar todos los meses obtenemos la paz mental de saber que en caso de siniestro este no nos afectará tanto financieramente. Esa paz mental es realmente valiosa.

Pero ya que estamos hablando sobre el fondo de emergencias, debes considerar que será necesario asegurarnos de que podríamos cubrir los deducibles o coaseguros asociados a los seguros que contratemos. Esto quiere decir que tu fondo de emergencias debe tener el tamaño suficiente para cubrir el deducible y el coaseguro máximos de los seguros que contratemos. De esta forma, si sucede el siniestro contra el que estamos protegidos, estamos cubiertos al 100%, no solo lo que le corresponde a la aseguradora, sino la parte que nos corresponde a nosotros también, todo sin tener que pedir préstamos, usar tarjetas de crédito o retirar de nuestros ahorros a largo plazo.

Ahora, mientras que el mercado está lleno de una enorme variedad de seguros, en realidad existen solo cuatro seguros que debes considerar contratar como complemento de tu fondo de emergencias en este objetivo de protegerte contra imprevistos. Estos cuatro son, sin un orden en particular, el seguro de casa (si el inmueble es tuyo) o del contenido de la casa (si estás rentando), el seguro de vehículo si cuentas con alguno, el seguro de gastos médicos si no tienes IMSS o ISSSTE, y el seguro de vida si tienes dependientes económicos o de discapacidad, incluso si no tienes dependientes. Cualquier otro, honestamente, es innecesario para la mayoría de las personas y no te recomendaría contratarlo, en especial si ya tienes tu fondo de emergencias.

Si dudas sobre si algún seguro te puede ser de utilidad, la regla de oro de los seguros te puede ayudar. Esta regla establece que debes contratar un seguro que te proteja solo contra aquellas cosas que te arruinarían financieramente a ti o a tus dependientes económicos. Para todo lo demás está el fondo de emergencias. Nota que para que esto sea cierto, el fondo de emergencias ya debe tener un buen tamaño, entonces esta regla de oro depende de que tu fondo de emergencias ya contenga al menos seis meses de tus gastos.

**DEBES CONTRATAR UN SEGURO QUE TE PROTEJA SOLO CONTRA AQUELLAS COSAS QUE TE ARRUINARÍAN FINANCIERAMENTE A TI O A TUS DEPENDIENTES ECONÓMICOS. PARA TODO LO DEMÁS ESTÁ EL FONDO DE EMERGENCIAS.**

Por ejemplo, si tienes solamente un mes de tus gastos en tu fondo de emergencias, incluso un "pequeño" siniestro como el robo de tu celular podría poner en riesgo tu salud financiera. Pero si ya tienes seis meses de tus gastos, este siniestro tendría un impacto mucho menor, y ya no representaría un riesgo (aunque claro que no sería divertido, tus finanzas estarán a salvo). Asumiendo entonces que tu fondo de emergencias ya tiene esa masa crítica de seis meses de tus gastos, retomemos esos cuatro seguros que seguirían siendo necesarios.

El seguro de casa (como el dueño del inmueble o como quien lo renta) es importante porque en caso de robo, incendio, inundación o terremoto podríamos perder cientos de miles, hasta millones de pesos. Este es un escenario en el que la mayoría de las personas enfrentaría la ruina financiera, o al menos retrasaría sus planes financieros por varios años.

Lo mismo pasa con el seguro de vehículo, en un accidente vial causar daños a terceros por cientos de miles de pesos no es algo que se debe tomar a la ligera, y pocas personas podrían cubrir esas cantidades de su bolsillo.

Los gastos médicos por enfermedad o accidente son notoriamente caros en hospitales privados, para quien no tiene IMSS o ISSSTE, o para quien se quisiera atender en esos hospitales, un seguro de gastos médicos mayores es indispensable si no queremos enfrentar nosotros mismos las facturas de millones de pesos.

En cuanto al seguro de vida, si tus dependientes económicos se enfrentarían a la ruina financiera sin tus ingresos, también es indispensable contratarlo, así como un seguro que te proteja en caso de invalidez total y permanente (siendo tú tu propio dependiente económico), un seguro que te proteja en este escenario te entregaría la suma asegurada, lo que podría darte tiempo valioso para encontrar nuevas formas de generar ingresos en tu nueva situación.

Estos son los únicos cuatro tipos de seguros que considero que son necesarios para la mayoría de las personas (y eso en algunos escenarios, si nunca manejas no tiene caso tener un seguro de coche, por ejemplo). Notarás que son aquellos que cubren contra siniestros que mermarían completamente incluso un fondo de emergencias tan robusto como uno que contiene seis meses de tus gastos. Aunque entiendo perfecto que podrías pensar que otros seguros que no mencioné te pueden dar paz mental. Eso es muy cierto, y es un valor muy grande que los seguros nos proveen, pero una vez que tienes tu fondo de emergencias te puedes autoasegurar para todos los demás siniestros sin que estos sean catastróficos para tus finanzas, y tu paz mental será la misma.

Si consideras que necesitas un seguro aparte de los cuatro mencionados, esto puede ser cierto en lo que tu fondo de emergencias puede sustituirlo (por ejemplo, si tu fondo aún no tiene ni un mes de tus gastos y temes que en caso de que te roben tu celular tendrías que empezar de cero). En este escenario pagar una prima bien puede valer la pena, incluso si pospone un poco juntar tu fondo de emergencias, pero será importante que, en cuanto ese fondo sea lo suficientemente grande, canceles el seguro, ya que las primas de seguros que no necesitas se pueden acumular con rapidez.

Cuando contrates un seguro, Es importante saber que al momento de que un agente de seguros, o la aseguradora directamente, te hagan una oferta, deberás prestar atención a dos cosas. Número uno, que no quieran agregar protecciones que no necesitas y que incrementarían el costo de la prima; después de todo lo que las aseguradoras quieren hacer es vender, así que no permitas que te vendan más de lo que necesitas. Y número dos, que te permitan elegir deducibles y coaseguros, ya que muchas veces nos ofrecerán los deducibles y coaseguros más bajos "para que en caso de siniestro no tengamos que desembolsar tanto"; pero cuando un seguro tiene los deducibles y coaseguros más bajos, la prima se incrementa (porque la aseguradora tendría que cubrir la mayor parte). Te recomiendo que escojas el deducible o coaseguro más altos con los que te sientas cómodo, y que sepas que podrías cubrir con tu fondo de emergencias sin que este se vea tan afectado. Por ejemplo, un seguro de gastos médicos puede tener un deducible altísimo de $110 000 a cambio de una prima mucho más baja, pero si ese monto mermaría demasiado tu fondo de emergencias, es un deducible demasiado alto. Encuentra el balance entre un deducible y coaseguro que sea alto y reduzca la prima, pero no tan alto que no lo puedas cubrir fácil con tu fondo de emergencias.

**TE RECOMIENDO QUE ESCOJAS EL DEDUCIBLE O COASEGURO MÁS ALTOS CON LOS QUE TE SIENTAS CÓMODO, Y QUE SEPAS QUE PODRÍAS CUBRIR CON TU FONDO DE EMERGENCIAS SIN QUE ESTE SE VEA TAN AFECTADO.**

## Dónde guardar el fondo de emergencias

La cantidad que juntes en tu fondo de emergencias va a ser cada vez más grande, un monto bastante considerable que debes mantener accesible en caso de que se presente la emergencia, pero también en un lugar seguro donde no se lo puedan robar (por lo que más quieras, no debajo de tu colchón). Además, como ese dinero podría estar ahí por años sin ser usado (esperamos en realidad que nunca sea necesario retirarlo), es importante que el dinero se esté invirtiendo de alguna forma que no pierda valor contra la inflación, de lo contrario, año con año, ese dinero valdrá menos y su poder de protegerte en una emergencia disminuirá si no sigues destinándole aún más dinero.

Por fortuna hoy en día ya existen varias opciones que cubren nuestros requisitos: cuentas que permiten que accedamos al dinero cuando lo necesitemos, que al mismo tiempo generan algo de rendimiento que permite que nuestro dinero haga su luchita contra la inflación. Y muy importante, generan ese rendimiento sin arriesgar nuestro dinero. Después de todo este rendimiento será un objetivo secundario, solo como forma de protección contra la inflación, y no necesitamos que nuestro fondo de emergencias crezca deprisa, sino que esté ahí para protegernos cuando lo necesitemos.

**POR FORTUNA HOY EN DÍA YA EXISTEN VARIAS OPCIONES QUE CUBREN NUESTROS REQUISITOS: CUENTAS QUE PERMITEN QUE ACCEDAMOS AL DINERO CUANDO LO NECESITEMOS, QUE AL MISMO TIEMPO GENERAN ALGO DE RENDIMIENTO QUE PERMITE QUE NUESTRO DINERO HAGA SU LUCHITA CONTRA LA INFLACIÓN.**

Podemos empezar con el lugar donde guardaremos el primer mes de nuestros gastos. Para este dinero debemos considerar una cuenta de débito con un banco que nos pague rendimientos. Es importante que nos provea de una cuenta de débito porque sería el primer lugar al que accederíamos en caso de una emergencia, y no vamos a querer ningún contratiempo. Con este tipo de cuenta, de presentarse la emergencia, no debemos esperar nada de tiempo para que nuestro dinero esté disponible, ya que bastaría con usar la tarjeta de débito asociada o retirar de un cajero automático para que el fondo de emergencias cumpla con su objetivo. En la actualidad ya existen cuentas con estas características, Klar es una de ellas, y puedes descargar su aplicación desde cualquier tienda de aplicaciones (Android o iOS) para crear tu cuenta. Aunque Klar se puede considerar como una *fintech*, una empresa mucho más reciente que los bancos tradicionales cuyas sucursales vemos por todos lados, funciona a través de una sociedad financiera popular (Sofipo), que es un tipo de institución financiera completamente regulada por la Comisión Nacional Bancaria y de Valores en México. Esto quiere decir que nuestro dinero está seguro, incluso está protegido en caso de que la Sofipo desapareciera. En el caso de las Sofipo, sin embargo, esa protección es de solo 25 000 UDI (el valor de la UDI varía todo el tiempo según la inflación, en octubre de 2023 estas 25 000 UDI equivalen aproximadamente a 197 000 pesos). Es una cantidad suficiente para proteger varios meses de gastos de la mayoría de las personas, pero si quieres más protección, la aplicación de Dinn de Actinver es una buena alternativa. Aunque en esta cuenta de Dinn nuestro dinero tenderá a generar ligeramente menores rendimientos que en Klar, Actinver es un banco, no una Sofipo, lo que incrementa la protección de nuestro dinero hasta las 400 000 UDI (aproximadamente 3 150 000 pesos en octubre de 2023).

Estas cuentas funcionan como cualquier cuenta de banco, entonces para transferir el dinero que destinemos a nuestro fondo de emergencias, deberemos hacer una transferencia por SPEI desde cualquier cuenta de banco que ya tengamos a

> **NOTA:** He listado las opciones de Klar y Dinn solo por mencionar algunas, pero no son las únicas y no quiere decir que siempre serán las mejores. Yo no me preocuparía mucho de que mi dinero siempre esté en "la mejor" opción, porque todas tienden a ofrecer rendimientos muy similares, pero siempre puedes echarle un ojo a mi canal de YouTube (puedes buscarme por mi nombre) para encontrar mis recomendaciones más recientes.

la CLABE que se generará al crear nuestra cuenta. Lo mejor es que el dinero se invertirá en automático en cuanto la transferencia se reciba y empezará a generar rendimientos, no hay que hacer nada después. También, como con cualquier cuenta de banco, podemos solicitar una tarjeta de débito que permitirá usar el dinero de nuestro fondo en cualquier momento. Esto es algo que hasta muy recientemente no existía en México: una cuenta que haga crecer nuestro dinero al mismo tiempo que está disponible para ser usado en todo momento, sin duda es el tipo de cuenta de la que más personas deberían estar al tanto. Si quieres hacer algo por las finanzas de tus familiares y amigos, platícales de este tipo de cuentas para que investiguen cuál es la que más les conviene a ellos y dejen de guardar su dinero en bancos que no les pagan nada de rendimiento (y a veces hasta comisiones les cobran).

Eso sí, cuando se trata de tu fondo de emergencias, te recomiendo que guardes la tarjeta de débito que lo contiene en un lugar seguro dentro de tu casa, y que no la cargues contigo a todos lados, en especial si sabes que ese dinero sería una tentación y lo gastarías en compras que no son una emergencia. Toma en cuenta, además, que estos "neobancos" no tienen cajeros automáticos, por lo que hacer retiros de efectivo podría ocasionar el cobro de una comisión. Si tienes la opción, en caso de presentarse la emergencia siempre podrías transferir desde tu cuenta de Klar o Dinn a una cuenta de un banco grande como BBVA, Santander o Banamex para retirar sin comisión de uno de sus cajeros.

Entonces, tanto Klar como Dinn son buena opción para guardar el primer mes de nuestros gastos, para los siguientes meses de nuestros gastos (del segundo en adelante), aquellos que no utilizaríamos de forma tan urgente (porque el primer mes de nuestros gastos ya está cubierto), podemos considerar una opción que por lo regular generará mayores rendimientos: Cetesdirecto. El "problema" de Cetesdirecto es que el dinero no está inmediatamente disponible; dependiendo del día en que ocurra la emergencia, podrían pasar hasta cinco días para poder retirar el dinero. La razón es que nuestro dinero estaría invertido a plazos forzosos, y si queremos retirar antes de que se cumpla el plazo hay que crear instrucciones de venta; además, esas instrucciones solo las podemos realizar en días hábiles antes de la 1 p. m. (hora de la Ciudad de México). Si, por ejemplo, la emergencia ocurre un jueves a las 3 p. m. y el viernes es día inhábil por algún día festivo, tendremos que esperar hasta el lunes a las 9 a. m. para hacer la venta.

Esto evita que Cetesdirecto sea buena opción para guardar el primer mes de nuestros gastos, pero a partir del segundo mes esto ya no es mayor problema, porque en caso de necesitarlo, tenemos un mes completo ya cubierto con Klar o Dinn, tiempo suficiente para vender nuestras posiciones y sacar nuestro dinero, transfiriéndolo desde Cetesdirecto justo hacia Klar o Dinn para usarlo con tarjeta de débito.

Empezar a utilizar Cetesdirecto es igual de sencillo que utilizar Klar o Dinn, todo el proceso es completamente digital y no deberá tomar más de cinco minutos. En el caso de Cetesdirecto te recomendaría hacer todo desde su sitio web (cetesdirecto.com), pero el proceso será similar a cualquier proceso de creación de cuenta de banco. Ten en mente que deberás asociar una cuenta de banco externa, y esa será la única desde la que podrás hacer transferencia desde y hacia Cetesdirecto (aunque siempre la puedes cambiar después).

Una vez que tengas lista tu cuenta puedes empezar a transferirle tal como harías a cualquier cuenta de banco (aunque solo desde la cuenta que asociaste al principio). Este dinero incluso será invertido en automático sin que tengas que hacer nada más, tal como en Klar o en Dinn. Sin embargo, el verdadero poder de tu cuenta en Cetesdirecto se desbloquea cuando empiezas a comprar instrumentos que permitan que tu dinero crezca más rápido que si solo lo dejas invertido automáticamente. Para esto deberás invertir tu dinero a plazos "forzosos", que van desde los 28 días hasta los dos años. Pongo forzosos entre comillas porque en cualquier momento puedes cancelar la inversión, pero hacerlo evitará que generes tus rendimientos. Para invertir, desde la pestaña de inversión encontrarás la opción de comprar Cetes, que es el instrumento ofrecido a los diferentes plazos forzosos que mencionaba; por lo general se ofrecerá mayor rendimiento conforme mayor sea el plazo (aunque esto puede variar). Aunque desde Cetesdirecto hay más opciones además de

Cetes, esas atarán tu dinero a plazos aún más largos no aptos para un fondo de emergencias, así que por el momento nos limitaremos a hablar de Cetes.

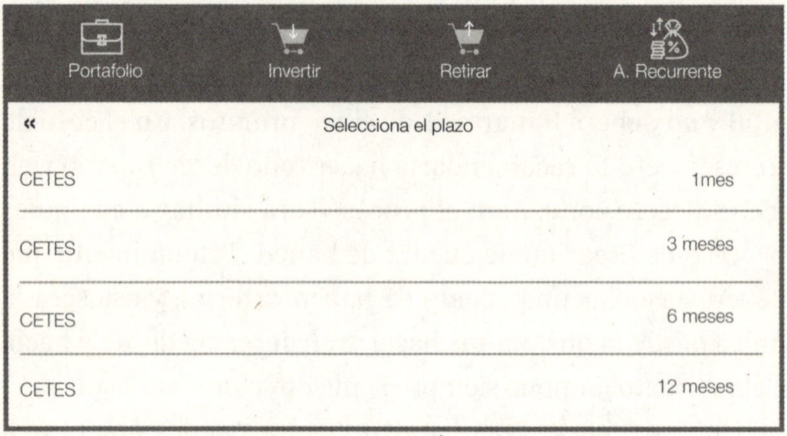

| Portafolio | Invertir | Retirar | A. Recurrente |
|---|---|---|---|
| « | Selecciona el plazo | | |
| CETES | | | 1 mes |
| CETES | | | 3 meses |
| CETES | | | 6 meses |
| CETES | | | 12 meses |

IMAGEN 3. Plazos de inversión en Cetesdirecto

Los Cetes son certificados de tesorería respaldados por el gobierno federal, y en realidad por la economía del país, lo que los convierte en la inversión más segura en México. Guardar la mayoría de tu fondo de emergencias justo en este instrumento significa que tu dinero está tan seguro como puede estar, al mismo tiempo que tu dinero tenderá a crecer más que la inflación. Tu dinero guardado en estos Cetes incluso podrá crecer más que en Klar o en Dinn.

Para ahorrar tu dinero en estos Cetes deberás hacer la transferencia a la cuenta CLABE que se creará con tu cuenta de Cetesdirecto, y después ir a la pestaña de Invertir y seleccionar Cetes a 1 mes (28 días) como tu inversión. Una vez ahí podrás invertir la cantidad disponible asegurándote de elegir Bonddia como la forma de pago (esta opción utilizará el dinero que ya ha sido depositado a tu cuenta) y de seleccionar la opción de reinvertir al vencimiento como se muestra en la imagen 4; de esta forma esta misma instrucción se repetirá automáticamente cada 28 días (que es el plazo al que estamos invirtiendo) y tu dinero siempre estará invertido.

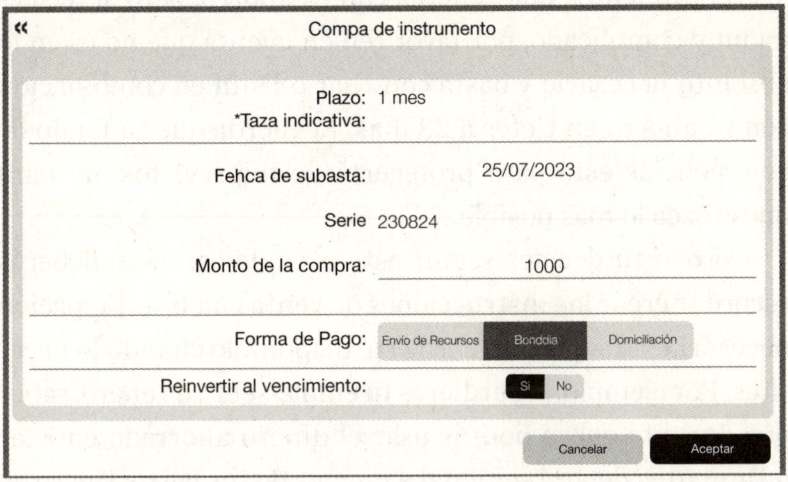

| « | Compa de instrumento | | |
|---|---|---|---|
| Plazo: | 1 mes | | |
| *Taza indicativa: | | | |
| Fehca de subasta: | 25/07/2023 | | |
| Serie | 230824 | | |
| Monto de la compra: | 1000 | | |
| Forma de Pago: | Envío de Recursos | Bonddia | Domiciliación |
| Reinvertir al vencimiento: | Si No | | |
| | | Cancelar | Aceptar |

IMAGEN 4. Compra de instrumento desde Cetesdirecto

Con una combinación de Klar + Cetesdirecto o de Dinn + Cetesdirecto ya podrás tener tu primer mes de gastos de tu fondo de emergencias rápidamente disponible, y los siguientes meses de tus gastos creciendo de forma más acelerada (si bien disponibles más despacio). Esto es suficiente para asegurarte de que tu fondo está seguro y que está peleando contra la inflación para que no pierda valor año tras año.

También puedes apuntar a generar un poco más de rendimiento a cambio de un poco más de complejidad. Puedes elegir usar los demás plazos de Cetes (además de 28 días) que tenderán a generar mayores rendimientos. Si decides hacer esto, puedes elegir ahorrar del cuarto al sexto mes de tus gastos en Cetes a tres meses. Si tu fondo de emergencias lo permite incluso podrías ahorrar del séptimo al duodécimo mes de tus gastos en Cetes a seis meses, y del decimotercero al vigésimo cuarto en Cetes a un año.

Tener esta "escalera" de plazos te ayudará a maximizar los rendimientos que generas con tu ahorro, pero si te suena muy complicado, por favor ten en cuenta que no es en lo absoluto necesario y basta con Klar o Dinn en combinación con tu ahorro en Cetes a 28 días. Recuerda que tu fondo de emergencias está para protegerte de imprevistos, no para que crezca lo más posible.

Pero si tú decides seguir este plan de escalera, deberás recordar crear las instrucciones de venta con la anticipación necesaria para que el dinero esté disponible cuando lo necesites. Por ejemplo, si perdieras tu empleo el 1º. de enero, sabes que durante enero podrás usar el dinero ahorrado en Klar o Dinn (que deberá ser igual a un mes de tus gastos), pero de inmediato deberás vender tu posición en Cetes a 28 días para que en febrero ese dinero ya esté disponible para ser usado. Y si crees que va a ser necesario, deberás vender también tu posición en Cetes a tres meses para que en abril sigas teniendo dinero líquido al que acceder, y no tengas que esperar días para recibir ese dinero en tus cuentas.

Para hacer estas ventas bastará con cancelar la reinversión al vencimiento que establecimos al comprar. Para pausar la inversión automática deberás ir a la pestaña de Portafolio, enseguida elegir Cetes, elegir cada una de tus posiciones, dar clic en Instrucciones al vencimiento y desactivar la opción de Reinvertir compra; incluso puedes elegir retirar tu dinero en cuanto el plazo venza, como se muestra en la imagen 5. Así, cuando se cumpla el plazo de la inversión (sean 28 días, tres meses, seis meses, un año o dos años) ese dinero no se volverá a invertir y lo podrás retirar de inmediato. Siguiendo estos pasos, al finalizar el plazo de tu inversión tu dinero se volverá líquido, y estará listo para ser transferido a tu cuenta de Klar o Dinn.

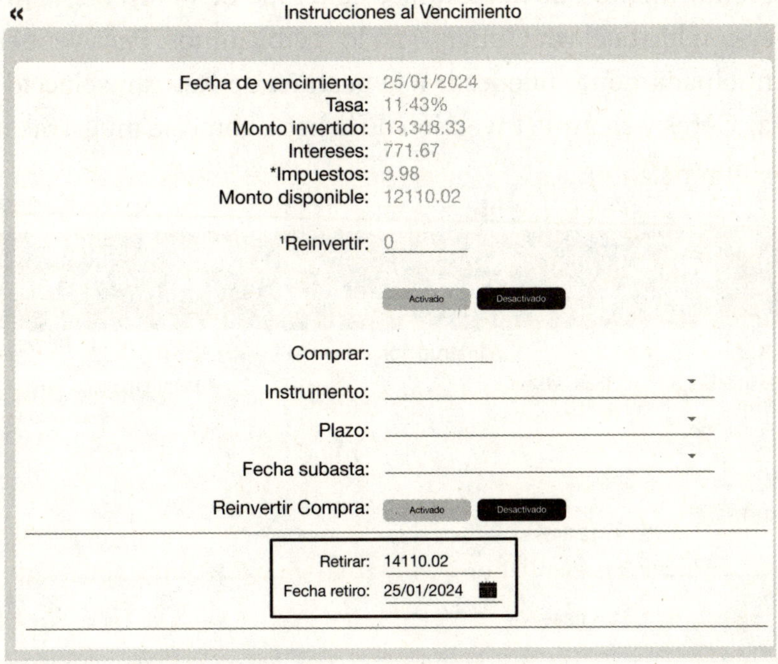

IMAGEN 5. Ejemplo de instrucción al vencimiento que desactiva la reinversión y retira el dinero al vencimiento del plazo

NOTA: Esta instrucción sería usada si se necesitara esta parte del fondo de emergencias.

No te preocupes si olvidas desactivar la reinversión automática o no anticipaste que necesitarías retirar más dinero de tu fondo de emergencias, siempre puedes vender de forma anticipada. Al contrario de cancelar la reinversión automática, que esperará a que finalice todo el plazo para que nuestro dinero esté listo para ser retirado (independientemente de cuántos días falten para eso), si vendemos de manera anticipada ese dinero podrá estar disponible en cuestión de un día hábil. Recuerda que, en caso de venta anticipada, el rendimiento que hubiéramos generado de mantener la inversión hasta el vencimiento no lo recibiríamos. Para vender anticipadamente puedes ir a la pestaña de Retirar, seleccionar Cetes y elegir la inversión de la lista, como se muestra en la imagen 6.

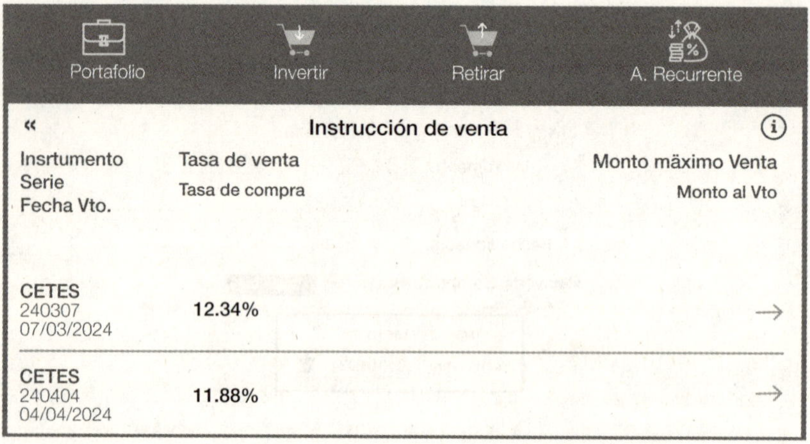

IMAGEN 6. Retirar una inversión en Cetesdirecto

Estas instrucciones de venta anticipada son buenas en caso de olvidar cancelar la reinversión automática, pero espero que no la necesites. La imagen 7 ilustra la forma en que podrías estructurar tu fondo de emergencias entre Klar y Cetesdirecto si gastas $15 000 al mes. Con esta "escalera" no sería necesario vender de forma anticipada, sino que tu dinero puede seguir generando su rendimiento hasta que lo necesites.

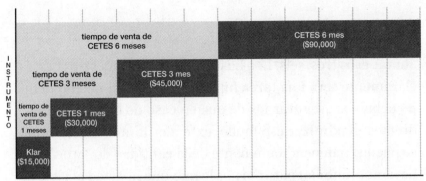

IMAGEN 7. Estructura de un fondo de emergencias con 12 "MDG" para una persona que gasta $15 000 mensuales

Nota que tendrías que cancelar la inversión automática desde el día en que se presente la emergencia (o uno o dos días después), para que cuando se termine el dinero de instrumentos anteriores, siempre haya nuevo dinero líquido disponible para usar.

Para este momento creo que es importante recordarte que las inversiones en Cetes a tres y seis meses no son necesarias, y que si consideras que una escalera como esta agrega mucha complejidad a tu fondo de emergencias, limítate a una combinación de Klar o Dinn junto con Cetes a 28 días. Lo último que quiero es que sientas que debes hacer ahorros muy complicados y que te desanimes. Puedes obtener resultados muy buenos manteniendo tu fondo de emergencias tan simple como te parezca, lo importante es juntarlo y guardarlo en un lugar seguro que de preferencia genere rendimientos que peleen contra la inflación.

## Cómo usar un fondo de emergencias

Juntar esos tres, seis, 12 o hasta 24 meses de nuestros gastos claramente será una tarea importante, pero al mismo tiempo debemos asegurarnos de que en caso de emergencia podremos maximizar ese fondo, extender tantos meses como se pueda (independientemente de la cantidad de "MDG" que hayamos juntado) para darnos la máxima libertad posible de recuperarnos de esa emergencia.

A la par de que juntamos el fondo, será importante crear desde ahora un *plan de emergencias*, orientado principalmente al escenario en el que pierdes tu empleo. Este plan de emergencias es en esencia una lista de gastos que cortarías en caso de que una emergencia (como la pérdida de tu ingreso) comprometa tu salud financiera y requiera que un buen porcentaje de tu fondo de emergencias sea utilizado.

Este plan no entraría en vigor si la emergencia es relativamente pequeña, pero es importante que lo tengas listo, para que, si la emergencia se presenta, no pierdas tiempo en encontrar todos los gastos que debes cortar. En ese momento podrías tener problemas más grandes, quizá muy pocas fuerzas para adentrarte en tu lista de gastos para encontrar cuáles son innecesarios. Con el plan preparado, en caso de emergencia no tendrías que pensar mucho, solo hacer lo que has planeado anticipadamente.

Para crear este plan regresa a la tabla 3 para decidir cuáles de los gastos que hoy haces son prescindibles y podrías dejar de realizar en caso de que perdieras tus fuentes de ingreso. Puedes ir agregando esa lista en la tabla 7, que se convertirá en tu plan de emergencias, asegurándote de escribir las instrucciones de cancelación que consideres pertinentes.

Por ejemplo, si entre los gastos que puedes cortar en caso de emergencia está tu donación mensual a Greenpeace, en la columna de instrucciones de cancelación seguro deberás escribir el número telefónico que tendrías que marcar para pausar la donación. Es importante que estas instrucciones estén en tu plan de emergencias para que, en caso de necesitarlas, no gastes la poca paciencia que podrías tener restante en esos momentos en búsqueda de un teléfono de atención a clientes. Asegúrate de mantener esta tabla a la mano, dentro de este libro o en una hoja aparte, quizá en el mismo lugar donde guardas la tarjeta de débito de tu cuenta de emergencias.

TABLA 7. Gastos por cortar en caso de emergencia

| PLAN DE EMERGENCIAS (GASTOS A CORTAR) | | |
|---|---|---|
| Descripción | Monto | Instrucciones de cancelación |
| | | |
| | | |
| | | |
| | | |
| | | |
| | | |
| | | |
| | | |
| | | |
| | | |
| | | |
| | | |
| **TOTAL:** | | |

Recuerda que en caso de emergencia regresarías a la tabla 7 para ir, ítem por ítem, realizando lo que sea necesario para cortar el gasto. Ya sea cancelar suscripciones, dejar de visitar restaurantes o dejar de comprar videojuegos, por mucho que estos gastos sean tu prioridad, como las definiste en la tabla 4. En caso de emergencia, tu única prioridad será enfrentarla y regresar a la normalidad lo más pronto posible.

> **NOTA:** Adicional a la lista de gastos por cortar, tu plan de emergencia deberá incluir iniciar sesión en tu cuenta de Cetesdirecto y cancelar la reinversión automática de tu fondo de emergencias, tal como planeamos en la sección anterior del libro.

## Mantén tu plan de emergencias actualizado

Tu fondo y tu plan de emergencias son partes fundamentales de tu camino a la libertad financiera, las bases que te permitirán construir la vida que deseas sin que los topes y baches del camino te descarrilen. Pero los cálculos que hemos hecho durante este capítulo corresponden a tu vida de hoy, toman en cuenta tus gastos de hoy, las suscripciones que tienes vigentes hoy, los seguros que podrías necesitar hoy. Será importante revisar el fondo y el plan al menos una vez al año.

Te sugiero, entonces, que en tu teléfono crees un recordatorio que cada año te avise que debes revisar este plan de emergencias (yo uso el 9 de noviembre por ser 9/11 como el teléfono de emergencias, pero puede ser cualquier fecha que desees). En esa fecha deberás revisar si la cantidad que gastas todos los meses ha cambiado, si tus responsabilidades han cambiado, o si tienes otros gastos que podrías cortar en caso de emergencias.

**TE SUGIERO, ENTONCES, QUE EN TU TELÉFONO CREES UN RECORDATORIO QUE CADA AÑO TE AVISE QUE DEBES REVISAR ESTE PLAN DE EMERGENCIAS. EN ESA FECHA DEBERÁS REVISAR SI LA CANTIDAD QUE GASTAS TODOS LOS MESES HA CAMBIADO, SI TUS RESPONSABILIDADES HAN CAMBIADO, O SI TIENES OTROS GASTOS QUE PODRÍAS CORTAR EN CASO DE EMERGENCIAS.**

Si tus gastos de cada mes se han modificado, es pertinente hacer los cambios necesarios en tu fondo de emergencias. Si anteriormente, por ejemplo, considerabas gastos de $15 000 al mes y con esa cantidad en mente juntaste tres meses de tus gastos (para un total de $45 000), si tus gastos ahora han subido a $16 000 es importante agregar los $3 000 adicionales a tu fondo para que este siga siendo igual de eficaz en caso de emergencias.

Es igual de importante contratar los seguros necesarios conforme tus responsabilidades vayan cambiando. Si has adquirido más muebles, una suma asegurada mayor en tu seguro de casa podría ser necesario. O si tu familia ha crecido, y con ella tu número de dependientes económicos, hacer lo propio con el seguro de vida también será buena idea. El objetivo será que tus seguros sigan adaptándose a lo que tú necesitas, y que no de pronto te queden chicos.

Asimismo, revisar si hay gastos adicionales aún no contemplados en la tabla 7 que tú podrías cortar en caso de emergencias mantendrá tu plan de emergencias actualizado. Sean gastos que has agregado desde la última vez que creaste ese plan, o gastos que ya no te son tan necesarios como lo eran antes, asegurarte de que esa lista está tan completa y vigente como sea posible te ahorraría varios momentos de estrés que especialmente en caso de emergencia vas a querer evitar a toda costa.

Mantener tu fondo y plan de emergencias vigente te ayudará a asegurarte de que tus finanzas se mantienen sólidas y listas para protegerte de ser necesario, pero también te ayudará a revisar el estado de tus finanzas, entender cómo han cambiado tus gastos y responsabilidades, y destinar tu dinero a los lugares en donde será más útil. Respecto a los lugares en donde tu dinero será más útil, ha llegado el momento de hablar del segundo paso hacia la libertad financiera, la inversión con el mayor crecimiento para tu futuro: el pago de tus deudas.

# CAPÍTULO 4

# Paga tus deudas, el segundo paso a tu libertad financiera

El peor enemigo al que te puedes enfrentar en tu camino hacia la libertad financiera son las deudas. Y son el peor enemigo no simplemente por el hecho de que debamos el dinero. No hay nada de malo en, por ejemplo, hacer una compra planeada, que esté dentro de nuestras prioridades, y pagarla a meses sin intereses (MSI). Técnicamente debemos dinero hasta que paguemos cada uno de los meses, pero mientras el gasto esté planeado (quizá siguiendo la tabla 4. Tu lista de dos prioridades para gastar sin culpa) y hagamos el pago de cada mensualidad en tiempo y forma, esa deuda no nos está afectando. ¡Ojo!, esto no quiere decir que los MSI siempre sean buenos; si los usamos de más podemos salirnos de nuestro presupuesto. En ese caso, incluso si se llaman "sin intereses" nos exponemos a atrasarnos en los pagos, lo que sí ocasionará intereses con la institución que nos prestó a MSI.

El problema de las deudas entonces, y lo que las transforma en el peor enemigo de nuestras finanzas, son los intereses que nos cobran. Para darte una idea de lo malos que son los intereses, déjame darte unos ejemplos: un interés de 63% anual en una compra de $25 000 con una tarjeta de crédito de la que solo pagamos los montos mínimos cada mes nos hará desembolsar un total de $100 000[7] a lo largo de seis años

---

[7] Cálculo realizado con la tarjeta de crédito Santander Fiesta Rewards Oro, que

(¡cuatro veces el costo original!). Un interés de 16% anual de un crédito automotriz de $400 000 nos hará desembolsar un total de $630 000[8] si lo pagamos en cinco años. Un interés relativamente bajo de 8.85% anual en un crédito hipotecario de $1 200 000 hará que desembolsemos $2 411 100[9] si lo pagamos en 15 años. Claramente el enemigo son los intereses, y vamos a querer evitarlos a toda costa si queremos lograr la libertad financiera.

Si un fondo de emergencias es la base sólida en la que puedes construir la escalera de la libertad financiera, tus deudas van a ser las cadenas que te aten al piso y te impidan progresar, comprometiendo buena parte de tus ingresos mensuales solo al pago de los intereses, impidiendo que uses tu dinero para tus prioridades y al contrario lo uses para llenar los bolsillos de los bancos.

Entonces, combatir cualquier deuda que tengas en este momento, y asegurarte de que evitas las deudas en el futuro, será el segundo paso que tomes hacia la libertad financiera, justo después de juntar al menos un mes de tus gastos en un fondo de emergencias.

Recordarás que en la tabla 2 liberaste una parte de tus ingresos (cortando gastos que no consideras necesarios ni prioritarios) para poder destinarla a tus objetivos financieros. En la tabla 5 destinaste un porcentaje de ese presupuesto liberado a la creación de tu fondo de emergencias dependiendo de la cantidad de meses de tus gastos que ya has juntado,

---

contempla comisiones e IVA además de los intereses, y un límite de crédito de 100 000 pesos.

[8] Cálculo realizado con los datos de un crédito automotriz con BBVA México desde la página de bbva.mx.

[9] Cálculo correspondiente a un crédito Santander consultado desde app.holacasa. mx correspondiente a un crédito para una propiedad con valor de $1 500 000, dando un 20% de enganche.

y en la tabla 8 puedes ver una modificación de esa tabla ahora enfocada en el porcentaje que debes destinar al pago de tus deudas.

TABLA 8. Porcentaje de nuestros ahorros mensuales destinado al pago de deudas según el tamaño del fondo de emergencias

| Fondo de emergencias | % al pago de deudas | % al fondo de emergencia |
|---|---|---|
| Menos de 1 "MDG" | 0 | 100 |
| 1 a 3 "MDG" | 25 | 75 |
| 3 a 6 "MDG" | 50 | 50 |
| 6 a 24 "MDG" | 75-100 | 0-25 |

Con esta tabla sabrás que, si no has juntado al menos un mes de tus gastos en un fondo de emergencias, aún el 100% de tus ahorros mensuales debe ser destinado a ese objetivo. Esto es de vital importancia, no quieres que una emergencia comprometa tus finanzas y te obligue a pedir aún más préstamos. Déjame repetir esto, porque entiendo la urgencia que podrías sentir por pagar tus deudas: si aún no tienes ni un mes de tus gastos ahorrado en tu fondo de emergencias, antes de acelerar el pago de tus deudas debes juntar esa cantidad. Tus finanzas necesitan de la estabilidad que brinda ese ahorro antes de que puedas tomar pasos adicionales.

Pero en cuanto juntes ese mes de tus gastos ahora sí puedes empezar a destinar los porcentajes mostrados en la tabla 8 a este segundo paso hacia tu libertad financiera. Y así deberás seguir, hasta que tus deudas queden saldadas.

> **NOTA:** Estos porcentajes se refieren a ese presupuesto que lograste liberar al cortar tus gastos, no contemplan los pagos que ya hacías para saldar tus deudas. Por ejemplo, si ya destinabas $2 000 pesos mensuales al pago de algún crédito, debes seguir destinando esa misma cantidad al pago de tus deudas mes a mes. Pero si tras cortar tus gastos liberaste $1 000 mensuales adicionales, y en este momento tienes solo dos meses de tus gastos en un fondo de emergencias, guiándote de la tabla 8 sabrás que debes seguir destinando los $2 000 de siempre al pago de tu crédito, pero además podrás destinar un 25% del dinero liberado, es decir, $250 extra cada mes, al pago de esa deuda hasta que quede saldada.

## La inversión más rentable

Cuando juntes tu primer mes de gastos en tu fondo de emergencias y empieces a pagar tus deudas será normal que te preguntes si no te convendría más empezar a ahorrar para tu retiro, empezar a invertir. En especial si has escuchado sobre lo que —supuestamente— Einstein denominó la octava maravilla del mundo: el interés compuesto, porque en ese caso sabes que empezar a invertir cuanto antes te ayudará a crecer tu dinero más rápido, y que cada vez crecerá de forma más acelerada.

El interés compuesto es, en efecto, una fuerza bastante grande que deberás usar a tu favor, pero déjame tranquilizar tus ansias por invertir y aprovechar esta octava maravilla: ¡pagar tus deudas es la mejor inversión que puedes hacer! Y no lo digo en sentido figurado, no me refiero a las bases sólidas que pagar tus deudas sentará para tu futuro, no me refiero a las ventajas psicológicas de sentirnos libres de deudas. Aunque todo esto tiene su mérito. Pagar tus deudas (excluyendo quizá el pago de un crédito hipotecario que suele cobrar intereses bajos) es, matemáticamente, la mejor inversión que puedes hacer.

> **PAGAR TUS DEUDAS (EXCLUYENDO QUIZÁ EL PAGO DE UN CRÉDITO HIPOTECARIO QUE SUELE COBRAR INTERESES BAJOS) ES, MATEMÁTICAMENTE, LA MEJOR INVERSIÓN QUE PUEDES HACER.**

Si la deuda que tienes es un crédito automotriz, un crédito personal, o aún peor, es el saldo sin pagar de tus tarjetas de crédito, lo más probable es que los intereses que te están cobrando sean mucho mayores de lo que cualquier inversión pueda ofrecerte. Un crédito automotriz en México puede cobrarte alrededor de un 15% de intereses de forma anual. Un crédito personal puede cobrarte un 25%. Las tarjetas de crédito son las peores, llegan a cobrar tasas que no puedo describir de otra forma más que criminales, de hasta 75 por ciento.

Como punto de comparación, los Cetes a 28 días, que son la inversión más segura en México (y por ende la que se puede tomar como base, como la tasa de rendimiento mínima que se puede esperar al invertir), pagaron un promedio anual de 5.48% en el periodo de 15 años comprendido entre octubre de 2008 y octubre de 2023. El S&P 500, un índice que representa a una inversión en las 500 empresas más grandes en Estados Unidos, considerado como una de las mejores inversiones que un inversionista individual puede hacer, creció en promedio 13.31% anual en el mismo periodo de 15 años entre octubre de 2008 y octubre de 2023.

Los Cetes y el S&P 500 son excelentes inversiones que vamos a querer hacer en diferentes etapas de nuestra vida por diferentes motivos, y ninguna de ellas se acerca a los porcentajes de rendimiento que generaremos si pagamos nuestras deudas. Déjame resaltar esto: ninguna inversión fidedigna te puede prometer rendimientos del tamaño que algunas de tus deudas te están cobrando, si una inversión te está prometiendo (a veces incluso se atreven a decir que "sin riesgo") 25% anual como lo que un crédito personal puede cobrarte, o incluso 75% anual, como una tarjeta de crédito puede cobrarte, se trata de una estafa. Huye.

Pagar tus deudas sí es una promesa de rendimientos altísimos, pagar tus deudas asegura que logras la tasa de interés que estás pagando, ¡porque es lo que ya te están cobrando! Pagar tus deudas más rápido te estará ahorrando esos intereses sobre el dinero que tú adelantes, ninguna inversión es más rentable.

Es cierto, técnicamente estás pagando tus deudas, hacerlo quizá no se sentirá como una inversión, no te hará sentir que creces tu patrimonio, pero es como si en este momento que tienes deudas tus inversiones fueran negativas, es decir, si debes $100 000 y no tienes inversiones, tu patrimonio es de -$100 000. Esto quiere decir que, si sabes que necesitas —por ejemplo— $5 000 000 para tu retiro, en este momento te faltan $5 100 000. Cuando pagues tus deudas será como tener $100 000 ahorrados porque ahora te faltarán solo $5 000 000. Sí estás invirtiendo.

## Cómo pagar tus deudas más rápido

Si pagar tus deudas será tan importante, lo vas a querer hacer de forma tan eficiente como sea posible. Ya sabes qué porcentaje de tus ahorros mensuales destinar al pago de tus deudas según la tabla 8, ahora debes crear un plan que te permita usar ese dinero. Para crear este plan, la tabla e instrucciones de abajo te serán de mucha utilidad.

TABLA 9. Lista de deudas ordenadas por tasa de interés

| DINERO EXTRA: | | | | |
|---|---|---|---|---|
| Nombre | Tasa de interés | Deuda total | Pago mínimo | Nuevo pago |
| | | | | |
| | | | | |
| | | | | |
| | | | | |
| | | | | |
| | | | | |
| | | | | |
| | | | | |

1. Escribe (con lápiz, para poder actualizar los valores después) en la parte superior de la tabla la cantidad de dinero extra que puedes destinar al pago de tus deudas cada

mes. Recuerda que esta cantidad es adicional a lo que ya estabas destinando, y depende de la cantidad de meses de tus gastos que ya tengas en tu fondo de emergencias.

2. Identifica (pero aún no escribas) todas tus deudas apoyándote en la tabla 2 y los gastos que asignaste a la categoría de Deudas; no es necesario que consideres tu crédito hipotecario.

3. Encuentra la tasa de interés que te está cobrando cada deuda. Podrás encontrarlo en los estados de cuenta que te entrega cada mes la institución financiera con quien tienes la deuda.

4. Escribe —ahora sí— tus deudas ordenándolas de la que cobra los mayores intereses a la que cobra los menores.

5. Agrega el valor total de cada deuda, así como el pago mínimo que cada institución te está requiriendo cada mes. Estos datos también los encontrarás en el estado de cuenta correspondiente.

6. Suma todas las cantidades de la columna de pago mínimo y réstala a la cantidad que estabas destinando al pago de tus deudas desde un principio. Por ejemplo, si ya destinabas $8 000 al mes al pago de tus deudas, y la suma de los pagos mínimos es $7 333, tu resultado deberá de ser $667.

7. Suma el resultado del paso 6 al valor escrito en el paso 1.

8. El nuevo pago de la deuda más cara (la que está hasta arriba de la lista) deberá ser igual a su pago mínimo más el resultado del paso 7.

9. El nuevo pago de todas las demás deudas deberá ser su pago mínimo.

10. Deberás repetir los pasos 8 y 9 cada que saldes la deuda más cara, destinando el dinero extra calculado en el paso 7 a la siguiente deuda más cara.

TABLA 10. Ejemplo de plan de pago de deudas

| DINERO EXTRA | | | $750 + 667 = $1417 | |
| Nombre | Tasa de interes | Deuda total | Pago mínimo | Nuevo pago |
|---|---|---|---|---|
| T.C. 1 | 49% | $17,000 | $500 | $1,917 |
| T.C. 2 | 45% | $23,500 | $690 | $690 |
| Coche | 16% | $190,000 | $6,143 | $6,143 |
| | | | $7,333 | |
| | | | | |
| | | $8,000 | | |
| | | $7,333 | | |
| | | $667 | | |

En la tabla 10 puedes ver un ejemplo de una persona que tiene tres deudas, dos tarjetas de crédito y un crédito automotriz. Ha listado la tasa de interés, la deuda total y el pago mínimo de cada una. La suma de sus pagos mínimos es igual a $7 333, pero esta persona estaba destinando $8 000 en total al pago de sus deudas, así que al restar estos dos valores le da un total de $667 que puede liberar si paga solo los mínimos. Esos $667 los sumará a los $750 que ha podido liberar tras cortar sus gastos (y considerando que una parte aún debe destinarla a su fondo de emergencias), así que tiene un total de $1 417 todos los meses para destinar a la deuda más cara. Esto quiere decir que desde hoy y hasta que salde su deuda más cara, esta persona destinará $1 917 al pago de la tarjeta de crédito que le cobra un interés de 49%, mientras que a sus otras dos deudas les destina solo el mínimo.

# 110 | YA TE CARGÓ EL RETIRO

TABLA 11. Ejemplo de plan de pago de deudas en cuanto
la deuda más cara es saldada

| DINERO EXTRA | | | $750 + 667 = $1417 | |
| Nombre | Tasa de interes | Deuda total | Pago mínimo | Nuevo pago |
| ~~T.C. 1~~ | ~~49%~~ | ~~$17,000~~ | ~~$500~~ | ~~$1917~~ |
| T.C. 2 | 45% | $23,500 | $690 | $2,607 |
| Coche | 16% | $190,000 | $6,143 | $6,143 |
| | | | $7,333 | |
| | | | | |
| | | $8,000 | | |
| | | $7,333 | | |
| | | $667 | | |

Además, esta misma persona cambiará su plan al mostrado en la tabla 11 en cuanto la primera deuda quede saldada. Esta vez, los $1 917 que antes destinaba al pago de esa deuda serán sumados al pago mínimo de la siguiente deuda más cara que ahora recibirá pagos mensuales de $2 607 hasta ser saldada. Y así sucesivamente, hasta que todas las deudas sean pagadas en su totalidad.

Seguir estas instrucciones significará que estarás maximizando tu dinero, tanto dinero como sea posible estará siendo destinado al pago de la deuda más cara. Es de vital importancia que sigas pagando al menos el mínimo de todas las demás deudas, incluso si matemáticamente esto no es lo mejor, porque de lo contrario la institución que te prestó el dinero reportará tu retraso en el pago, lo que dañará tu historial crediticio y causará varios problemas más graves en el largo plazo.

Llegará el mes en que hayas cubierto todas tus deudas, y de pronto, de un mes al siguiente, todo el dinero que estabas destinando al pago de estas se habrá liberado. Será un sentimiento fenomenal, encontrar de pronto un gran hueco en tu presupuesto. En el ejemplo de la tabla 11, esa persona

**OPCIÓN NUCLEAR:** Úsese en caso de deuda con tarjetas de crédito. Hasta este momento hemos considerado el plan de la tabla 8 para calcular cuánto dinero de nuestros ahorros mensuales debemos destinar al pago de nuestras deudas. Si quieres incrementar la agresividad con que pagas tus deudas, asegurándote de que minimizas la cantidad de intereses que pagas, puedes pausar el crecimiento de tu fondo de emergencias en cuanto este alcance un mes de tus gastos. Esto quiere decir que, aunque aún no hayas juntado más dinero en tu fondo de emergencias, destinarías 100% de tus ahorros mensuales al pago de tus tarjetas de crédito. Esta opción nuclear existe porque las tarjetas de crédito cobran intereses demasiado altos en México, y pagarlos rápido te ahorrará mucho dinero que después puedes utilizar para otros objetivos financieros. Pero recuerda que una vez que pagues tus tarjetas de crédito, aun si te quedan deudas en créditos más baratos, será importante regresar al plan original mostrado en las tablas 5 y 8.

liberará, de un mes al siguiente, $8 000 que antes destinaba al pago de sus deudas. La mejor decisión, financiera y matemáticamente hablando, sería destinar la totalidad de ese presupuesto liberado a tu siguiente objetivo financiero: el ahorro para tu retiro.

Pero la mejor decisión matemáticamente hablando no siempre es la mejor opción para tus finanzas personales. Has trabajado tan duro en pagar tus deudas, que no disfrutar de inmediato de los frutos de tu trabajo, sino destinarlos todos a tu yo del futuro, podría ser desmotivante. Psicológicamente será bueno recompensarte y decidir destinar un porcentaje del presupuesto liberado a gastos que haces hoy, no solo a tus ahorros. Podrías, por ejemplo, destinar una parte de ese dinero liberado a gastos correspondientes a las prioridades que listaste en la tabla 4.

Para decidir qué porcentaje de ese dinero liberado destinar a tus gastos de hoy puedes seguir la regla del 50%, que establece que 50% de tus aumentos de sueldo los debes destinar a tus ahorros. A primera vista pareciera ser que esta regla no aplica en este momento, no estamos recibiendo un aumento de sueldo, ¡pero es como si lo hiciéramos! De pronto tenemos dinero disponible que antes no teníamos, es como si ahora ganáramos más dinero. Entonces, siguiendo esta regla, podrías decidir destinar 50% del nuevo dinero liberado a tus siguientes objetivos financieros y sumarlo al dinero que ya habías liberado previamente en la tabla 2, pero el otro 50% podrías destinarlo a mejorar tu calidad de vida, o disfrutar de gastar más en tus prioridades.

**LA REGLA DEL 50% ESTABLECE QUE 50% DE TUS AUMENTOS DE SUELDO LOS DEBES DESTINAR A TUS AHORROS.**

Lo genial de las recompensas psicológicas y esta regla del 50% es que, en el largo plazo, pueden resultar ser también la mejor decisión financiera. Cuando recibimos una dosis de motivación de vez en cuando, sumada a nuestra disciplina, los resultados son exponenciales. Si nos limitáramos a gastar solo en lo estrictamente necesario, ahorrando todo nuestro dinero para el futuro, podemos perder la motivación de crecer nuestros ingresos, incluso estancando nuestra carrera profesional. Por el otro lado, si balanceamos nuestros ahorros a futuro con nuestros gastos del presente, la satisfacción y bienestar que obtenemos al destinar nuestro dinero a nuestras prioridades nos puede impulsar a buscar seguir creciendo.

Creo que por esto Bill Perkins empieza su libro *Morir con cero* con un punto de vista bastante único sobre la fábula de la hormiga y la cigarra. Sí, la cigarra la pasa terrible en el invierno por pasársela todo el año divirtiéndose, mientras que la hormiga logra sobrevivir al invierno por trabajar arduamente durante el año. Pero ¿cuándo se divierte la hormiga?, pregunta Bill Perkins. En invierno (una alegoría de la vejez, quizá) no se puede hacer lo mismo que durante el resto del año, hay muchas cosas de las que se perdió la hormiga, como disfrutar de las flores en primavera, de un día soleado en verano, y de las tardes acogedoras del otoño. Nuestro objetivo debe ser encontrar un balance entre la hormiga y la cigarra, y usar la regla del 50% tras pagar nuestras deudas es un excelente comienzo.

Regla del 50%. Destina la mitad de tus aumentos de sueldo a tus ahorros y objetivos financieros, pero la otra mitad gástala en mejorar tu calidad de vida.

**REGLA DEL 50%**

**Destina la mitad de tus aumentos de sueldo a tus ahorros y objetivos financieros, pero la otra mitad gástala en mejorar tu calidad de vida.**

## La única deuda que vale la pena mantener

En las instrucciones de la tabla 9 mencioné que puedes ignorar la deuda que pudieras tener en un crédito hipotecario. Debido a que es una deuda que tradicionalmente cobra tasas de interés relativamente bajas, además de ser una deuda muy grande que por lo regular nos tomará años pagar, no es necesario pagarla tan rápido como las demás, es suficiente pagarla según el plan original que acordaste con tu banco o institución financiera, quizá acelerando un poco el pago, si así lo decides.

Lo anterior no significa que una hipoteca es buena tan solo por tener tasas bajas, como es un crédito que tomará años pagar, esas tasas se van acumulando bastante rápido. Ya mencionaba un ejemplo de un crédito hipotecario por $1 200 000, que con una tasa relativamente baja de 8.85% hará que paguemos más de $2 400 000 si lo hacemos en 15 años, o casi $2 900 000 si lo pagamos en 20 años. Un crédito que nos cobra $1 700 000 de intereses por prestarnos $1 200 000 no es bueno para nuestras finanzas.

Pero no urge pagarlo, principalmente porque nuestras inversiones en promedio podrían generar más que los bajos intereses que cobra un crédito hipotecario, pero sobre todo porque será importante crear el hábito de invertir todos los meses y no queremos posponerlo tantos años como podrían faltar para liquidar el saldo de tu hipoteca.

Entonces, si ya tienes una hipoteca, sigue pagándola como lo has hecho todo este tiempo, y todo el presupuesto que liberaste con los pasos anteriores lo usarás para tu siguiente objetivo financiero, que ahora sí será ahorrar para tu retiro. Pero si no tienes una hipoteca y estás pensando en adquirir una, hay ciertos puntos que debes tener en cuenta para que esto no atrase tus objetivos financieros más de lo necesario.

Para empezar, espero que si decidiste comprar un inmueble sea porque tú quieres esa casa, y no porque "es lo que se tiene que hacer". Por alguna razón esa ha sido la idea con la que muchas personas hemos crecido, la idea de que debemos en algún punto "hacernos de una casita". Tal como nos hemos dado cuenta de que no es necesario casarse ni tener hijos, también debemos darnos cuenta de que no es necesario comprar una casa. No es la gran inversión que muchas personas nos quieren hacer creer (el crecimiento promedio en el valor de una vivienda en México en el periodo de 15 años entre octubre de 2008 y octubre de 2023 fue de 6.43%,[10] no muy por encima del 5.48% que pagaron los Cetes a 28 días —la inversión más segura en México— en el mismo periodo, y muy por debajo del 13.31% generado por el S&P 500 en el mismo periodo), y no es la única forma de crear patrimonio.

En ningún momento mi intención es decirte que no debes comprar una casa; sé lo importante que eso puede ser para muchas personas, porque forma parte del futuro ideal que quieren vivir con su familia, porque se imaginan libres de pagar renta, entre otras cosas. Pero quiero que te asegures de que, si has decidido comprar una casa, seas consciente de que eso es lo que quieres, de que no se trata en lo absoluto de la mejor inversión que puedes hacer, y que los intereses la volverán la compra más cara que hagas en tu vida. Entiendo que esto puede sonar a que estoy intentando convencerte de nunca comprar una casa, pero lo único que quiero hacer es guiarte hacia tomar la decisión de la forma más informada posible.

---

[10] Información calculada con el Índice SHF y se refiere a la media nacional. El crecimiento promedio más bajo en este periodo fue de 5.61% en el estado de Zacatecas, mientras que el más alto fue de 7.81% en la Ciudad de México.

Ahora, si estás consciente de esto, algo que debes hacer antes de pedir tu préstamo hipotecario es intentar juntar al menos 20% del enganche de tu casa. Cada peso que ahorres para el enganche te va a ahorrar un peso adicional de intereses una vez que estés pagando la hipoteca. Imagina que vas a comprar una casa que cuesta $1 500 000; si juntas 20% de enganche, significa que solo necesitas un préstamo de $1 200 000. A 15 años con una tasa de 8.85% pagarías del préstamo aproximadamente $2 400 000 en total. Pero si en lugar de 20% solo juntas 10% de enganche, tu préstamo tendría que ser de $1 350 000 y pagarías en total $2 700 000; es decir, $300 000 más, $150 000 solo de intereses. En este ejemplo, cada peso ahorrado te salva de un peso de interés. Junta al menos 20% de enganche.

Además de asegurarte de que estás comprando esa casa porque tú lo decidiste, y que juntaste 20% de enganche, de preferencia solo compra casa cuando la probabilidad de que te mudes en los siguientes 10 a 15 años es prácticamente nula. Vender una casa puede ser un proceso tardado, tedioso y lleno de costos. En definitiva no quieres atravesar todo ese proceso apenas un par de años después de haber comprado, solo porque no contemplaste la posibilidad de mudarte a otra ciudad.

Si todo lo anterior es cierto, entonces comprar una casa puede ser una buena decisión para ti. Pero para asegurarte de que esta decisión de vida no impacte tanto a tus finanzas, necesitarás además tener la mejor calificación crediticia posible.

Tu calificación crediticia afecta la tasa de interés que te cobran los bancos por los préstamos que te otorgan. En México esta calificación va de los 456 puntos hasta los 760 puntos (entre más alta mejor). Una calificación por encima de 700 puntos te dará acceso a buenas tasas de interés, pero conforme tu calificación sea más baja, los bancos interpretarán que representas mayor riesgo para ellos y te cobrarán intereses más elevados para protegerse de ese riesgo adicional.

Toma en cuenta que si decides pedir tu crédito con el Infonavit, en lugar de con un banco, la tasa de interés no es definida por tu calificación crediticia, sino por tus ingresos mensuales.

En preparación para pedir tu crédito hipotecario, entonces, deberás consultar qué calificación tienes actualmente. En México esto lo puedes hacer pidiendo tu "Mi Score" desde la página web del Buró de Crédito en www.burodecredito.com.mx por un costo aproximado de $60, o de forma gratuita utilizando la aplicación Zenfi desde tu teléfono. En ambos casos, no solo obtendrás tu calificación sino algunas recomendaciones específicas para tu situación sobre cómo mejorarla. Pero hablando de manera general, e independientemente de qué tan buena sea tu calificación (a menos que ya sea perfecta de 760 puntos), hay varias cosas que puedes hacer desde varios meses antes de pedir tu préstamo para asegurarte de que subes tu calificación y obtienes la mejor tasa posible.

1. Paga todos tus créditos en tiempo y forma. Solo un 100% de puntualidad te otorga aproximadamente 266 puntos de los 760 que conforman tu calificación. Si te has atrasado con algunos pagos es urgente que te pongas al corriente, esta es la categoría que tiene más peso en la calificación. Toma en cuenta que, si te has atrasado, incluso una vez que te pongas al corriente la "mancha" en tu historial seguirá impactando negativamente tu calificación por hasta seis años adicionales, dependiendo del tamaño de tu retraso.

2. Paga el saldo de tus tarjetas de crédito, aun si son meses sin intereses. Cuando pidas tu préstamo vas a querer que el porcentaje de utilización de crédito sea tan bajo como se pueda, de preferencia, vas a querer apuntar a una utilización de crédito por debajo de 10%. Esto quiere decir que si en tu tarjeta tienes una línea de crédito por $100 000 deberás estar utilizando menos de $10 000 para obtener los aproximadamente 228 puntos que otorga esta categoría para tu calificación. Considera pagar todo el saldo de tus tarjetas antes de solicitar tu préstamo.

3. Mantén tus cuentas abiertas. Aproximadamente 114 puntos de la calificación se obtienen si tienes créditos abiertos por más de nueve años. Entonces, si tienes alguna tarjeta de crédito que abriste hace varios años, incluso si ya no la usas, podría ser buena idea mantener la cuenta (en especial si no cobra anualidad). Si cierras esta cuenta, esta categoría contemplará la siguiente cuenta más antigua, y entre menos años tenga abierta, menor será la calificación.

4. No hagas consultas a buró. Seis a 12 meses antes de pedir tu crédito hipotecario evita que tu historial crediticio en buró sea consultado. Esto significa que no deberás pedir nuevos préstamos, sacar nuevas tarjetas, incrementar saldo de tus tarjetas actuales, a veces ni pedir planes celulares o renovar contratos de arrendamiento. Las consultas a buró recientes disminuyen tu calificación crediticia. Si no ha habido consultas recientes, tu calificación crece hasta 76 puntos que esta categoría otorga.

5. Los últimos 76 puntos provienen de la "variedad de crédito" en tu historial. Esta categoría se refiere a qué tantos tipos de crédito has pedido. Considero que es innecesario intentar subir tu calificación a través de este medio,

tú pides los créditos que necesitas (de preferencia ninguno, más que quizá tarjetas de crédito que siempre pagues a tiempo y en forma), no los créditos que incrementen la variedad de tu historial. Si has prestado atención a los cuatro puntos anteriores, tu calificación será adecuada y podrás obtener una buena tasa de interés.

Subir tu calificación crediticia te dará acceso a mejores créditos, pero de preferencia querrás limitarte al crédito hipotecario, y eso si ya evaluaaste que comprar una casa es una buena decisión para ti. Pagar intereses por otras compras, en especial las innecesarias, es el "impuesto" a la impaciencia que muchas personas pagan. Si te quieres comprar algo y aún no te alcanza para pagarlo de contado (o a MSI con tu tarjeta de crédito), ¡ahorra hasta juntar el dinero necesario! Tendrás que desembolsar menos dinero y tus finanzas te lo agradecerán.

Hablando de tarjetas de crédito y MSI, estas pueden ser excelentes aliadas si se usan correctamente, ya que, a pesar de su mala fama, en realidad no nos endeudan automáticamente. A continuación te contaré la forma en que debes usarlas si quieres sacarles provecho, para que decidas si son una herramienta de crédito que puedes utilizar.

## Cómo usar tus tarjetas de crédito

Las tarjetas de crédito tienen fama de ocasionar deudas gigantes, de mandar a las personas al buró y hasta de dejarlas en la ruina. Y es cierto que una tarjeta usada incorrectamente con facilidad puede ocasionar todo eso. Ya mencionaba en este mismo capítulo cómo algunas tarjetas cobran intereses que no puedo describir más que como criminales, de más de 70%. Es entendible entonces que tanta gente les tenga miedo.

Pero cuando una tarjeta de crédito es usada correctamente, no solo no nos cobrarán un solo centavo de interés, sino que nos proveerán de una gran variedad de beneficios que no podemos encontrar en otros instrumentos financieros. Beneficios que los bancos ofrecen esperando que te endeudes, y los intereses que pagues sean mayores a los beneficios que te otorgan, pero si sabes usarlas de forma adecuada estos beneficios serán gratis para ti.

> **PERO CUANDO UNA TARJETA DE CRÉDITO ES USADA CORRECTAMENTE, NO SOLO NO NOS COBRARÁN UN SOLO CENTAVO DE INTERÉS, SINO QUE NOS PROVEERÁN DE UNA GRAN VARIEDAD DE BENEFICIOS QUE NO PODEMOS ENCONTRAR EN OTROS INSTRUMENTOS FINANCIEROS.**

Antes de hablar de los pasos que debes seguir para pagar tus tarjetas de crédito creo que es pertinente mencionar un par de advertencias. Número uno, si no confías en tu propia capacidad de autocontrol, por tu historial con el dinero, o porque simplemente te conoces, una tarjeta de crédito no es para ti; si sabes que si tuvieras una línea de crédito de $50 000 en tu tarjeta querrías usarla toda sin siquiera pensar cómo lo vas a pagar, es mejor que no contrates ninguna. Número dos, no importa cuántos beneficios tenga una tarjeta de crédito, o cuán baja sea su anualidad, si no la usas correctamente, la cantidad de intereses que pagarás hará que todos esos beneficios no valgan la pena; no te dejes atraer por los beneficios si no sabes a ciencia cierta que podrás usar tu tarjeta como debe ser. Y la forma en que debes usar tu tarjeta para que los bancos te odien, me odien a mí por contarte, y nunca pagues un solo centavo de interés es la siguiente:

1. Entiende que la línea de crédito que te otorguen en tu tarjeta de crédito no es una extensión de tu sueldo. Uno pensaría que esto no se debe aclarar, pero si tú ganas $20 000 al mes, que de pronto te otorguen una línea de crédito de $50 000 no significa que ahora ganas $70 000. Cualquier peso que uses de tu tarjeta de crédito lo debes pagar de regreso.

2. En cuanto recibas tu tarjeta de crédito identifica en el contrato las siguientes fechas: la *fecha de corte* y la *fecha límite de pago* y agrega un recordatorio mensual en tu teléfono para pagar tu tarjeta un día después de la fecha de corte.

3. Lleva el control de los gastos que realizas entre fechas de corte. Esto incluye las mensualidades de cualquier compra a MSI. Si, por ejemplo, la fecha de corte de tu tarjeta es los días 20, suma todos los gastos que realizas desde el día 21 del mes hasta el día 20 del mes siguiente. Asegúrate de que son gastos que harías aun si no tuvieras tarjeta de crédito; recuerda: la tarjeta de crédito no es extensión de tu sueldo. En cuanto a las compras a meses sin intereses puedes sumar solo la mensualidad correspondiente (por ejemplo, una compra de $12 000 a 12 MSI significaría sumar $1 000 a tus gastos del mes, cada mes durante 12 meses). Puedes llevar a cabo este paso fácilmente desde la aplicación de tu banco, donde podrás ver en tiempo real los gastos que has realizado con tu tarjeta.

**ASEGÚRATE DE QUE SON GASTOS QUE HARÍAS AUN SI NO TUVIERAS TARJETA DE CRÉDITO; RECUERDA: LA TARJETA DE CRÉDITO NO ES EXTENSIÓN DE TU SUELDO.**

4. Descarga el estado de cuenta de tu tarjeta el día después de la fecha de corte (cuando tu teléfono te muestre el recordatorio mensual que programaste en el paso 2).
5. Identifica en el estado de cuenta el *pago para no generar intereses*, es la cantidad que contempla los gastos que realizaste desde la fecha de corte anterior, y agrega las mensualidades de las compras a MSI. Si no tienes compras a meses sin intereses, este monto será igual al *saldo total*.
6. Paga antes de la fecha límite de pago, al menos el monto para no generar intereses. Si lo deseas puedes pagar el saldo total, aunque esto no es necesario para continuar con tu racha de pagar 0 centavos de interés.

En realidad no es tan complicado, se trata de pagar el monto para no generar intereses antes de la fecha límite de pago. El problema principalmente reside en asegurarte de que tienes suficiente dinero para hacer este pago. La clave será usar tu tarjeta de crédito tal como usarías efectivo o una tarjeta de débito, solo usando el dinero que tienes disponible.

Si además sabes que podrás pagar cada mensualidad sin problema, puedes hacer compras a meses sin intereses. Estas son compras que quizá tendrías que posponer si no tuvieras tu tarjeta de crédito con el saldo disponible, pero si tienes espacio en tu presupuesto para pagar las mensualidades (de preferencia incluso suficiente en tu fondo de emergencia para seguir cubriéndolas en caso de que pierdas tus fuentes de ingreso), podrás hacer estas compras sin el "impuesto" a la impaciencia que son los intereses. Claro que deberás llevar el control de cada mensualidad; muchas veces al usar los MSI nos confiamos de que los pagos serán relativamente bajos cada mes, pero si hacemos varias compras, esos pagos "chiquitos" se acumulan y pueden salirse de nuestro presupuesto. Te recomiendo que tengas una lista de todas las mensualidades que debes, y cuántas mensualidades faltan. Esta lista también podrás verla en los estados de cuenta de tus tarjetas.

## Beneficios de las tarjetas de crédito

Si has usado de forma correcta tus tarjetas podrás acceder a todos los beneficios que estas contienen sin pagar un solo centavo de interés. Los beneficios pueden variar ampliamente; hay tarjetas de crédito enfocadas en otorgar beneficios en viajes como descuentos en hoteles, descuentos en vuelos y acceso a salas de espera en aeropuertos; también hay tarjetas que se enfocarán en beneficios comerciales como descuentos en algunas tiendas, *cashback* o meses sin intereses; puedes decidir qué tipo de beneficio es el que estás buscando y empezar a filtrar tu búsqueda de tarjetas.

Pero entre los beneficios que muchas de las tarjetas de crédito te ofrecerá, y que considero que las hacen un excelente aliado de tus finanzas, están principalmente los seguros que protegen a las compras que haces con esas tarjetas. Hay seguros que agregan un año de garantía a algunas de las compras que haces con tu tarjeta, como electrodomésticos o equipo de cómputo, lo que podría traducirse en varios miles de pesos ahorrados. También hay seguros de protección de precio que te pueden regresar dinero si encuentras el mismo producto que acabas de comprar más barato en algún otro comercio, o seguros contra daño y robo que te reembolsan tu dinero si después de hacer una compra el producto se daña o te lo roban, o seguros que te dan dinero para cubrir hospedaje en caso de demora de vuelo, o que te dan dinero para comprarte ropa en caso de pérdida o demora de equipaje en viajes. Y la lista sigue. Cabe aclarar que para que estos seguros puedan ser utilizados, la compra relacionada debió ser con la tarjeta de crédito.

Curiosamente este tipo de beneficios, los más importantes en mi opinión, no suelen ser mencionados por los bancos en sus folletos informativos o páginas web, en su lugar deberemos encontrar todos estos beneficios en las páginas de la red de pago (sea Visa o Mastercard; American Express sí suele listar estos beneficios directamente). Para consultar los beneficios primero deberás identificar si tu tarjeta es Visa, Mastercard o American Express, y luego identificar el nivel de la tarjeta. Mastercard, por ejemplo, tiene los niveles Standard, Oro, Platinum y World Elite (puedes consultar los beneficios de cada nivel desde www.mastercard.com.mx). En cuanto a Visa sus niveles se clasifican en Classic, Gold, Platinum, Signature e Infinite (los beneficios de cada nivel los puedes consultar desde www.visa.com.mx). Finalmente, American Express cuenta con dos tarjetas de crédito: Gold y Platinum, además de tres niveles en sus tarjetas de servicio: Básica, Gold y Platinum (puedes consultar los beneficios de cada una desde www.americanexpress.com/mx).

La clave de sacar provecho de estos beneficios es también asegurarte de que son mayores que la anualidad que la tarjeta cobra. La anualidad es una comisión que debes pagar sin importar si usas la tarjeta de crédito de forma correcta o no, entonces es un pago del que difícilmente te podrás librar. Comparar esa anualidad contra el valor de los beneficios será bastante importante.

Para darte un ejemplo de cómo puedes comparar los beneficios contra los costos déjame contarte cómo hace poco la anualidad de mi tarjeta American Express Platinum subió de 1 000 dólares (si, ¡1 000 dólares!) ¡hasta 1 300 dólares! Mil dólares ya era un monto muy elevado a pagar por la anualidad de una tarjeta de crédito, así que cuando subió 30% consideré seriamente cancelar la tarjeta, pero tras hacer mis cuentas y contemplar lo que me ahorraría durante el año gracias a las ofertas de la tarjeta decidí que los beneficios que obtenía valían la pena para mí. No quiero mencionar todos los beneficios para que esto no parezca comercial de la tarjeta, pero es importante que cuando hagas tu propia comparación solo consideres los beneficios que usarías independientemente de si los ofreciera tu tarjeta o no. Por ejemplo, de nada me serviría un beneficio de $8 000 de bonificación en restaurantes si yo no suelo ir a restaurantes, además si solo voy a ir a restaurantes para obtener esa bonificación, en realidad no es dinero que me esté ahorrando (porque no lo hubiera gastado para empezar).

Entonces, si siempre pagas tus tarjetas de crédito en tiempo y forma, encuentras una tarjeta que te ofrecerá beneficios que en realidad vas a ocupar, y esos beneficios son mayores a la anualidad de la tarjeta, ¡habrás encontrado una gran aliada para tus finanzas! Una herramienta que te dará descuentos, accesos a experiencias únicas y grandes protecciones, todo sin pagar un solo centavo de interés. Los bancos nos van a odiar.

# CAPÍTULO 5

# **Afores**

Llegó el momento, es tiempo de hablar de las famosas afores y de su papel en la planeación y ahorro de nuestro retiro. A pesar de que las afores son famosas, y mucha gente tiene una, en realidad muy pocas personas saben cómo funcionan, y mucho menos saben cómo encontrar en qué afore está su dinero o elegir cuál es la mejor. Eso cambiará para ti en este capítulo, y para el final lo que aprendas en las siguientes páginas podrá, en el largo plazo, agregar decenas o hasta cientos de miles de pesos a tu retiro. Tú puedes, estás progresando rápido.

Las afores son administradoras de fondos para el retiro, instituciones especialmente constituidas para ahorrar e invertir los ahorros para el retiro de los trabajadores durante su vida laboral, y en algún momento entregar esos ahorros como pensión. En 2024 había 10 de este tipo de instituciones en México, y representan el plan de ahorro para el retiro más popular tan solo porque cualquier persona que tenga o haya tenido un empleo formal después del 1º. de julio de 1997 tiene cuenta en una de las afores. Según la ley del Instituto Mexicano del Seguro Social (IMSS), los trabajadores del sector privado deben ser dados de alta ante el IMSS y el empleador debe hacer pagos obligatorios relacionados con este seguro. La ley del Instituto de Seguridad y Servicios Sociales de los Trabajadores del Estado (ISSSTE) hace lo propio para los trabajadores del sector público. En ambos casos el empleador debe aportar a la cuenta correspondiente (IMSS o ISSSTE), y parte de la aportación irá precisamente a la afore del empleado, ¡es decir, a tu cuenta!

Si has seguido los pasos anteriores descritos en el libro, para el momento que quieras aportar para tu retiro habrás liberado parte de tus ingresos para destinarlos a tus objetivos financieros, y tras haber completado al menos una parte de tu fondo de emergencias, y haber pagado al menos tus deudas caras, el siguiente objetivo para ese dinero será, al fin, el ahorro para tu retiro. Naturalmente, entonces, una afore será de las primeras opciones que tengas disponible para ese objetivo, quizá justo porque ya tienes una cuenta y sería fácil empezar a destinar más dinero a ella.

En efecto, estas afores, además de las aportaciones obligatorias que el empleador realiza todos los meses, pueden recibir aportaciones que nosotros realicemos voluntariamente. Incluso si nunca hemos tenido un empleo formal, como trabajadores independientes podemos aportar voluntariamente a una afore. A pesar de esto, no te recomendaría que destines nada de tu dinero a realizar aportaciones voluntarias a tu afore, simplemente hay mejores opciones, déjame contarte por qué.

**INCLUSO SI NUNCA HEMOS TENIDO UN EMPLEO FORMAL, COMO TRABAJADORES INDEPENDIENTES PODEMOS APORTAR VOLUNTARIAMENTE A UNA AFORE.**

Pero no me malinterpretes, no quiere decir que las afores sean malas; en definitiva no significa que debas sacar el dinero que ya tienes ahí y moverlo a otro lugar. Las afores son un excelente comienzo, incluso desde antes de que tuviéramos la iniciativa de ahorrar para nuestro retiro, las aportaciones se han hecho cada mes que hemos tenido un empleo formal; además de que esas aportaciones no solo provienen de una parte de nuestro salario, sino que el gobierno y tu empleador aportan otra cantidad. Estas son excelentes noticias para nuestro retiro: con una afore nos aseguramos de que no todo el dinero debe salir de nuestro bolsillo y de las inversiones que hagamos, sino que nuestro empleador y hasta el gobierno están aportando una parte.

Quizá recuerdes la gráfica 2, donde vimos que los rendimientos en algún momento conformarían la mayor parte de nuestro capital invertido. Con esa gráfica encontramos que tras invertir por 30 años, casi 67% de nuestro dinero vendría de rendimientos, no hubiera salido de nuestro bolsillo. Con una afore, parte del otro 33% tampoco sale de nuestro bolsillo, ¡sino del de nuestro empleador! Si, por ejemplo, en el capítulo 1 calculaste que necesitarías $10 000 000 para tu retiro, ya sabrás que $6.7 millones no deben de salir de tu bolsillo, ¡y ahora sabes que de los $3.3 millones restantes tu empleador aportará una cantidad a tu afore! Tu retiro es posible, ¡tú puedes!

Aunque te tengo una mala noticia, en especial si quieres retirarte relativamente "temprano", y es que las afores limitan la edad a la que podemos hacer retiros hasta los 65 años, además de que esta edad pudiera estar sujeta a cambios. En especial si faltan décadas para que cumplas 65 años, no es descabellado pensar que en ese tiempo la edad de retiro suba algunos años. Esto es algo que ha pasado en varios países. Mientras escribo estas páginas, en Francia ha habido protestas justo porque el gobierno quiere elevar la edad de retiro de los 62 a los 64 años, en Australia a partir del 1º. de julio de 2023 la "nueva" edad para obtener una pensión es 67 años después una subida gradual desde los 65. No sé tú, pero independientemente de la probabilidad de que esto suceda en México, a mí no me gusta la idea de dejar en manos del gobierno la edad a la que voy a poder retirarme, sin que tenga que ver la posición política o el partido que esté gobernando; prefiero tener las riendas de mi futuro bajo mi control tanto como se pueda. Ahora técnicamente las afores nos permiten retirarnos de manera anticipada siempre y cuando al momento de querer retirarnos nuestros ahorros sean suficientes para cubrir al menos 30% de lo que en ese momento se considere suficiente para una "pensión mínima garantizada", que equivale a un salario mínimo ($7 462en 2024), en ese momento, además, el retiro de tu dinero estaría libre de impuestos. Sin embargo, hay varias otras características que hacen que las afores no sean ideales.

Por ejemplo, las afores deciden de manera unilateral la forma en que se invierte tu dinero, no tenemos gran control sobre la forma en que se estructura nuestro patrimonio, reduciendo aún más el control sobre las riendas de nuestro retiro. Esta falta de control, sin embargo, puede ser vista por muchas personas como algo positivo, hemos crecido creyendo que para invertir hace falta ser expertos, tener grandes estudios, y estar evaluando nuestra inversión todos los días. De una vez te puedo adelantar que nada de esto es cierto; el mundo de las inversiones personales es único, en el sentido de que estudios formales no resultan en mayores crecimientos en el patrimonio (muchas veces es al contrario). De esto ya hablaremos con detalle en el capítulo 7.

Entonces no considero que una afore es el lugar al que debes destinar tus propios ahorros para el retiro, pero debido a que es el lugar al que automáticamente se agregarán fondos cada mes que tengas un empleo formal en México, durante el resto de tu vida laboral es de crucial importancia que conozcas en qué afore está tu dinero, que entiendas cómo funcionan las afores para que puedas comparar entre las 10 opciones que existen en México, que decidas cuál es la mejor para ahorrar tu dinero, y que sepas cómo cambiarte si así lo decides. Entonces, empecemos por el principio.

## Cómo encontrar en qué afore está tu dinero

En México, cuando conseguimos nuestro primer empleo formal y comenzamos a cotizar ante el IMSS o el ISSSTE, y nuestro empleador empieza a aportar para nuestra seguridad social todos los meses, parte de esa aportación debe caer en una afore. Si no teníamos una afore asignada previamente (como podría ocurrir cuando tenemos nuestro primer empleo formal), en teoría la Comisión Nacional del Sistema de Ahorro para el Retiro (Consar) nos asignará a una de las afores que hayan obtenido los mejores rendimientos, y si continuamos sin elegir nuestra afore, dos años después la misma Consar podría cambiarnos a la nueva afore con mayores rendimientos. Esto suena a buenas noticias; incluso si no nos hemos dado a la tarea de encontrar dónde está nuestro dinero, podemos estar relativamente tranquilos sabiendo que este se encuentra en alguna de las mejores afores. En la práctica, sin embargo, esto podría no ser cierto todo el tiempo porque tu primer empleador podría haber elegido tu afore en tu nombre, es mejor que te asegures de que estás en la afore correcta, pues si no lo haces podrías estar dejando de ganar cientos de miles de pesos solo por una decisión tomada por tu primer empleador.

Entonces, es importante saber en qué afore se encuentra tu dinero, y elegir registrarte en la de tu preferencia (incluso si esta resulta ser la afore en la que ya está tu dinero, es importante hacer el registro). Registrarte permitirá que en el futuro puedas recibir tu pensión, que actualices tus datos de contacto y que empieces a recibir tus estados de cuenta cuatrimestrales para que te des una idea de cómo va creciendo tu dinero. Para registrarte deberás contactar a la afore que quieres que administre tu dinero para que te manden el formato correspondiente, pero me estoy adelantando, primero hay que saber en qué afore se está aportando tu ahorro para el retiro.

Para encontrar en qué afore está tu dinero, la Consar ha creado un servicio en su página de internet e-sar.com.mx que se llama Localiza tu afore, donde basta introducir tu CURP o número de seguridad social y tu correo electrónico para recibir, en cuestión de segundos, un correo con esa información. En la tabla 12 encontrarás la lista de las 10 afores que existían en México en 2024; tu dinero deberá estar en una de ellas. Esta lista incluye la página de internet de cada administradora donde podrás encontrar la lista de sus sucursales. Esta información te será útil si decides cambiarte a otra afore, ya que deberás visitar una de esas sucursales (o comunicarte por teléfono para solicitar una visita a tu domicilio u oficina) para iniciar el trámite.

TABLA 12. Lista de afores en México con su página
de sucursales

| Afore | Página de sucursales |
|---|---|
| Afore Azteca | aforeazteca.com.mx/mapa |
| Citibanamex Afore | aforebanamex.com.mx/#/nuestros_servicios-conoce_tu_afore-modulos_especializados_de_servicios_afore |
| Afore Coppel | aforecoppel.com/sucursales |
| PensionISSSTE | pensionissste.gob.mx/puntos-de-atencion/ubica-tu-CAT-PENSIONISSSTE.html |
| Afore Inbursa | inbursa.com/storage/SUCURSALES-afore-INBURSA.pdf |
| Afore Invercap | invercap.com.mx/acerca-de-invercap/sucursales-y-modulos-de-atencion |
| Principal Afore | principal.com.mx/conocenos/contacto/sucursales |
| Profuturo Afore | profuturo.mx/content/wps/portal/Ayuda/Localiza-tu-Sucursal-Profuturo |
| Afore SURA | afore.suramexico.com/afore/modulos-de-atencion |
| Afore XXI Banorte | www.xxi-banorte.com/contacto |

Claro, antes de decidir cambiarte a otra administradora debes encontrar cuál es la mejor para ti, y para eso primero debes entender las bases de cómo funcionan las afores.

## Cómo funcionan las afores

Si el dinero que se deposita en tu afore solo se ahorrara, cada vez valdría menos, simplemente porque el costo de las cosas cada vez es mayor (debido a la inflación) y ese dinero te alcanzaría para comprar menos cosas. Por fortuna, el dinero de tu afore no solo se ahorra, sino que se invierte, tanto con el objetivo de que tu dinero mantenga su valor a lo largo de las décadas que quizá esté ahorrado como con el propósito de que su valor crezca, permitiendo que te retires con una pensión mayor. Sin embargo, cuando el dinero se invierte siempre existen riesgos —por ejemplo, que el valor de la inversión baje—, y conforme más se acerca tu edad de retiro, menos riesgos puedes soportar. Esto es porque entre más cerca está tu retiro, menos tiempo puedes dejar tu dinero invertido (después de todo ya vas a empezar a sacar dinero de tus ahorros), y entonces existirán menos oportunidades de que ese dinero crezca o se recupere tras una caída. Por eso, entre menos joven seas, tu dinero debe invertirse de forma cada vez más segura.

Este objetivo de reducción de riesgo se logra cambiando la combinación de inversiones que conforman nuestro patrimonio. Las acciones de una empresa, por ejemplo, son una inversión de alto riesgo; en un año determinado el valor de las acciones puede crecer o decrecer un buen porcentaje, el crecimiento potencial es alto, pero también el riesgo. Por otro lado, la deuda gubernamental es una inversión de muy bajo riesgo; desde el inicio sabemos cuánto dinero nos pagará el gobierno por prestarle dinero, y la probabilidad de que nos deje de pagar es muy baja. Una combinación de 80% en acciones y 20% en deuda es una combinación de alto riesgo, ideal para personas jóvenes en sus veintes o treintas. Para cuando llegan a sus sesentas o setentas, esas mismas personas deberían tener una combinación mucho menos riesgosa, quizá con los porcentajes opuestos (20% en acciones y 80% en deuda), reduciendo la probabilidad de que en su retiro su patrimonio sufra caídas que comprometan su pensión.

Las afores hacen todo esto automáticamente a través de la asignación de una siefore diferente dependiendo del año en que nacimos. Una siefore es una sociedad de inversión especializada en fondos para el retiro, y cada afore administra a una diversa cantidad de siefores, cada una de las cuales es creada para una generación diferente.

TABLA 13. Lista de siefores generacionales en 2023

| SIEFORE | NACIDOS |
| --- | --- |
| **Básica inicial** | A partir de 1995 |
| **Básica 90-94** | Entre 1990 y 1994 |
| **Básica 85-89** | Entre 1985 y 1989 |
| **Básica 80-84** | Entre 1980 y 1984 |
| **Básica 75-79** | Entre 1975 y 1979 |
| **Básica 70-74** | Entre 1970 y 1974 |
| **Básica 65-69** | Entre 1965 y 1969 |
| **Básica 60-64** | Entre 1960 y 1964 |
| **Básica 55-59** | Entre 1955 y 1959 |
| **Básica de pensiones** | Antes de 1959 (próximos al retiro) |

En la tabla 13 puedes ver la lista de siefores que cada afore debía de tener en 2024. Dependiendo del año en que naciste tu dinero es administrado por una siefore en particular. Si, por ejemplo, naciste en 1993 sabes que tu dinero será administrado por la siefore básica 90-94 de la afore que tengas asignada.

Cada siefore cambiará la forma en que invierte el dinero poco a poco, haciendo esa inversión cada vez menos riesgosa conforme transcurre el tiempo. La misma siefore básica 90-94 invertirá de forma distinta en 2033 a como lo hacía en 2023, simplemente porque las personas cuyo dinero se invierte ahí estarán 10 años más cerca de su edad de retiro.

Entonces cada una de las afores que existen en México administra diferentes siefores, una para cada generación. Y cada una de las siefores invierte el dinero de forma distinta según el tiempo que falte para la edad de retiro de la generación que le corresponde. Por ejemplo, la siefore básica inicial invertirá mucho más agresivamente que la siefore básica 55-59.

Con esta información ya puedes saber exactamente dónde está tu dinero. Si usaste la herramienta de Localiza tu afore del e-SAR, y con ayuda de la tabla 13, no solo ya conoces qué afore administra tu dinero, sino en qué siefore se está invirtiendo. Por ejemplo, si al usar la herramienta del e-SAR encontraste que tu afore es Profuturo, y tú naciste en 1993, entonces sabes que tu dinero está en la siefore básica 90-94 de Profuturo. Ahora ya podrás descubrir si tu dinero está en una buena o en una mala afore.

## Cómo encontrar la mejor afore

Cada afore puede decidir cómo va a invertir sus propias siefores, por ejemplo, la siefore básica 85-89 de Afore Coppel no invertirá el dinero de la misma forma que la misma siefore básica 85-89 de Afore SURA. Para poder hacer una comparación directa entre afores, la Consar ha creado el indicador de rendimiento neto (IRN) que describe el rendimiento que cada siefore ha generado en el pasado. Toma en cuenta que, aunque este indicador es muy útil, como en cualquier inversión, los rendimientos pasados no garantizan de ninguna manera los rendimientos futuros. Es solamente el reflejo de los rendimientos históricos.

El IRN de cada siefore que corresponda a tu generación permitirá que identifiques rápidamente la afore que más te conviene. El 50% de este IRN se obtiene calculando el rendimiento que una siefore ha generado en los últimos 10 años, otro 30% se obtiene calculando el rendimiento de los últimos cinco años, y el último 20% se obtiene calculando el rendimiento de los últimos tres años. A estos rendimientos, además, se les restan las comisiones anuales que todas las afores cobran por administrar nuestro dinero (y que en 2023 estaban topadas, por ley, a 0.57% del saldo administrado). Esto significa que el IRN realmente es un buen indicador para encontrar la mejor afore, porque no considera solo los rendimientos recientes (de forma que, si una afore tiene suerte o toma muchos riesgos en un año, esto no impactará

> ESTO SIGNIFICA QUE EL IRN REALMENTE ES UN BUEN INDICADOR PARA ENCONTRAR LA MEJOR AFORE, PORQUE NO CONSIDERA SOLO LOS RENDIMIENTOS RECIENTES, SINO QUE REALMENTE UNA AFORE DEBE SER CONSISTENTE A LO LARGO DE 10 AÑOS PARA LLEGAR A SER DE LAS MEJORES OPCIONES.

tanto al IRN), sino que realmente una afore debe ser consistente a lo largo de 10 años para llegar a ser de las mejores opciones. Además de que si una afore está cobrando más comisiones que las demás, esto impactará negativamente en su IRN también.

La Consar publica todos los meses el IRN de cada una de las siefores en su sitio web www.gob.mx/consar/articulos/indicador-de-rendimiento-neto. En ese sitio podrás elegir la siefore básica que te corresponde según el año en que naciste y encontrar la tabla de las 10 afores ordenadas de mayores a menores rendimientos. Por ejemplo, si naciste en 1993, en junio de 2023 elegirías la siefore básica 90-94 y encontrarías la lista de la imagen 8.

IMAGEN 8. Indicador de rendimiento neto de la SB 90-94 en junio de 2023

| INDICADOR DE RENDIMIENTO NETO DE LA SB 90-94 | |
| --- | --- |
| Cifras al cierre de junio de 2023 | |
| AFORE | INDICADOR DE RENDIMIENTO NETO |
| Inbursa | 6.43% |
| Profuturo | 6.35% |
| Sura | 6.15% |
| Pensionissste | 6.12% |
| XXI Banorte | 5.92% |
| Coppel | 5.49% |
| Citibanamex | 5.48% |
| Invercap | 5.48% |

| INDICADOR DE RENDIMIENTO NETO DE LA SB 90-94 | |
|---|---|
| Cifras al cierre de junio de 2023 | |
| **AFORE** | **INDICADOR DE RENDIMIENTO NETO** |
| Principal | 5.04% |
| Azteca | 5.02% |
| Promedio Simple | 5.75% |
| Promedio Ponderado | 5.74% |

Fuente: CONSAR.

Para cada generación encontrarás la lista correspondiente, pero en este ejemplo podrías decidir que la mejor afore para ti (de nuevo, si naciste entre 1990 y 1994) sería Afore Inbursa, mientras que la peor sería Afore Azteca.

Ahora es tu turno de visitar esa página de la Consar para encontrar cuál es la mejor afore para tu generación. Si la afore en la que está tu dinero no está entre las dos o tres mejores, deberías considerar cambiarte pronto.

## Otros indicadores por considerar

El IRN será el único indicador que necesites el 99% del tiempo para decidir cuál es la mejor afore, pero si en tu caso particular resulta que hay más de una afore con un IRN muy similar, hay algunos indicadores adicionales que podrían ayudarte a tomar la decisión correcta.

Un indicador muy importante al momento de decidir entre una inversión y otra es la tasa de comisión que esa inversión cobra. Una inversión, por ejemplo, podría presumir de un rendimiento de 10%, pero si su comisión es de 2%, no resulta mejor que una inversión que parece generar rendimientos inferiores de, por ejemplo, 9%, pero solo cobra comisiones de 0.5%. Tras restar las comisiones, la primera inversión da rendimientos de 8%, mientras que la segunda da 8.5%. Afortunadamente el IRN ya contempla esta variable de las comisiones, y en México las comisiones de las afores ya tienen un tope de 0.57% en 2023. De hecho, en 2023 las únicas afores que no cobraban comisiones de 0.57% eran Coppel (que cobraba 0.566%) y Pensionissste (que cobraba 0.53%). Además, como podemos ver en la imagen 8, incluso estas comisiones menores no fueron suficientes para poner a estas dos afores en el top 3 de siefores básicas 90-94.

Un mejor indicador por considerar es el Índice de Desempeño Operativo de las afores (denominado Ideo), que, entre otras cosas, califica la calidad de los canales de comunicación de las afores, así como la rapidez y efectividad con que se realizan los trámites más relevantes para los ahorradores. Esta calificación mide la calidad operativa (que otorga el 35% de la calificación final), la cobertura de los servicios (que otorga 15% de la calificación), el trabajo que han hecho las afores para impulsar el ahorro voluntario (que otorga 25% de la calificación) y los nuevos registros que cada afore ha tenido en un periodo determinado (que otorga el otro 25% de la calificación).

TABLA 14. Índice de Desempeño Operativo de las afores en 2023

| # | AFORE | CALIFICACIÓN |
|---|-------|--------------|
| 1 | Profuturo | 89.9% |
| 2 | Sura | 76.3% |
| 3 | Coppel | 70.6% |
| 4 | XXI Banorte | 70.2% |
| 5 | Citibanamex | 68.1% |
| 6 | Invercap | 67.5% |
| 7 | Principal | 67.0% |
| 8 | Azteca | 66.0% |
| 9 | Pensionissste | 65.9% |
| 10 | Inbursa | 57.0% |

La tabla 14 muestra cuáles son las afores que han logrado las mejores y peores calificaciones en este Ideo, pero honestamente la calificación está conformada en 50% por mediciones que a los usuarios deberían de importarnos poco. Por ejemplo, la cantidad de nuevos registros que una afore tuvo el año pasado (25% de la calificación) no nos dice nada sobre su calidad, y tampoco lo hace la eficacia en que ha impulsado el ahorro voluntario. Pero sí podríamos enfocarnos en las afores con mayor calidad operativa (solo 35% de la calificación) y aquellas con una mejor cobertura (solo 15% de la calificación). En la imagen 9 puedes notar que Afore Coppel fue la de mejor calidad operativa en 2023, con Afore SURA en último lugar, y que Afore Azteca tuvo la mejor cobertura, mientras que Afore Citibanamex tuvo la peor. Recuerda que estos indicadores deben ser solo secundarios al indicador de rendimiento neto que ya mencionamos. De poco nos servirá la excelente cobertura de Afore Azteca a los nacidos entre 1990 y 1994 cuando fue la afore con los peores rendimientos para nuestra generación.

IMAGEN 9. Posición de las afores por indicador en 2023

| AFORE | CALIDAD OPERATIVA (35%) | AHORRO VOLUNTARIO (25%) | NUEVOS REGISTROS (25%) | COBERTURA (15%) |
|---|---|---|---|---|
| Profuturo | 8 | 1 | 1 | 3 |
| Sura | 10 | 2 | 2 | 8 |
| Coppel | 1 | 10 | 3 | 2 |
| XXI Banorte | 3 | 5 | 6 | 4 |
| Citibanamex | 4 | 7 | 5 | 10 |
| Invercap | 7 | 3 | 10 | 5 |
| Principal | 5 | 4 | 8 | 7 |
| Azteca | 9 | 8 | 4 | 1 |
| PensionISSSTE | 2 | 6 | 7 | 9 |
| Inbursa | 6 | 9 | 9 | 6 |

Fuente: CONSAR.

Lo cierto es que con toda esta información deberás poder tomar una decisión bastante bien informada de cuál es la afore que más te conviene, considerando principalmente el IRN, con el Ideo como complemento de tu decisión.

## Cómo cambiarte de afore

Si descubres que la afore que está administrando tu dinero en la actualidad no es particularmente buena para tu generación, o tiene una calificación Ideo baja, cambiarte podría ser la mejor decisión que tomes para tu libertad financiera. Aunque no te recomendé agregar de tu dinero en forma de aportaciones voluntarias a estas afores, lo cierto es que el dinero que sí se invierta en forma de aportaciones hechas por tu empleador cada mes que tengas un empleo formal, de preferencia deberá estar creciendo lo más posible. Para darte una idea del impacto que esta decisión puede tener, revisa la imagen 8 e imagina que esos son los rendimientos que generarás durante 30 años. Si además imaginamos que cada mes de esos 30 años tendrás un empleo formal, y cada mes se aportarán $2 000 a tu afore, en la peor afore de esa lista (que generó 5.02% de rendimiento anual) juntarías $1 704 000; en la mejor afore de esa lista (que generó 6.43%) tu dinero crecería hasta $2 203 000, ¡prácticamente medio millón de pesos más! Esta decisión, a lo largo de tu vida laboral, claramente puede valer cientos de miles (incluso millones) de pesos. Por cierto, este tipo de decisiones son las que hacen una mayor diferencia en nuestras finanzas personales que "dejar de gastar en cafés" como muchos "gurús financieros" luego recomiendan.

Para cambiarte de afore, entonces, primero debes tomar en cuenta que debió pasar al menos un año desde la última vez que te cambiaste.[11] Si es así, la Consar tiene una aplicación móvil que puedes descargar en tu teléfono Android o iOS que se llama Afore Móvil y es la forma más fácil de realizar el cambio.

---

[11] Hay algunas combinaciones de afores que sí permiten hacer cambios antes del año dependiendo de tu siefore generacional correspondiente. Puedes revisar la tabla "Cambio de afore antes de un año de permanencia en la afore en que te encuentras" desde la página de la Consar en https://www.consar.gob.mx/gobmx/Aplicativo/infoweb/TraspasosPermitidos/rendimiento_neto-traspasos-permitidos_sb9.aspx.

IMAGEN 10. Sección de Servicios en la aplicación de afore móvil de la Consar

Cuando descargues la aplicación, lo que tienes que hacer es registrarte con tu CURP y una contraseña; una vez dentro de la aplicación, encontrarás la opción de Servicios y Cambio de afore como se muestra en la imagen 10; al seleccionar esa opción, deberás elegir entre las afores disponibles; es aquí donde seleccionarás la afore que has decidido es la mejor opción para ti. Si no te has registrado anteriormente, la aplicación te pedirá algunos datos de contacto, junto con tu domicilio actual. Finalmente, deberás verificar tu identidad tomando un par de *selfies* desde la aplicación y cargando fotografías de tu identificación oficial vigente. Este trámite puede tomar hasta 20 días hábiles en ser concluido, y deberás recibir un correo electrónico con cualquier actualización sobre el estado del trámite.

Otra opción que tenemos disponible para cambiarnos de afore es contactando directamente a la afore que hemos decidido es la mejor para nosotros. En la tabla 12 puedes encontrar información sobre las sucursales de cada afore; puedes comunicarte por teléfono y agendar una visita, o ir directamente a alguna de las sucursales para iniciar el trámite. Un asesor de esa afore deberá proveerte del formato de solicitud de traspaso, y pedirte grabar un video en el que reconoces que quieres realizar el cambio de afore. En este caso, el trámite también puede tomar hasta 20 días hábiles en ser concluido.

Recuerda que este traspaso es sin ningún costo y nadie, ni tu empleador, puede presionarte o condicionarte a cambiarte a una afore en particular. Es tu derecho elegir dónde se ahorra tu dinero, y honestamente, tu obligación con tus propias finanzas. Después de todo ya vimos que esta decisión puede valer cientos de miles de pesos.

## Cuando tu empleador afecta tu plan para el retiro

Hablando de decisiones que tienen un impacto de cientos de miles de pesos en tus finanzas personales, por desgracia en México muchos empleadores cometen el tremendo fraude —porque difícilmente se puede llamar de otra forma— de registrar la seguridad social de sus empleados con un sueldo inferior al que en realidad reciben. Por ejemplo, registrar a un empleado que gana $15 000 con un sueldo de $10 000, de forma que esos $10 000 serán depositados en la cuenta de nómina del empleado, mientras los restantes $5 000 los recibe en efectivo. Lo peor es que cuando esto sucede tienen el coraje de decir que "les conviene a sus empleados" ser registrados con un salario bajo —quizá el mínimo— y el resto de su sueldo recibirlo en efectivo, porque así se ahorrarán algunos impuestos. Es cierto que con un sueldo más bajo nos retendrían menos impuestos, y que del dinero en efectivo recibido seguramente no pagaríamos los correspondientes, pero dejando de lado el fraude fiscal que esto significaría, el impacto en tus finanzas es grandísimo.

Lo que está ocurriendo es que el empleador registra a sus empleados con un salario más bajo al real para pagar menos impuestos locales, y para aportar menos a la seguridad social de cada empleado. Si leíste el inicio de este capítulo, ya sabrás que parte de ese pago de seguridad social que realiza tu empleador se destina a tu afore (la otra parte a tu Infonavit, por cierto). Entonces, si te han registrado con un sueldo inferior al que recibes, tu ahorro para el retiro es menor al que debería ser (y sí, tu ahorro para la vivienda también). Puedes verificar con qué sueldo te han registrado en tu estado de cuenta de nómina.

A partir de 2023 el porcentaje del salario que un empleador debe aportar para el retiro de sus empleados va a incrementar gradualmente hasta 2030. En la imagen 11 podrás ver el porcentaje del salario que debe aportarse cada año por concepto de "cesantía en edad avanzada y vejez": nota cómo cada año deberá aportarse cada vez más para este concepto, exceptuando el escenario en el que el trabajador gana el salario mínimo. A estos porcentajes, además, se debe agregar un 2% que el empleador debe aportar por concepto de "retiro", entonces a los porcentajes de esta imagen puedes sumar ese 2% para obtener el porcentaje total que un empleador debe aportar a la afore de sus empleados cada año, según el salario con que los haya registrado. Si quieres saber el porcentaje total de aportación para el retiro, a ese porcentaje agrega 1.125% adicional que se descuenta directamente del sueldo del empleado. En conjunto estos tres porcentajes representan la aportación total que se hace a tu afore.

Con esta información podrás observar que entre mayor sea el salario base de cotización (aquel con el que tu empleador te ha registrado), mayor debe ser la aportación, y no solo porque el salario base sube, sino porque el porcentaje de aportación sobre ese salario también debe ser mayor. Por ejemplo, si tu ingreso en 2024 es de 2.5 UMA[12] anuales, es decir $99 015.90 pesos al año o $8 251.33 al mes, tu empleador debe aportar $6 290 a tu retiro (4.353% por cesantía en edad avanzada y vejez, más 2% por retiro); pero si te registra con un ingreso de solamente 2 UMA anuales ($79 212.72 al año o $6 601.06 al mes) solo debe aportar $4 752 (4% por cesantía en edad avanzada y vejez, más 2% por retiro).

IMAGEN 11. Porcentajes de aportaciones patronales de 2023 a 2030 según el salario base del empleado

| SALARIO DE COTIZACIÓN | 2023 | 2024 | 2025 | 2026 | 2027 | 2028 | 2029 | 2030 |
|---|---|---|---|---|---|---|---|---|
| 1.0 SM* | 3.150% | 3.150% | 3.150% | 3.150% | 3.150% | 3.150% | 3.150% | 3.150% |
| 1.01 a 1.5 UMA** | 3.281% | 3.413% | 3.544% | 3.676% | 3.807% | 3.939% | 4.070% | 4.202% |
| 1.5 a 2 UMA | 3.575% | 4.000% | 4.426% | 4.851% | 5.276% | 5.701% | 6.126% | 6.552% |
| 2.01 a 2.5 UMA | 3.751% | 4.353% | 4.954% | 5.556% | 6.157% | 6.759% | 7.360% | 7.962% |
| 2.51 a 3 UMA | 3.869% | 4.588% | 5.307% | 6.026% | 6.745% | 7.464% | 8.183% | 8.902% |
| 3.01 a 3.5 UMA | 3.953% | 4.756% | 5.559% | 6.361% | 7.164% | 7.967% | 8.770% | 9.573% |
| 3.51 a 4 UMA | 4.016% | 4.882% | 5.747% | 6.613% | 7.479% | 8.345% | 9.211% | 10.077% |
| 4.01 en adelante | 4.241% | 5.331% | 6.422% | 7.513% | 8.603% | 9.694% | 10.784% | 11.875% |

*Salario mínimo
** Unidad de medida y Actualización

---

[12] La UMA, o unidad de medida y actualización, es un valor que se utiliza como referencia en México y cuyo valor cambia cada año según la inflación; en 2024 una UMA equivalía a $108.57 diarios, $3 300.53 mensuales, o $39 606.36 anuales.

A los empleados este sueldo base de cotización no suele importarles mucho mientras reciban el salario prometido todos los meses, pero en nuestro ejemplo de arriba, esto significaría recibir $6 601.06 de nómina y los restantes $1 650.27 en efectivo, muchas veces en forma de "bonos" para completar los $8 251.33 prometidos (las 2.5 UMA anuales del ejemplo). En primera instancia esto podría parecer un mero tecnicismo, pero ahora que sabes que ese salario base define las aportaciones para tu retiro, sabes que el impacto puede ser grande. Siguiendo con este ejemplo, una persona correctamente registrada con un salario de 2.5 UMA podría juntar $775 500 en 30 años (asumiendo un rendimiento de 6.43% anual dentro de su afore), pero si esa persona es incorrectamente registrada con un salario de dos UMA, debido a una aportación inferior cada año, solo juntaría $620 500 en el mismo periodo. Este "pequeño detalle" que "les conviene a los empleados" costará $155 000 en los ahorros para el retiro de este ejemplo.

Si tu empleador te ha registrado con un salario inferior al que percibes, el IMSS te permite realizar la denuncia correspondiente por teléfono, por correo electrónico, por escrito, o incluso de forma presencial. Para hacer la denuncia necesitarás tu Registro Federal de Contribuyentes (RFC) o número de seguridad social, la fecha de ingreso a tu empleo, comprobantes del pago que recibes, identificación oficial, y la razón social o nombre del empleador junto con su RFC y domicilio. Todos los detalles de los requisitos y las formas de contacto los puedes encontrar desde el sitio del IMSS en imss.gob.mx/denuncia.

Si no quieres realizar la denuncia, por miedo o porque crees que el acuerdo actual con tu empleador te conviene, asegúrate de al menos disminuir el impacto negativo que este registro erróneo tendrá en tus finanzas, porque el ahorro para el retiro que recibes en tu afore actualmente contempla ingresos inferiores a los que te has acostumbrado. Con ayuda de la imagen 11, haz las cuentas de cuánto debería ser la aportación mensual a tu retiro y cuál es la aportación actual para el sueldo con que te han registrado. La diferencia deberías convertirla en tu objetivo inicial de ahorro, y si anteriormente con el ejercicio de la tabla 2 has liberado de tus ingresos menos de esa cantidad, tienes trabajo por hacer. En el ejemplo de la tabla anterior el empleado registrado con un ingreso de dos UMA en lugar de las 2.5 que gana realmente deberá buscar aportar $1 650 extra durante 2024 y repetir sus cálculos para cada año, contemplando que los porcentajes se irán incrementando hasta 2030.

**NOTA:** Para hacer las matemáticas necesarias deberás dividir tu salario anual entre la UMA actual, que, como mencionaba, cambia su valor cada año según la inflación. En 2024 la UMA anual fue de $39 606.36, entonces dividirías tu salario anual entre esa cantidad para saber cuántas uma ganas al año y usar la fila correspondiente de la imagen 11 para encontrar el porcentaje de aportación para el año actual. Siempre puedes encontrar el valor actual de la UMA en el sitio del Instituto Nacional de Estadística y Geografía (INEGI) inegi.org.mx/temas/uma/.

De cualquier manera, ese monto que tengas libre para ahorrar, como ya había mencionado, de preferencia no debe ser ahorrado dentro de tu afore, los rendimientos que vimos en la imagen 8 son, honestamente, desalentadores. ¡Y eso que esa tabla muestra las siefores para una generación que es bastante joven en 2023 y debería estar invirtiendo con los riesgos más altos! Que la mejor afore genere 6.43% de rendimiento anual, que es poco más de la mitad de lo que genera el S&P 500 —que representa a las 500 empresas más grandes de Estados Unidos y es una de las mejores inversiones que se pueden realizar en el largo plazo—, es simplemente inaceptable.

Tan inaceptable que las afores, incluso como existen ahora, apuntando a una aportación total de hasta 15% de los ingresos de los trabajadores en 2030 (un máximo de 11.875% aportado por el patrón como se muestra en la imagen 11, más 2% de aportación base por el mismo patrón, más 1.125% que aporta el empleado directamente), no serán suficientes. Déjame mostrarte.

## Con cuánto te retirarás si solo usas tu afore

La cantidad de dinero que recibirás una vez que te retires dependerá principalmente de la cantidad de dinero que logres ahorrar durante tu etapa productiva. Por fortuna, si en algún momento de esta etapa tienes un trabajo formal (en el sector público o privado), de forma automática y obligatoria ya estás ahorrando una parte de tu ingreso en una afore, como ya vimos. En este caso, entonces, podemos apoyarnos en la Comisión Nacional del Sistema de Ahorro para el Retiro (Consar) y en sus calculadoras para obtener una aproximación de la cantidad de dinero que recibiremos mes a mes una vez que nos retiremos.

Toma en cuenta que si tú no has tenido un empleo formal, ¡no tienes ahorros para el retiro! Tendrás que ahorrar manualmente (ya hablaremos al respecto, de eso se trata el libro después de todo), pero entonces podrás asumir que, hasta el momento, tú recibirás $0 mensuales una vez que te retires. Esta es una de las desventajas de ser trabajador independiente: tu retiro corre 100% a cargo tuyo.

Si has tenido un empleo formal, entonces ya tienes afore. En este caso las calculadoras de la Consar son útiles para saber, con aproximación, cuánto dinero recibirás al retirarte. La Consar tiene tres versiones de su calculadora, una para empleados del sector privado que cotizan en el IMSS, otra para empleados del sector público que cotizan en el ISSSTE, y una más para trabajadores independientes que deciden hacer aportaciones de forma voluntaria.

La razón por la que existen tres calculadoras diferentes es porque en cada escenario se aporta un porcentaje distinto del salario. Si cotizas en el IMSS por ejemplo, no solo te descuentan de tu nómina para aportar a tu afore, sino que el empleador aporta una cantidad. Si eres empleado independiente, es solo tu dinero el que se destina a tu retiro.

Veamos entonces un ejemplo de cómo podemos usar esta calculadora, para esto veamos el caso de Juan, que es empleado en una empresa privada, así que cotiza en el IMSS. Para Juan, entonces, usaremos la calculadora de la Consar para trabajadores que cotizan en el IMSS (siempre puedes encontrar esta y las otras dos calculadoras para hacer los cálculos con tus propios datos desde www.gob.mx/consar/acciones-y-programas/calculadoras-de-ahorro-y-retiro). Esta calculadora nos pedirá diferentes datos, empezando por elegir la afore donde Juan está registrado. Él ha hecho su tarea cada año, y ha revisado constantemente cuál es la siefore con mejores rendimientos para su generación, y ha optado por la afore de Profuturo, una de las que históricamente ha hecho que los ahorros crezcan más rápido. Además de esto, en la calculadora debemos escribir el salario base de cotización mensual, que para Juan es de $15 000 más un saldo actual de $100 000 en su cuenta. Juan ha sido un trabajador arduo, empezó a cotizar a sus 20 años, y hoy, a sus 30, ya cuenta con 520 semanas cotizadas, valor que también debe introducir en la calculadora. Para maximizar sus resultados, en la calculadora podemos elegir 5% como el rendimiento real de la afore antes de comisiones (este es el estimado más optimista que la calculadora permite, pero por supuesto, no es una promesa, el rendimiento puede ser menor, o claro, superior en cualquier año). Finalmente, también para maximizar todo cálculo, se permite elegir 67 como la edad de retiro, extendiendo la etapa productiva de Juan tanto como la calculadora lo permite, esperando que eso ayude en los resultados. Al usar estos datos en 2023, el resultado dará una tasa de reemplazo de 91.8%, significando que a los 67 años (dentro de 37 años según nuestro ejemplo) Juan recibirá una pensión de $13 766 (91.8% del salario de $15 000 que utilizamos para hacer el cálculo). Menos de lo que Juan gana hoy, y sin contemplar la inflación. Es difícil minimizar el impacto que la inflación tendrá en estos montos; para entenderlo mejor revisemos otro ejemplo.

IMAGEN 12. Cálculo de pensión mensual desde la calculadora de la Consar para trabajadores que cotizan en el IMSS

Si hacemos los mismos cálculos para alguien que nació en 2003, llamémosle Ana, quien tiene $0 de saldo en su afore porque empezó a trabajar apenas en 2023 (cuando algunos cambios a las afores entraron en vigor, y la aportación del empleador fue cada vez mayor), la tasa de reemplazo de hecho parecerá buena, 122% si maximizamos los valores (de nuevo, 5% de rendimiento y retiro a los 67 años, como nos permite la calculadora). Pero el enorme error que estas calculadoras cometen es que no contemplan la inflación. Incluso 122% de $15 000 ($18 300) no será suficiente dentro de 47 años para comprar lo mismo que hoy, y Ana tendrá que contemplar la inflación de 47 años si planea retirarse a los 67 tal como lo introdujimos en la calculadora. Si tienes curiosidad, dentro de 47 años, Ana necesitará por ahí de $94 700[13] para comprar lo

---

[13] Utilizando una inflación promedio de 4% anual durante todo el plazo, incluso si la inflación es más baja de 3% anual, dentro de 47 años se necesitarían $60 200 para lograr el mismo poder adquisitivo de $15 000 hoy.

mismo que hoy compra con $15 000.[14] Entonces incluso 122% de tasa de reemplazo se queda muy corto.

## Tres opciones para pensionarte con tu afore

Es importante mencionar que tanto Ana como Juan y tú contarán con tres opciones al momento de retirarse si logran juntar la cantidad de semanas cotizadas necesarias para obtener su pensión. Esta cantidad de semanas cotizadas necesarias, por cierto, ha ido subiendo cada año desde 2021 buscando que de 2031 en adelante los trabajadores hayan cotizado 1 000 para tener derecho a su pensión. La tabla 15 muestra el requisito de semanas cotizadas por año, a partir de 2031 los incrementos terminan y se establecerán las 1 000 semanas como el requisito para todos los trabajadores.

TABLA 15. Incremento en el requisito de semanas cotizadas hasta el máximo de 1 000 en 2031

| Incremento anual en el requisito de semanas cotizadas | | | | | | | | | | |
|---|---|---|---|---|---|---|---|---|---|---|
| Año | 2021 | 2022 | 2023 | 2024 | 2025 | 2026 | 2027 | 2028 | 2029 | 2030 | 2031 |
| Semanas cotizadas | 750 | 775 | 800 | 825 | 850 | 875 | 900 | 925 | 950 | 975 | 1000 |

Si logran la cantidad de semanas cotizadas requeridas al momento del retiro, la primera opción será la renta vitalicia que se puede contratar con una aseguradora, que a cambio

---

[14] Si estos montos suenan difíciles de creer piensa en cómo un kilo de tortilla en 2013 rondaba los $11, pero en 2023 cuesta $20, o cómo el litro de gasolina magna estaba en $12 en 2013 y cuesta $22 en 2023. Si varios precios se duplicaron en 10 años, ¡imagina lo que puede pasar en casi 50!

del monto ahorrado en la afore garantizará de por vida una pensión (el monto de la pensión se calculará con base en el ahorro acumulado). La segunda opción es el retiro programado, que les permitirá hacer retiros directos del ahorro acumulado hasta que este se agote. Y la tercera opción es la pensión garantizada, reservada para las personas que cumplieron con las semanas cotizadas necesarias para pensionarse, pero cuyo ahorro no alcanzó para ninguna de las opciones anteriores (es decir, ni la renta vitalicia ni el retiro programado les podría haber pagado la pensión mínima). En este último caso, el gobierno otorga la pensión garantizada. Finalmente, si no se alcanzó el número de semanas cotizadas necesarias, todo el monto ahorrado en la afore se entrega en efectivo.

Claramente vas a querer apuntar a lograr una renta vitalicia o un retiro programado, son las opciones que tanto Juan como Ana tendrían disponibles en los dos ejemplos que vimos con la calculadora del IMSS. Pero lo cierto es que para estos cálculos usamos escenarios muy optimistas, maximizando todas las opciones. En la vida real esto rara vez es el caso. Entonces podríamos esperar que esa tasa de reemplazo (aquella que nos hace saber qué porcentaje de nuestro ingreso recibiremos de nuestra afore una vez retirados) sea aún menor. Aunque hay estudios que demuestran que en el retiro nuestros gastos van disminuyendo (al contrario de lo que podríamos imaginar cuando pensamos en al fin hacer todo lo que no pudimos cuando trabajábamos), esta disminución en definitiva no es de $94 700 a $18 200 solo de un año al siguiente, como lo que tendría que hacer Ana si no ahorra más para su retiro además de lo que ya se ahorra en su afore.

Entonces, aunque la afore automáticamente te acercará más a tu libertad financiera, el ahorro de tu afore tampoco será suficiente, deberás poner manos a la obra para complementarlo, eso es justo lo que empezarás a hacer en el siguiente capítulo.

CAPÍTULO 6

# Planes personales para el retiro

Las afores son un excelente comienzo para tu ahorro para el retiro, en especial porque buena parte de ese ahorro no vendrá de tu bolsillo, sino del de tu empleador. Pero por sí solas, esas aportaciones de tu empleador (más la pequeña aportación obligatoria de tu parte, que como vimos es de 1.125% de tu salario) no son suficientes para asegurarte un retiro completo y cómodo, debes complementarlas. Hacerlo a través de una afore no es lo ideal; con ellas no tienes control sobre la forma en que se invierte tu dinero, los rendimientos generados por las administradoras son pésimos, y dependes de obtener cierta cantidad de semanas cotizadas para acceder a la pensión. Un mejor lugar para ahorrar para tu retiro —quizá con el dinero que has liberado con los ejercicios del capítulo 2— es un plan personal para el retiro.

Un plan personal para el retiro, o PPR, es como el hermano mayor de las afores, comparten muchas similitudes, aunque el PPR tiene sus propias ventajas y desventajas que lo convierten en un excelente complemento a la afore que quizá ya tengas gracias a tu empleo formal. Es más, si no tienes ni has tenido empleos formales —lo que quiere decir que no tienes afore— un PPR se convierte automáticamente en la mejor opción para planear tu retiro, por encima de las aportaciones voluntarias a una afore.

Toma en cuenta que en México los PPR se refieren a un plan particular que algunas instituciones (con previa autorización del SAT)[15] pueden ofrecer, contrario al afore, que se refiere a la institución financiera directamente. En 2023 había 47 instituciones financieras autorizadas para administrar planes personales de retiro.

Ya nos encargaremos en este capítulo de explorar cómo funcionan los PPR para que elijas la opción que es mejor para ti de entre todas las disponibles, tomando en cuenta que veremos un PPR como una adición a tu afore, no como su reemplazo (a menos, de nuevo, que no tengas una afore). Después de todo, ya vimos que las afores tienen la enorme ventaja de recibir aportaciones que nuestros empleadores deben hacer de forma obligatoria.

Eso sí, con un PPR estas aportaciones de un empleador no suceden, toda la aportación deberá salir directamente de tu bolsillo. La idea entonces será que tu empleador siga haciendo sus aportaciones obligatorias a tu afore, mientras tú aportas a tu PPR. Esta, por cierto, es la razón por la que un PPR es mejor a una afore para los trabajadores independientes. Para los trabajadores independientes la mayor ventaja de las afores (las aportaciones del empleador) no existe, entonces se pueden saltar ese paso e ir directo a un PPR.

---

[15] Según la regla 3.17.5 de la Resolución Miscelánea Fiscal para 2023, las únicas instituciones que pueden buscar la aprobación del Sistema de Administración Tributaria (SAT) para administrar PPR son las instituciones de seguros, instituciones de crédito, casas de bolsa, administradoras de fondos para el retiro, sociedades distribuidoras integrales de acciones de fondos de inversión o sociedades operadoras de fondos de inversión con autorización para operar como tales dentro del país.

## Qué es un PPR

Ya mencioné que un PPR es un plan ofrecido por una institución autorizada que nos permitirá ahorrar para nuestro retiro. Ese plan puede tomar muchas formas, y usualmente la institución financiera con la que decidas contratarlo te realizará algunas preguntas para crear el plan que mejor se adapte a ti (según las consideraciones de esa institución), o pondrá a tu disposición algunas opciones de inversión que tú podrás elegir. Esto significa que tu plan para el retiro, dentro de un PPR, puede ser mucho más personalizado que dentro de una afore, donde toda una generación invertirá de la misma forma solo por haber nacido en los mismos años, sin importar qué riesgos quieren (o pueden) tomar, su experiencia en el mundo de las inversiones ni qué otras inversiones o ahorros tengan. Esta mayor personalización es la primer gran ventaja de un PPR, que lo pone por delante de las afores.

Además, está autorizado por el SAT para ser un plan para el retiro, lo que quiere decir que nuestro querido SAT aceptará que el dinero que ahorres en un PPR lo estás guardando específicamente para ese propósito, y te otorgará algunos beneficios por ello. Ten en cuenta que para obtener estos beneficios tu ahorro para el retiro debe ser ahorrado en estos planes autorizados, no porque tu objetivo sea el retiro y le quieras comunicar eso al SAT ellos tomarán tu palabra. Con esto en mente, el SAT publica, a más tardar en marzo de cada año, la lista de instituciones que ha autorizado para ofrecer estos PPR[16]; si una institución que no está en la lista te

---

[16] La lista completa de instituciones autorizadas en 2023 la puedes encontrar en http://omawww.sat.gob.mx/novedadesportal/Paginas/documentos/Listado_de_instituciones_autorizadas_para_administrar_planes_personales_de_retiro.pdf

dice que ellos tienen un PPR autorizado, cuidado, podría no ser el caso.

Por fortuna entre las instituciones autorizadas se encuentran instituciones bastante reconocidas, como Citibanamex, Santander, incluso varias de las mismas afores que ya vimos, como Afore Sura o Afore Banorte. Lo malo es que la lista es tan grande que elegir entre las opciones puede ser difícil, en especial cuando no hay herramientas como el Indicador de Rendimiento Neto que tienen las afores para ayudarte a elegir. Pero no te preocupes, en las siguientes páginas te armarás de las herramientas necesarias para encontrar la mejor opción para ti.

## Cómo elegir un PPR

No existe un "mejor PPR" así como podría existir una "mejor afore". Las afores sí pueden ser comparadas directamente porque la única variable es en realidad el indicador de rendimiento neto (IRN) que cada una genera, y nos permite elegir entre las limitadas opciones que tenemos disponibles.

Un PPR es un plan personalizado, entonces, por definición, no es comparable con el PPR de alguien más, simplemente porque cada persona tendrá sus propios objetivos y necesidades. Lo que sí puedes hacer es evaluar tres variables principales al momento de elegir un PPR que te ayudarán a encontrar el ideal para ti (y después la institución financiera te ayudará a personalizar tu plan).

## Ahorro *vs.* inversión

La variable más importante por considerar al momento de elegir un PPR es el tipo de plan que puedes crear. Las instituciones de seguros autorizadas te ofrecerán un plan de ahorro, mientras que todas las demás instituciones autorizadas (bancos, afores, casas de bolsa, entre otras) te ofrecerán un plan de inversión. Ambos tipos de planes tienen sus propios pros y contras, y el que elijas dependerá enteramente de cuál crees que te dará los mejores resultados.

Los planes de ahorro son ideales para las personas que quieren cierta garantía de la cantidad de dinero que recibirán en el retiro, porque con estos planes sabes de cuánto sería el pago al retirarte si logras ahorrar cierta cantidad de dinero cada mes. Si, por ejemplo, llegas a una institución de seguros a decirles que puedes ahorrar $1 000 al mes, te podrán decir cuánto obtendrías al cumplir 65 años. La otra "ventaja" es que el ahorro lo tendrás que hacer obligatoriamente cada mes, la razón es que estos planes de ahorro funcionan más como un seguro que otra cosa, si dejas de pagarlos el seguro se cancela y puedes perder la mayor parte de tu ahorro, pero esta obligación a seguir ahorrando puede ser un buen motivador para lograr tus objetivos.

Las desventajas de este tipo de planes, como ya te podrás ir imaginando, residen en la inflexibilidad. Si por alguna razón no puedes ahorrar algunos meses, eso puede poner en riesgo tus ahorros, por ello es importante preguntar a la institución de seguros que elijas sobre las opciones que tendrías para "congelar" tus ahorros por unos meses en caso de necesitarlo. Relacionado con la inflexibilidad de estos planes también está el hecho de que esos ahorros mensuales son fijos según el plan, no puedes decidir un mes ahorrar más y al otro menos, son pagos idénticos mes tras mes. Además, varios de estos planes incluyen un seguro de vida obligatorio, lo que quiere decir que parte de tus aportaciones mensuales se van a pagar al seguro, no a tu retiro.[17] Por si estas desventajas no fueran pocas, como su nombre lo dice, estos planes solo te permiten ahorrar, no invertir, y en el largo plazo (como el que puede faltar para tu retiro) esto impide que tu dinero crezca. Estos planes suelen permitirte ahorrar en UDI o en dólares, pero ninguno de los dos es realmente inversión. Mientras que las UDI suben de valor todo el tiempo, solo lo hacen al mismo ritmo que la inflación, entonces tus ahorros no incrementarían su poder adquisitivo. Y de los dólares ni se diga, como el peso mexicano o cualquier otra moneda, están expuestos a inflación, entonces todo el tiempo pierden poder adquisitivo. Lo único que podrías esperar es que el dólar suba de valor frente al peso, lo que es más especulación que inversión. Todas estas desventajas convierten a los PPR de ahorro en un mal complemento a las afores.

Por otro lado, los PPR de inversión tienen la ventaja de ofrecer una gran flexibilidad en cuanto a los ahorros que realices cada mes, de forma que cada mes puedes decidir cuánto depositar a tu plan. Además, estos planes te permiten elegir entre una gran variedad de inversiones, y las habrá para todo tipo de inversionista, desde las inversiones muy seguras con rendimientos bastante predecibles, a las inversiones más riesgosas con rendimientos potenciales más altos. Contar con tantas opciones no es por sí solo una ventaja, elegir la opción correcta es lo que permite a este tipo de PPR ponerse

---

[17] Un seguro de vida es un buen aliado de tus finanzas, como vimos en el capítulo 3, pero suele ser mejor contratarlo bajo tus propios términos, y no atado a tu plan para el retiro.

por delante de otras opciones. Como ya te adelantaba, en la institución financiera te harán varias preguntas para poder crear un plan que se adapte a ti. Estas preguntas normalmente intentarán definir tu *perfil de riesgo,* es decir, qué tanta comodidad sentirías con el riesgo asociado a diferentes inversiones. Las acciones, por ejemplo, suelen tener un riesgo elevado que genera movimientos bruscos durante el año (imagínate caídas de 20% o más en el valor de tus inversiones); la deuda de los gobiernos estables, por el otro lado, tiene un riesgo pequeño, lo que prácticamente asegura cierto crecimiento (piensa en la pequeñísima probabilidad de que un país como Alemania, España o incluso México quiebre y no tenga con qué pagar sus deudas). Tu perfil de riesgo definirá qué inversiones debes tener dentro de tu PPR (o cualquier plan de inversión) y en qué proporción. Una persona con un perfil de riesgo agresivo quizá pueda invertir 90% de su PPR en acciones, y solo 10% en deuda de un país, pero una persona con un perfil de riesgo conservador quizá solo pueda invertir 30% en acciones y 70% en deuda gubernamental segura.

Las desventajas de este segundo tipo de planes incluyen el hecho de que suelen requerir de inversiones iniciales bastante considerables. Mientras un PPR de ahorro podría "atarte" a hacer contribuciones de $1 000 mensuales por cinco años, un PPR de inversión te pedirá invertir miles de pesos desde el inicio para poder crear tu cuenta. Esto justo me lleva a la segunda variable a considerar cuando eliges un PPR.

## Inversión inicial

La mayoría de los PPR de inversión pedirá un monto mínimo para abrir tu cuenta, algo anticuado desde mi punto de vista, pero que tiene sentido cuando piensas que para abrir tu cuenta requieren de encontrar tu perfil de riesgo, algo que mayormente utiliza tiempo de los ejecutivos de la institución financiera. Estos son costos que la institución tiene que cubrir para abrir tu cuenta, por eso se aseguran de que al menos vayas a tener un buen monto inicial y quizá descartar a las personas que abrirán su cuenta y solo tendrán 1 000 pesitos guardados durante décadas.

Afortunadamente ya existe una institución financiera que se puso las pilas, ha digitalizado el proceso necesario para encontrar tu perfil de riesgo (haciendo las preguntas desde una app, y no con ejecutivos), y que le ha permitido bajar su inversión inicial a un peso (y eso porque cero pesos no serían inversión, cero pesos no existe). Esto no la convierte en automático en la mejor opción, pero sin duda es un gran punto a su favor. La tabla 16 muestra los montos iniciales de algunas instituciones autorizadas para ofrecer PPR en México.

TABLA 16. Montos iniciales de diferentes instituciones financieras autorizadas para ofrecer PPR

| INSTITUCIÓN FINANCIERA | MONTO INICIAL (EN PESOS) |
|---|---|
| Sura | 50 000 |
| Skandia | 30 000 |
| GBM | 20 000 |
| Citibanamex | 20 000 |
| Actinver | 10 000 |
| Principal | 10 000 |
| Fintual | 1 |

En años anteriores solía recomendar que quien quisiera abrir su PPR estableciera como su siguiente objetivo de ahorro juntar suficiente para tener el monto inicial y poder abrir su cuenta, que si, por ejemplo, decidía abrir su cuenta con Actinver (donde yo tengo un PPR), se pusiera el objetivo de juntar $10 000 (que el monto ha bajado, cuando yo abrí mi cuenta tuve que hacerlo con $30 000). Esta recomendación es buena, y podrías seguirla si al finalizar este capítulo decides abrir tu cuenta con alguna institución financiera que no sea Fintual.

Pero Fintual cambió las reglas del juego; con ellos basta crear tu cuenta y desde su página web contestar algunas preguntas para abrir tu PPR con tu perfil de riesgo ya asociado, y luego, con solo un peso, empezar a invertir. Esto significa que quien quiere tener un PPR ahora lo puede tener desde hoy, y empezar a invertir desde hoy.

Esto elimina fricciones bastante importantes, porque ahora los inversionistas no tienen que esperar, no necesitan tener el hábito del ahorro; lo pueden construir a la par que invierten en su PPR. Anteriormente asesoré a algunas personas que querían abrir su PPR pero fracasaban porque les surgía uno u otro gasto que impedía que juntaran el monto inicial. Hoy no hay excusas, puedes empezar con un peso, y tal vez en el futuro, ya con el hábito del ahorro desarrollado, decidir crear un PPR con una institución financiera independientemente de su monto inicial, porque de nuevo, esta variable no define por sí sola cuál es la mejor opción.

## Comisiones

La tercera variable que debes considerar es la comisión que cada institución financiera cobra por administrar tu dinero, sobre todo las comisiones de los fondos de inversión que cada institución financiera te recomendará.

¿Recuerdas que la institución financiera debe encontrar tu perfil de riesgo, y según este creará tu plan de inversión? Las instituciones financieras ya tienen fondos de inversión que te pueden recomendar según tu perfil, fondos que ya engloban a varias inversiones, en diferentes proporciones y con diferentes objetivos. Estos fondos de inversión pueden cobrar comisiones por compra y por venta del fondo, también por la administración de los activos, el desempeño del fondo, la distribución, valuación y depósito de las inversiones, la contabilidad, y la lista sigue. Estas comisiones pueden crecer rápidamente, y se cobran cada año independientemente del rendimiento que el fondo genere (excepto las comisiones de desempeño que solo se cobran si le va mejor de lo esperado). Esto quiere decir que entre mayores comisiones te cobren, más dañarán tu patrimonio.

Las comisiones de los fondos pueden ser tan elevadas como 3 o 4%, dependiendo de la institución que la ofrezca y la naturaleza del fondo. Como punto de comparación recuerda que las afores cobran máximo 0.57% de comisión anual. Será crucial preguntar e investigar por tu cuenta qué comisión te cobrará el fondo —o fondos— que te recomienden, pues pueden significar millones de pesos perdidos a lo largo de tu vida.[18]

---

[18] Es en serio. Imagina que tú ahorras $1 000 mensuales por 35 años en un fondo que genera 9% de rendimiento anual y cobra 1% de comisiones, eso reduce su rendimiento a 8%. Tu dinero crecería casi a $2 065 000. Pero si el fondo cobrara 4%, reduce el rendimiento a 5%, solo juntarías cerca de $1 080 000. Casi un millón perdidos por las altísimas comisiones.

Cuando contraté mi PPR, por ejemplo, me dijeron que "no había comisiones" por tener un PPR con ellos, pero solo se referían a que la institución no me iba a cobrar comisiones directas. Lo que omitieron fue que el fondo de inversión que yo iba a usar cobra 1% de comisión al comprar acciones en el fondo, y 1.5% de comisión anual por administración de los activos (más 0.04% por algunas otras variables). Eso quiere decir que si yo invertía $10 000 en un año, al PPR solo llegaban $9 900 ($100 se van en comisión de compra), y luego si en el año generaba un rendimiento de 10%, esto bajaba a 8.46% una vez se descuenta la comisión anual y las otras variables.

Cada fondo de cada institución es diferente, entonces te sugiero que cuando te expliquen qué fondos te recomiendan según tu perfil de riesgo les pidas el documento con información clave para la inversión (DICI) y les preguntes qué serie del fondo tendrías que usar (cada fondo puede tener varias series, algunas para personas físicas, algunas para personas morales, algunas específicas para PPR). En el DICI deberás encontrar esa serie e identificar una tabla como la que se muestra en la imagen 13.

## IMAGEN 13. Tabla de comisiones del fondo ACTI500 clase E de Actinver

| COMISIONES Y REMUNERACIONES POR LA PRESTACIÓN DE SERVICIOS | | | | |
|---|---|---|---|---|
| Pagadas por el cliente | | | Serie más representativa | |
| Concepto SERIE B | Serie E | | Serie B | |
| | % | $ | % | $ |
| Incumplimiento plazo mínimo de permanencia | NA | NA | NA | NA |
| Incumplimiento saldo mínimo de inversión | NA | NA | NA | NA |
| Compra de acciones | 1.0 | 10.0 | 1.0 | 10.0 |
| Venta de acciones | NA | NA | | |
| Servicios por asesoría | NA | NA | | |
| Servicio administración de acciones | NA | NA | | |
| Otras | NA | NA | | |
| **TOTAL** | 1.0 | 10.0 | 1.0 | 10.0 |

| COMISIONES Y REMUNERACIONES POR LA PRESTACIÓN DE SERVICIOS | | | | |
|---|---|---|---|---|
| Pagadas por el fondo de inversión | | | Serie más representativa | |
| Concepto SERIE B | Serie E | | Serie B | |
| | % | $ | % | $ |
| Administración de activos | 1.50 | 15.00 | 1.50 | 15.00 |
| Administración de activos s/desempeño | NA | NA | NA | NA |
| Distribución de acciones | NA | NA | NA | NA |
| Valuación de acciones | NA | NA | | |
| Depósito de acciones | NA | NA | | |
| Depósito de activos objeto de inversión | NA | NA | | |
| Contabilidad | NA | NA | NA | NA |
| Otras | 0.04 | 0.04 | 0.04 | 0.04 |
| **TOTAL** | 1.54 | 15.40 | 1.54 | 15.40 |

No te preocupes, esto solo lo tienes que hacer una vez, cuando contratas tu PPR, pero es de vital importancia. Será bueno que utilices fondos cuyas comisiones "pagadas por el fondo de inversión" (que son las comisiones recurrentes, al contrario de las "pagadas por el cliente" que solo son cobradas por ocasión) sean de menos de 2% (y entre menos, mejor). Fintual se vuelve a poner a la delantera en esta situación. Su fondo Risky Hayek (ideal para inversionistas con perfil de riesgo agresivo), por ejemplo, no cobra comisiones "pagadas por el cliente" y sus comisiones anuales "pagadas por el fondo de inversión" son de un total de 1%; aún relativamente elevada, comparada con la comisión que cobran las afores, pero considerando las ventajas de los PPR, bien puede valer la pena.

Teniendo estas tres variables te habrás armado de las herramientas necesarias para encontrar el mejor PPR para ti. Debes encontrar uno que te permita lograr tus objetivos, ya sean de ahorro o de inversión. Si eliges de inversión, debes elegir uno con el que puedas empezar a invertir pronto y no posponga tu progreso con grandes montos iniciales. Y por último debes asegurarte de que los fondos que te ofrecen no cobran comisiones elevadas, y si te ofrecen uno con comisiones altas pide que te muestren alternativas, o elige otra institución que sí te pueda ofrecer fondos más baratos.

Ya que has elegido tu PPR, déjame contarte algunas de las demás ventajas que obtendrás, y que más allá de los rendimientos de la inversión pueden regresar miles —hasta cientos de miles— de pesos a tu cartera.

## Ventajas fiscales de un PPR

La ventaja más grande de aportar voluntariamente a tu retiro a través de un PPR autorizado es que estas aportaciones pueden disminuir la cantidad de impuestos que pagas cada año. El artículo 151 de la Ley del Impuesto Sobre la Renta permite deducir hasta 10% de tus ingresos del año (hasta un tope de cinco UMA anuales o $198 031.80 en 2024) cuando los destinas a tus ahorros para el retiro. Esto quiere decir que si, por ejemplo, en el año ganaste $100 000 pesos y aportaste $10 000 para tu retiro, en lugar de tener que pagar impuestos sobre los $100 000 completos, solo debes pagarlos sobre $90 000 ($10 000 de tu ingreso menos $10 000 que aportaste a tu retiro). En 2024 esto resultaría en un ahorro de aproximadamente $1 000, ¡lo que es una doble victoria! No solo aportaste $10 000 para tu retiro, sino que debes pagar $1 000 menos de impuesto sobre la renta.

La ley sí topa esas aportaciones que podemos deducir (restar de nuestro ingreso para pagar menos impuestos) a 10% de nuestros ingresos o cinco UMA, que en 2024 equivalen en total a unos $198 031.80. Cada año el valor de la UMA varía un poco, entonces cada año el límite será ligeramente diferente. Esto significa que, en 2024, si tuviste ingresos por encima de $1 980 318 no podrás deducir 10% completo, sino el tope de cinco UMA anuales. Por ejemplo, si ingresaste $2 000 000, no puedes deducir $200 000 de aportaciones a tu retiro, sino solo $198 031.80.

Ojo, estos límites no significan que no te conviene aportar a tu retiro más allá de ese 10% —o cinco UMA—, solo significa que ya no te conviene hacerlo a través de un PPR (ni una afore, claro). Ya veremos en los siguientes capítulos qué otras opciones tienes disponibles para seguir aportando a tu retiro, aunque ya no signifique recibir beneficios fiscales.

Entonces, si llegas a ahorrar a través de un PPR autorizado, al momento de presentar tu declaración anual de impuestos, por lo general en el mes de abril, puedes avisar de esto al SAT (aunque seguro ya estará al tanto). En este momento se vuelve a hacer el cálculo de los impuestos que debes, contemplando que tu nueva *base gravable*, es decir, el monto sobre el que se calculan los impuestos a pagar, va a ser menor porque ya restaste tus gastos deducibles.

**NOTA:** Las aportaciones al retiro no son los únicos gastos que podemos deducir para disminuir nuestra base gravable de impuestos, si quieres saber más al respecto podrías buscar "deducciones personales" en el sitio del SAT. Sin embargo, las personas físicas cuyo régimen fiscal sea el Régimen Simplificado de Confianza no podrán hacer deducciones, ni siquiera de sus aportaciones para el retiro (porque ya es un régimen en el que se pagan muy pocos impuestos). Esto hace que, para las personas de este régimen, un PPR no sea una buena opción, porque su ventaja más grande (esas deducciones) no aplica para ellas.

Si quieres calcular cuánto te ahorrarías de impuestos al aportar a tu retiro, deberás utilizar las tablas de ISR anuales del año actual. Toma en cuenta que hay una tabla de ISR para cada mes, utilizada para calcular el impuesto a pagar según los ingresos acumulados durante el año hasta ese momento. Por ejemplo, la tabla del ISR de febrero contemplará los ingresos acumulados de enero y febrero, y la tabla del ISR de marzo contemplará los ingresos acumulados de enero a marzo, y así sucesivamente. Como las aportaciones al retiro las podemos deducir hasta presentar la declaración anual, podemos tomar la tabla de diciembre que contempla los ingresos acumulados de todo el año.

TABLA 17. Tabla de ISR de ingresos anuales en 2023

| Límite inferior ($) | Límite superior ($) | Monto fijo | % |
|---|---|---|---|
| 0.01 | 8 952.49 | - | 1.9 |
| 8 952.50 | 75 984.55 | 171.88 | 6.4 |
| 75 984.56 | 133 536.07 | 4 461.94 | 10.9 |
| 133 536.08 | 155 229.80 | 10 723.55 | 16.0 |
| 155 229.81 | 185 852.57 | 14 194.54 | 17.9 |
| 185 852.58 | 374 837.88 | 19 682.13 | 21.4 |
| 374 837.89 | 590 795.99 | 60 049.40 | 23.5 |
| 590 796.00 | 1 127 926.84 | 110 842.74 | 30.0 |
| 1 127 926.85 | 1 503 902.46 | 271 981.99 | 32.0 |
| 1 503 902.47 | 4 511 707.37 | 392 294.17 | 34.0 |
| 4 511 707.38 | En adelante | 1 414 947.85 | 35.0 |

La tabla 17 muestra toda la información necesaria para calcular el ISR que las personas físicas en México deberán pagar al SAT según sus ingresos del año 2023. Estas tablas se actualizan cada año. La forma en que se utiliza es la siguiente.

# PLANES PERSONALES PARA EL RETIRO | 173

Imagina que durante todo 2023 ganaste 100 000 pesos. Por tu ingreso deberás utilizar el renglón número 3 de esta tabla para calcular tus impuestos, porque este renglón aplica para las personas que ganaron de $75 984.56 a $133 536.07 durante el año (recuerda, estos montos son en 2023, todos los años cambian). En tu caso deberás restar tu ingreso de $100 000 al límite inferior de $75 984.56, dando como resultado $24 015.44. Esta cifra deberás multiplicarla por el porcentaje del renglón que te corresponde, es decir, 10.9%, en nuestro ejemplo. El resultado será $2 617.68. Finalmente, a este resultado deberás sumarle el monto fijo de tu renglón, que es $4 461.94, para obtener la cantidad de impuestos que debiste pagar en 2023. En este ejemplo el resultado es $7 079.62.

Ahora imagina que aportaste $10 000 a tu retiro, maximizaste todo lo que la ley te permite deducir en este rubro. Eso quiere decir que tu base gravable sería de $90 000, no de $100 000, así que tendrías que hacer los cálculos de nuevo. Sigues perteneciendo al mismo renglón, así que restarías $90 000 menos $75 984.56. El resultado de $14 015.44 lo multiplicarías por 10.9%, y al resultado de $1 527.68 le sumarías el monto fijo de $4 461.94 para obtener un total de $5 989.62. En este ejemplo no solo habrías ahorrado $10 000 para tu retiro, sino que el SAT te regresaría $1 089.99 de impuestos que quizá pagaste (o tu empleador te retuvo de tu cheque de nómina) durante el año.

Ahora puedes hacer el cálculo con tus propios números, sabiendo cuánto ganas al año y simulando cuánto te ahorrarías de impuestos si ahorras en tu PPR la cantidad que liberaste tras cortar tus gastos y pagar tus deudas. Recuerda que si el monto que liberaste para ahorrar para tu retiro es mayor al 10% de tus ingresos, solo podrás deducir el primer 10%. El resto ya no vale la pena ahorrarlo dentro de un PPR autorizado.

## Retirando dinero de tu PPR

En un futuro, cuando te retires, empezarás a sacar dinero de tu PPR, y en ese momento te darás cuenta de que los beneficios fiscales de un PPR autorizado no terminaron con las deducciones. Para empezar, tu dinero creció durante todos esos años libre de impuestos. Mientras que las inversiones realizadas fuera de un plan para el retiro están sujetas a impuestos cada que se generan ingresos, dentro de un PPR estos ingresos están exentos. Entonces, si tu PPR recibió dividendos de empresas en las que invertía y que repartieron parte de sus ganancias a los inversionistas, o si tu PPR vendió alguna inversión más cara de lo que la compró, no tuvo que pagar el impuesto sobre la renta que normalmente se tiene que pagar.

Por si esto fuera poco, podrás sacar dinero de tu PPR libre de impuestos, hasta cierto monto. Si decides sacar dinero poco a poco (quizá cada mes o cada año) para usar tus ahorros y cubrir tus gastos durante el retiro, puedes sacar hasta 15 UMA sin deberle un centavo de impuestos al SAT. Recuerda que el UMA varía cada año, en 2024 la UMA anual vale $39 606.36, entonces podrías retirar hasta $594 095.40 durante el año libre de impuestos. Solo para darte una idea de la dimensión de este beneficio, si recibieras esa misma cantidad pero de parte de tu empleador o por tu trabajo en general, deberías pagar $111 832.56 de impuesto sobre la renta. Y aparte este UMA suele incrementarse cada año, entonces cuando al fin te retires, seguro podrás exentar de impuestos una cantidad mucho mayor a esa.

Además, tienes la opción de retirar todo tu dinero y recibir un pago único por parte de tu PPR, si haces esto (y ya tienes más de 65 años), podrás exentar de impuestos hasta 90 UMA anuales, que, de nuevo, en 2024 equivaldrían a $3 564 572.40, y este monto solo subirá. El triple beneficio fiscal de los PPR realmente los convierte en un excelente aliado de tus finanzas personales.

Ojo: si quisieras retirar dinero de un PPR antes de cumplir 65 años, se te retendrá 20% de ese retiro como castigo por no cumplir tu "promesa" de solo usar ese dinero una vez que te retires. Recuerda que los beneficios fiscales solo existen a cambio de que realmente utilices el dinero con ese fin. Entonces, aunque que no es imposible, de preferencia no quieres sacar dinero de tu PPR hasta que tengas 65 años. Una razón más por la que el fondo de emergencias es sumamente importante, incluso en situaciones difíciles no tendrás que recurrir a este tipo de ahorros que vendrían acompañados de grandes penalizaciones.

Tanto las afores como los PPR te pueden ayudar a asegurar ciertos ingresos durante tu retiro, una vez que cumplas 65 años, pero como vimos tienen varias desventajas, desde la inversión demasiado conservadora de las afores, hasta las elevadas comisiones de los PPR. Todo esto significa que si quieres retirarte antes de los 65 años, o quieres hacer inversiones más allá del 10% que es deducible dentro de un PPR, debes voltear a ver otras opciones. De eso hablaremos en el siguiente capítulo.

CAPÍTULO 7

# Cómo invertir para retirarse antes

Tanto las afores como los PPR limitan la edad a la que realmente puedes retirarte hasta los 65 años, porque restringen el acceso a tu dinero hasta ese momento. Entonces, si quieres retirarte antes, tu única opción es buscar en otro lado. Además, los PPR y las afores cobran comisiones tan elevadas que sus resultados palidecerán con los resultados que puedes obtener por tu cuenta. Claro, como vimos, cada una tiene sus propias ventajas, pero una vez que esas ventajas se agotan, tiene poco sentido seguir ahorrando dentro de estas opciones.

Claro, esto no significa que debes descartar tu afore. Es importante maximizar las aportaciones que tu empleador hace a tu retiro, que son dinero que sin una afore no recibirías. Recuerda que, con este objetivo de maximizar esas aportaciones en mente, será importante asegurar que el sueldo con que te ha registrado tu empleador para hacer tus aportaciones de seguridad social es el sueldo correcto y no un sueldo menor. Y quizá esté de más mencionarlo, pero destinar tiempo a la búsqueda y persecución de tu crecimiento profesional, que puede traducirse en mayores ingresos, también se traduciría en mayores aportaciones a tu afore (precisamente porque el ingreso base con el que se calculan las aportaciones es mayor).

Hacer inversiones por tu cuenta tampoco significa necesariamente que descartas la opción de un PPR. Como vimos, un PPR también puede ser un excelente áliado, después de todo estarás aportando de un ingreso al que no se le han cobrado impuestos aún. Cuando inviertes por tu cuenta deberás invertir dinero después de haber pagado impuestos por tus ingresos. En la práctica, esto significa que aportar $10 000 a un PPR no es lo mismo que aportar $10 000 a una inversión hecha por tu cuenta, simplemente porque los $10 000 invertidos a través de un PPR vendrían acompañados de una devolución de impuestos que no recibirías de otra manera. Entonces, maximizar las aportaciones que haces a tu PPR, para que sean equivalentes a ese 10% de tus ingresos topados a cinco UMA, puede ser muy útil en el corto plazo si buscas utilizar esa devolución de impuestos en otros gastos u objetivos financieros que puedas tener.

Pero ni una afore, ni un PPR —ni una combinación de ambos— te darán la libertad y rendimientos que una inversión hecha correctamente por tu cuenta puede generar.

Esta afirmación, te darás cuenta, depende de que hagas correctamente tu inversión, lo que para alguien que nunca ha invertido suena a algo que está reservado para genios, o que requiere de mucho esfuerzo o muchos estudios. Déjame contarte que nada de esto es necesario y podrás generar mejores resultados que tu afore o que tu PPR destinando cinco minutos al mes a tus inversiones. En este capítulo te mostraré por qué tú puedes invertir exitosamente, por qué debes hacerlo si quieres alcanzar la libertad financiera, y cómo puedes crear el plan ideal para ti.

**PODRÁS GENERAR MEJORES RESULTADOS QUE TU AFORE O QUE TU PPR DESTINANDO CINCO MINUTOS AL MES A TUS INVERSIONES.**

## Por qué todos podemos invertir

El mundo de las inversiones es único y muy curioso, porque es un mundo en el que una persona promedio puede generar mejores resultados que un experto. Esto suena ridículo porque en ningún otro mundo esto es cierto. Me encanta la forma en que lo expresa Morgan Housel en su libro *Cómo piensan los ricos* (por cierto, no me agrada ese título, me gusta más la traducción literal del título en inglés: *La psicología del dinero*) mientras cuenta la historia de Ronald Read, un conserje que murió en 2014 a la edad de 92 años con 8 millones de dólares a su nombre (de las 2 813 503 personas que murieron en Estados Unidos el mismo año, menos de cuatro mil tenían una fortuna mayor que Read, solo 0.1%). Housel dice que sería imposible imaginar a Ronald Read ejecutando un trasplante de corazón mejor que un cirujano entrenado en Harvard, o diseñando un rascacielos mejor que los arquitectos más expertos, pero estas historias sí ocurren en el mundo de las inversiones.

La razón de que una persona común pueda ganarles a los expertos financieros es que invertir exitosamente no es una ciencia; no se trata de matemáticas complicadas, no requiere horas de estudio diario, ni conocimientos detallados sobre los mercados. Invertir exitosamente es entender un poco sobre los riesgos asociados a un par de inversiones, conocer cómo esos riesgos te harían sentir y tomar en cuenta esos sentimientos para crear un plan que evite el miedo o la preocupación, y seguir ese plan pacientemente por décadas.

Hay una razón por la que este libro intenta combinar aspectos financieros con aspectos psicológicos. Pocas veces al hablar de finanzas personales se habla de otra cosa más que de hojas de cálculo, fórmulas matemáticas y números fríos en general. Pero las personas no somos computadoras racionales el 100% de las veces; tenemos muchos sentimientos asociados al dinero que sería irresponsable no considerar al momento de planear nuestros objetivos financieros. Si puedes evaluar honestamente tus sentimientos al invertir, y puedes ser paciente y seguir un plan en el largo plazo, tú puedes invertir mejor que los expertos.

**SI PUEDES EVALUAR HONESTAMENTE TUS SENTIMIENTOS AL INVERTIR, Y PUEDES SER PACIENTE Y SEGUIR UN PLAN EN EL LARGO PLAZO, TÚ PUEDES INVERTIR MEJOR QUE LOS EXPERTOS.**

Saber esto, claro, no hará que tus dudas se esfumen de un momento a otro y de pronto te sientas con toda la preparación necesaria para invertir por tu cuenta. Entiendo entonces por qué muchas veces querríamos apoyarnos de los expertos para hacer nuestras inversiones, dejar todo en manos de una afore o de la institución financiera que administre un PPR, o quizá en manos del banco donde se tiene una cuenta de nómina o de cheques y que puede ofrecer oportunidades de inversión directamente desde su aplicación móvil o banca electrónica. Pero déjame contarte por qué los expertos en este mundo de las inversiones hacen un trabajo peor que el que podrías hacer por tu cuenta.

## Por qué los expertos dan malos resultados

Imagina que en determinado año el valor de todo el mundo de las inversiones es de 100 pesos el 1º. de enero, 90 el 1º. de julio y 110 el 31 de diciembre. El valor de una inversión mantenida sin cambios durante todo el año habría crecido 10 pesos, de 100 a 110, independientemente del valor que tenía el 1º de julio. Pero imagina que el 1º de julio dos inversionistas expertos se ponen de acuerdo para que uno venda sus inversiones (que han bajado a 90) y el otro las compre. El primer inversionista experto, que obviamente no ve el futuro, podría haber pensado que el valor seguiría bajando, entonces prefirió perder 10 pesos sobre la posibilidad de perder aún más dinero después. El segundo inversionista experto, que obviamente tampoco ve el futuro, pensó lo contrario, que el valor podría subir, y terminó ganando 20 pesos. El 31 de diciembre uno de los inversionistas expertos tiene 20 pesos más, el otro tiene 10 menos, pero la suma de los dos sigue siendo 10, idéntica al crecimiento de una inversión mantenida sin cambios durante todo el año.

A esto se le conoce como *suma cero*, para que haya ganadores debe haber perdedores; para que alguien gane 10 pesos más de lo que creció todo el mundo de las inversiones, debe haber alguien que gane 10 menos de lo que creció todo el mundo de las inversiones. Entre todos los expertos del mundo ganarán lo mismo que alguien que solo invirtió desde el 1º de enero hasta el 31 de diciembre sin hacer cambios.

Hasta aquí la historia no sería tan terrible, invertir con un experto que hace cambios en la inversión durante el año, en promedio, generaría los mismos resultados que si invirtiéramos por nuestra cuenta sin hacer cambios. Pero esa no es la historia completa, ya que los expertos cobran comisiones por hacer su trabajo. Imagina que, en la historia de arriba, los movimientos que hicieron los expertos fueron en nombre de sus clientes. El primer inversionista experto habría perdido 10 pesos y además le habría cobrado 2 pesos a su cliente por administrar su dinero (sí, incluso si resultó en pérdida). El cliente perdió 12. El segundo inversionista experto generó 20 pesos para su cliente, menos los 2 que le cobra por administrar su dinero el cliente recibe 18 pesos. Dieciocho que ganó un cliente menos 12 que perdió el otro son 6, que son 4 menos de lo que los clientes habrían generado si solo hubieran invertido por su cuenta sin hacer cambios. Es cierto, en esta historia uno de los clientes está feliz, generó más que los 10 pesos que hubiera generado sin ayuda del experto, pero no tiene la certeza de que los roles no serán opuestos el siguiente año. En promedio todos los expertos del mundo generan lo mismo que una inversión sin cambios, pero sus clientes, en promedio, generan menos una vez que los expertos cobran las comisiones. Los únicos ganones de esta historia son los expertos, que reciben sus comisiones independientemente de los resultados que generan para sus clientes.

**EN PROMEDIO TODOS LOS EXPERTOS DEL MUNDO GENERAN LO MISMO QUE UNA INVERSIÓN SIN CAMBIOS, PERO SUS CLIENTES, EN PROMEDIO, GENERAN MENOS UNA VEZ QUE LOS EXPERTOS COBRAN LAS COMISIONES.**

¿Y no sería suficiente invertir con los "buenos" expertos que consistentemente están del lado ganador? ¡Si tan solo existiera tal cosa! No hay nunca ninguna garantía de que

CÓMO INVERTIR PARA RETIRARSE ANTES ⁝ **183**

al experto, o grupo de expertos, al que le fue bien un año le vuelva a ir bien el siguiente, y el que sigue después, y ni hablar de 20, 30 o 40 años en el futuro, como nos debería interesar si estamos invirtiendo para nuestro retiro. Tan solo echémosle un ojo a algunos datos sobre diversos fondos de inversión, que son instrumentos que los expertos ponen a nuestra disposición a través de instituciones financieras como bancos, y que juntan varias inversiones en una sola (por ejemplo, un fondo podría juntar a varias empresas mexicanas, otro a varias empresas estadounidenses y otro a deuda del gobierno de Australia). Estos fondos permiten que los inversionistas podamos dejar nuestro dinero en manos de los expertos y que ellos lo inviertan según los objetivos del fondo, pero como te vengo anticipando, no suelen dar muy buenos resultados.

Por ejemplo, en un estudio de 2017 publicado en el *Wall Street Journal* se evaluaron los fondos de inversión administrados por estos expertos que habían obtenido una calificación Morningstar de cinco estrellas, que es la calificación otorgada a aquellos fondos que habían generado los mejores resultados a sus inversionistas. Estos fondos habían estado del lado ganador en los dos años más recientes, ¿cómo les fue después de recibir esa calificación? Según el estudio, cinco años después de recibir su calificación de cinco estrellas solo 12% de los fondos la había mantenido, 10% obtuvo tan malos rendimientos que bajaron a una calificación de una estrella. En solo cinco años.

En el largo plazo, los malos resultados de los expertos son aún más obvios. En su libro *El pequeño libro para invertir con sentido común*, John Bogle comparte un análisis del periodo de 46 años entre 1970 y 2016 en el que evaluó a los 355 fondos que existían al principio del periodo. De esos 355 fondos, 281 habían quebrado para 2016. Ni hablar de que hayan generado malos rendimientos para sus clientes, casi 80% obtuvo tan malos resultados que ya no existía. De hecho, de los 355 fondos que existían en 1970, solo 10 (menos de 3%), habían generado consistentemente resultados superiores a una inversión en el S&P 500, que es la representación de una inversión hecha en 500 de las empresas más grandes de Estados Unidos, y que es un buen punto de partida para comparar opciones en el mundo de las inversiones.[19] En el 97% de los casos un inversionista hubiera obtenido mejores resultados invirtiendo por su cuenta que con estos expertos. Y para que quede claro, encontrar a ese 3% solo es posible en retrospectiva, no hay forma de saber cuáles serán esos fondos al principio del periodo.

Para darte una idea más precisa y cercana a casa sobre este fenómeno y el impacto de las comisiones que pueden cobrar los expertos, déjame compartirte el ejemplo de tres fondos, administrados por expertos, ofrecidos por bancos mexicanos. El primero es el BBVAUS ofrecido por BBVA México, el segundo es el BLKUSEQ ofrecido por Citibanamex, y el tercero es el ACTI500 ofrecido por Actinver. Todos estos fondos invierten en acciones de empresas estadounidenses, y aunque cada uno invierte de forma diferente, son fondos que una persona interesada en invertir su dinero a largo plazo para crecer su patrimonio podría considerar (y que los bancos respectivos podrían ofrecer). Como referencia de

---

[19] El índice S&P 500 es una buena representación del mundo de las inversiones porque agrupa a empresas cuyo valor total equivale a más de 75% del mercado accionario estadounidense, que es a su vez el mercado accionario más grande del mundo. Además, las empresas representadas en este índice tienen presencia internacional y buena parte de su valor proviene de los resultados obtenidos en mercados fuera de Estados Unidos. Por todo esto, el índice puede ser usado como un punto de comparación para otras inversiones dentro del mundo accionario.

comparación podemos entonces tomar al mismo S&P 500 que John Bogle usó para comparar los fondos en su libro.

En el periodo de 20 años que comprende de agosto de 2003 a agosto de 2023, el índice S&P 500, convertido a pesos mexicanos (originalmente está en dólares estadounidenses) generó un rendimiento promedio anual de 10.55%, y aunque es bueno usar datos históricos para hacer estimaciones, como el pasado no garantiza que el futuro sea igual, siempre es bueno ser conservadores para no llevarnos malas sorpresas. Por esto imaginemos que los siguientes 20 años el rendimiento promedio anual de este S&P 500 será de solo 9%. Nosotros podemos invertir directamente en este índice a través de fondos de bajísimas comisiones como VOO, en el que un inversionista tendría que pagar comisiones anuales de 0.03% reduciendo su rendimiento anual a 8.97%. Pero si queremos invertir de forma indirecta, a través de las instituciones que mencioné, tendríamos que usar sus fondos con altas comisiones. Imagínate que el fondo BBVAUS generara los mismos rendimientos que el índice, es decir 9% (que es muy buena onda de nuestra parte, conociendo que los fondos no suelen ganarle al índice, como comprobó John Bogle), pero un inversionista tendría que pagar las comisiones de 3.55% anual cobradas por este fondo, reduciendo su rendimiento a 5.45% anual. Algo similar pasaría con el fondo BLKUSEQ, que cobra comisiones gigantes de 2% anual, que si seguimos siendo buena onda y asumimos que generara lo mismo que el S&P 500, produciría un rendimiento después de comisiones de 7%. Por último está el fondo ACTI500, que de hecho intenta replicar el índice S&P 500 directamente; este fondo cobra 1.5% de comisiones, así que su rendimiento se vería disminuido a 7.5% anual.

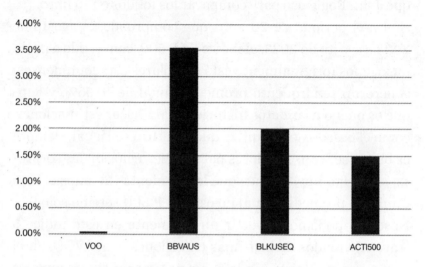

GRÁFICA 3. Comparación de la comisión cobrada por diferentes fondos de inversión

Las comisiones cobradas por los tres últimos fondos no suenan tremendamente altas, 1.5% e incluso 3.55% no son porcentajes muy grandes. Pero cuando esa cantidad se resta de un rendimiento de 9%, el impacto es gigante. Y si además se comparan con el 0.03% que cobra el fondo VOO que mencioné, ya suenan a comisiones criminales. Entonces, si tú invirtieras 10 000 pesos en VOO durante 20 años, simulando 9% anual, esos $ 10 000 se hubieran convertido en $56 044; pero si en lugar de VOO hubieras elegido BBVAUS como el fondo para invertir tu dinero, en el mismo periodo tus $10 000 solo hubieran crecido a $28 902, o a $38 696 de haber elegido el BLKUSEQ, o a $42 478 de elegir el ACTI500.

Y estos números son a 20 años, si el mismo rendimiento de 9% que estamos usando para nuestras estimaciones conservadoras se mantuviera durante 40 años, 10 000 pesos invertidos en VOO se convertirían en $314 094. Pero si en lugar de usar VOO se usa BBVAUS con su 5.45% anual después de comisiones, los $10 000 se convertirían en apenas $83 534, aún un número grande, pero ni se acerca a lo generado con VOO. Así es el impacto del interés compuesto, y este ejemplo demuestra lo poco intuitivo que puede resultar para nuestro cerebro. Que esos rendimientos resulten en apenas $27 142 de diferencia en 20 años, pero en $230 560 de diferencia en 40 años es difícil de entender intuitivamente. Las comisiones importan, e importan mucho.

Por si estos ejemplos no lo hacen obvio, estas comisiones que parecen "pequeñas" te pueden robar 50% o hasta 75% del dinero que acumularías invirtiendo por tu cuenta en el largo plazo. Entre más tiempo vas a estar invirtiendo, más vas a querer evitar las comisiones a toda costa.

Todos estos datos dejan en evidencia las enormes comisiones que muchas instituciones financieras suelen cobrar en sus fondos de inversión, ¿cómo logra Vanguard, el creador de VOO, cobrar tan pequeñas comisiones? Después de todo, el 3.55% que cobra de comisión anual BBVA en su BBVAUS es 118 veces más grande que el 0.03% que cobra Vanguard en su VOO. Bueno, para empezar VOO es un fondo cotizado, mientras que BBVAUS (y el BLKUSEQ, el ACTI500 y los fondos ofrecidos directamente por instituciones financieras) es un fondo mutuo. Esto significa que VOO está disponible desde cualquier casa de bolsa con la que queramos crear una cuenta (en México hay 36 en operación en 2023), mientras que BBVAUS o cualquier fondo mutualista suele requerir de una inversión más directa con el banco emisor. Pero eso no explica las altas comisiones, VOO tiene un hermano que se llama VFIAX que es un fondo mutuo ofrecido directamente por Vanguard (y que no está disponible en México, por eso no lo mencioné antes) que solo cobra 0.04% de comisiones.

La razón principal por la que VOO (o VFIAX en su caso) es tan barato es porque es un fondo con administración pasiva, mientras que el BBVAUS es un fondo con administración activa. Esto quiere decir que la estructura de VOO está predefinida, requiriendo muy poco mantenimiento a lo largo del año. BBVAUS, por el otro lado, cambia constantemente la forma en que invierte, esto según lo que los expertos que administran el fondo consideren que es necesario para generar mejores resultados. Esto significa que VOO no necesita emplear y pagar salarios de muchas personas para que siga funcionando. BBVAUS tiene que emplear y pagar salarios de muchos expertos para realizar la administración. Que si no supiéramos de lo mal que les va a los expertos en el largo plazo no sería mayor problema, pero ya vimos que después de las enormes comisiones cobradas el único ganador al invertir a través de BBVAUS es BBVA mismo.

**NOTA:** Una pequeña mención interesante sobre Vanguard, que es la segunda institución de administración de activos más grande del mundo. Desde su fundación (por nada más y nada menos que John Bogle) se ha enfocado en reducir las comisiones que se cobran a los inversionistas por administrar su dinero. De hecho, John Bogle fue uno de los pioneros que creó la forma de invertir en índices de forma ultra barata para librarnos de las enormes comisiones. Cuando nosotros invertimos en un fondo de Vanguard nos

> volvemos en parte dueños de ese fondo, lo que permite reducir las comisiones aún más. Vanguard no necesita cobrar comisiones para pagar bonos o dividendos a sus dueños, ¡porque los dueños somos los inversionistas! Por eso, independientemente de cómo decidas invertir en el futuro, por lo regular encontrarás que los fondos (cotizados o mutuos) ofrecidos por Vanguard serán más baratos que los de su competencia. Pero hablando de cómo debes invertir en el futuro, debemos crear ese plan que les gane a los expertos.

¡Hey! ¿Cómo estás? Acabas de leer bastante información que podría ser nueva para ti. Si necesitas tomarte un respiro para asimilar lo que acabas de leer sobre los fondos pasivos contra los activos, ahora es un buen momento para hacerlo. Estás dando pasos gigantes; ve por un vaso de agua, sal a dar una o dos vueltas a la manzana, aquí te espero.

¿Ya quieres saber cómo invertir en estos fondos de Vanguard? No desesperes, ya casi llegamos a eso, pero primero necesito contarte sobre el plan que debes seguir al hacerlo, para que no inviertas solo por invertir, sino que sepas qué estás haciendo. Por ahora toma un respiro hondo, acabas de aprender muchas cosas, y te estás encaminando cada vez más a tomar control completo de tus inversiones. ¡Bien hecho!

## Cómo ganarles a los expertos

Si ni una afore ni un PPR te permitirán crecer tu dinero tan rápido como otras inversiones, y esas inversiones no las puedes hacer a través de expertos porque estos te cobrarán comisiones altísimas, entonces debes destinar el dinero que liberes después de cortar tus gastos, de pagar tus deudas, y quizá de maximizar las ventajas de ahorrar a través de un PPR, a una inversión hecha por tu cuenta.

Pero claro, no estoy hablando de cualquier inversión, debes crear un plan que puedas seguir y que después puedas administrar de forma pasiva. Este plan debe ser relativamente fácil de crear, de forma que lo puedas tener listo en un fin de semana. El plan también tiene que ser fácil de adaptar, de manera que lo puedas cambiar en un par de horas cada que sea necesario. Pero sobre todo debe ser fácil de seguir, para que te requiera solo unos cinco minutos de tu tiempo *al mes*.

> **ESTE PLAN DEBE SER RELATIVAMENTE FÁCIL DE CREAR, DE FORMA QUE LO PUEDAS TENER LISTO EN UN FIN DE SEMANA. EL PLAN TAMBIÉN TIENE QUE SER FÁCIL DE ADAPTAR, DE MANERA QUE LO PUEDAS CAMBIAR EN UN PAR DE HORAS CADA QUE SEA NECESARIO. PERO SOBRE TODO DEBE SER FÁCIL DE SEGUIR, PARA QUE TE REQUIERA SOLO UNOS CINCO MINUTOS DE TU TIEMPO AL MES.**

Utilizar la regla del 110 para crear este plan es un excelente comienzo, por su facilidad de uso. Y es que esta regla tan solo dice que debes restarle tu edad actual a 110 para obtener el porcentaje de tu inversión total que debes destinar a invertir en acciones de empresas, el resto de tu inversión debes destinarla a invertir en deuda del gobierno de un país. Por ejemplo, si tienes 30 años, deberías restar 110 - 30, cuyo resultado es 80; siguiendo la regla deberías destinar 80% de tu inversión a acciones y 20% a deuda gubernamental. Estas dos inversiones, históricamente, han sido buen complemento una de la otra. Mientras las acciones son una inversión de mayor riesgo, la deuda de un gobierno suele ser una de las inversiones más seguras. Al mismo tiempo las acciones proveen rendimientos potenciales mayores, mientras los bonos proveen rendimientos más estables (aunque más pequeños).

GRÁFICA 4. Distribución de la inversión de una persona de 30 años siguiendo la regla del 110

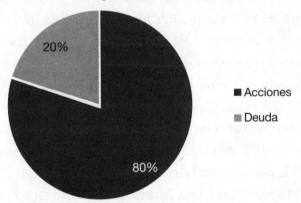

Esta regla ya contempla una situación muy importante para todas las personas: que conforme vamos envejeciendo nuestro retiro estará más cercano y dependeremos más del dinero que hemos invertido a lo largo de nuestra vida. Esta cercanía de nuestro retiro significa que los riesgos que tomamos con nuestra inversión deben ser cada vez menores. Nota que seguir esta regla a los 60 años resultaría en una distribución 50/50; considerando que la inversión en acciones es la de mayor riesgo, es obvio cómo la regla del 110 intenta mitigar ese riesgo conforme pasa el tiempo incrementando el porcentaje que se destina a deuda gubernamental, que es una inversión segura.

Por cierto, si la regla del 110 establece que incluso alguien de 60 años debería invertir con una distribución 50/50, esto nos dice mucho sobre la razón de que las afores generen un crecimiento tan bajo. Las siefore básicas iniciales, aquellas destinadas a la generación más joven, ¡invierten con una distribución de aproximadamente 32/68! Es decir, 32% en acciones o instrumentos relativamente riesgosos, y 68% en deuda. Alguien de menos de 28 años debería estar invirtiendo mucho más agresivamente, ¡según la regla del 110 debería tener una distribución 82/18! Bien dice John Bogle en su libro que "el 94% de los rendimientos de una inversión se explica con este porcentaje de distribución entre renta variable y deuda"... ¡94%! Con razón a las afores les va tan mal. Claro, hay que entender que la razón por la que las afores toman tan bajo riesgo es porque alguien que nunca ha invertido probablemente entraría en pánico si ve a su inversión bajar —por ejemplo— 19% a lo largo del año, que es precisamente lo que le habría pasado a una distribución 80/20 durante 2022. Claramente mantener una inversión ante escenarios adversos es más fácil decirlo que hacerlo, entonces veamos cómo es que podemos utilizar esta regla.

Regla del 110: Resta 110 menos tu edad para obtener el porcentaje de tu inversión ideal en acciones; el resto debes invertirlo en deuda gubernamental.

# REGLA DEL 110

**Resta 110 menos tu edad para obtener el porcentaje de tu inversión ideal en acciones; el resto debes invertirlo en deuda gubernamental.**

## Cómo invertir en acciones y deuda gubernamental en México

Para seguir la regla del 110 y tener un plan de inversión fácil de crear, de seguir y de adaptar déjame contarte algunas de las opciones que están disponibles en México para invertir en ambas partes que conforman ese plan: las acciones y la deuda gubernamental.

En México puedes invertir en acciones precisamente usando el índice S&P 500 del que ya te conté, comprando el fondo VOO desde instituciones completamente reguladas llamadas casas de bolsa, como GBM+ o Bursanet. Estas dos casas de bolsa son las que en 2023 cobran las menores comisiones del mercado, y permiten que crees tu cuenta desde sus respectivas páginas web en plus.gbm.com o bursanet.mx. Además, ya vivimos en una época en la que invertir a través de casas de bolsa se ha vuelto mucho más accesible. Recuerdo que mientras yo estudiaba la universidad los montos mínimos para abrir una cuenta en estas casas de bolsa eran de $100 000, o $10 000 si eras estudiante, montos prohibitivos para la mayoría de las personas, en especial cuando apenas van a comenzar a invertir. Esto ocasionó que yo pospusiera mis inversiones varios años, no solo porque juntar $10 000 era difícil, sino porque sin una cuenta de inversión no podía crear el hábito de invertir cada mes. Afortunadamente hoy en día casas de bolsa como GBM+ o Kuspit permiten crear una cuenta con solo 100 pesos, mientras que varias otras como Bursanet piden $1 000, montos mucho más accesibles que antes. Además, cada vez más casas de bolsa permiten crear una cuenta desde internet, en lugar de tener que visitar sus oficinas y entregar personalmente montañas de papeleo.

Vivimos en una época genial. En unos minutos, mientras lees este libro, puedes crear tu cuenta desde una de esas páginas que te dejé arriba y obtener una cuenta de inversión a la que puedes transferir desde 100 pesos a tu nueva CLABE a través de SPEI, así como transferirías a cualquier cuenta de banco.

Es más, ve y hazlo en este momento. Te espero, no iré a ningún lado.

Con tu cuenta ya creada podrías enfrentarte al problema de que cada acción de VOO es relativamente inasequible; mientras escribo estas líneas en noviembre de 2023 el precio sobrepasa los 7 000 pesos por acción. Una alternativa más asequible es el fondo IVVPESO, que similarmente a VOO nos permite invertir en el índice S&P 500 y que en noviembre de 2023 ronda los 83 pesos por acción. El problema con IVV-PESO es que es un fondo mucho más caro cuando se trata de las comisiones que cobra (por eso dije asequible, no barato); mientras que las comisiones de VOO son pequeñísimas, de 0.03% anual, las de IVVPESO son 0.49%. Aún son comisiones menores al 3.55% del fondo de BBVA que vimos, pero son 16 veces más que VOO. A pesar de esto, lo más importante —sobre todo al principio de tu camino como inversionista— es crear el hábito de invertir constantemente, entonces cualquiera de estos dos fondos que puedas comprar mes tras mes te permitirá invertir en acciones de forma bastante sencilla y te pondrá en el camino correcto.

Puedes buscar y comprar desde tu casa de bolsa cualquiera de los dos fondos que decidas en cuestión de minutos. Desde GBM+, por ejemplo, bastará con crear una "estrategia de *trading*", transferir a la CLABE de esa estrategia el dinero que vas a invertir este mes, y buscar el fondo como se muestra en la imagen 14. Nota que además del precio actual del ETF, la cantidad de títulos que actualmente tengas en tu portafolio y varios otros detalles, puedes elegir qué tipo de orden quieres realizar y la cantidad de títulos que quieres comprar. La cantidad de títulos la elegirás según el monto que quieres invertir y el precio actual (para cuántos títulos te alcanza). En cuanto al tipo de orden, te recomiendo que elijas la opción de "en línea a mercado" que comprará (o venderá) tus títulos al precio al que estén disponibles en el momento. Esta será la opción más rápida para realizar tu inversión. Otra opción popular es la "limitada", que te permite establecer el precio al que quieres comprar (o vender), pero en este caso tu instrucción solo se completará si alguien acepta tu oferta. Para nuestros objetivos de largo plazo es mejor solo comprar a mercado cada mes, independientemente del precio que encontremos en ese momento.

IMAGEN 14. El ETF IVVPESO disponible desde GBM+

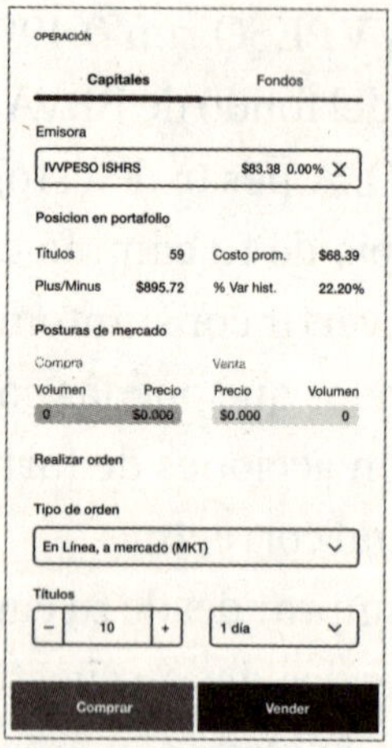

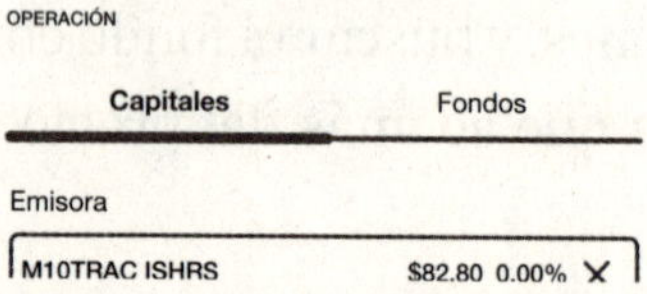

Lo mejor es que en cualquiera de estos dos fondos, de una sola vez, estarás invirtiendo en 500 de las empresas más grandes de Estados Unidos. Invertir en una gran variedad de acciones reduce el riesgo que estás tomando, porque tu dinero no está puesto en una sola empresa. Así, si una de esas 500 empresas resulta ser el siguiente Blockbuster o el siguiente BlackBerry, no importará mucho, porque será solo una pequeña parte de tu inversión. Y déjame contarte una de las mejores características del índice S&P 500: en automático irá descartando a estos Blockbusters y BlackBerrys cuando estos se queden atrás para agregar a los siguientes Google o Apple al convertirse en una de las 500 empresas más grandes de Estados Unidos.[20]

> **NOTA:** Toma en cuenta que al invertir en estos fondos de acciones es muy importante mantener la inversión en el largo plazo. Estas inversiones no solo son para mantenerlas unos meses o un par de años, son para mantenerlas más de siete años. Como estamos hablando de retiro y de una regla del 110, esto ya debería estar contemplado, pero nunca está de más mencionarlo.

---

[20] La metodología de selección no solo toma en cuenta su tamaño, sino tener cierta liquidez, presentar correctamente algunos reportes y varios otros factores. Si te interesa conocer más al respecto puedes revisar la Metodología de los Índices Estadounidenses de S&P aquí: https://www.spglobal.com/spdji/en/documents/methodologies/methodology-sp-us-indices.pdf.

Recuerda que no solo deberías invertir en acciones, en cuanto al porcentaje que deberías destinar a deuda gubernamental: en México puedes invertir en Bonos M a través de cetesdirecto.com, lo que te permitirá invertir en un instrumento respaldado por la economía mexicana y cuya estabilidad y bajo riesgo actuarán como balance de la volatilidad y alto riesgo de las acciones en las que también estarás invirtiendo. Recordarás que ya usamos Cetesdirecto cuando hablamos de tu fondo de emergencias; podrás utilizar esa misma cuenta para comprar no solo Cetes (que son un instrumento muy seguro e ideal para ahorrar en el corto plazo), sino precisamente estos Bonos M (que son también muy seguros pero nos permiten ahorrar en plazos más largos, desde tres hasta 30 años). Estos Bonos M te pagarán intereses previamente definidos cada semestre durante todo el plazo (los hay a tres, cinco, 10, 20 o hasta 30 años) y al final del plazo te regresarán tu inversión original, y como es la economía de un país la que garantiza estos pagos, puedes tener bastante tranquilidad de que esos pagos llegarán a tu bolsillo.

Los Bonos M, comúnmente llamados Bonos, al contrario de los fondos VOO o IVVPESO no están disponibles para ser comprados todo el tiempo, sino que debemos esperar a que sean vendidos (técnicamente subastados, pero no te preocupes, esto no significa que debas pelear contra otras personas por ofrecer el mejor precio). Por lo general todas las semanas encontrarás Bonos siendo subastados, pero estos podrían no ser del plazo que tú desees. Lo recomendable sería que elijas el Bono que mejor se ajuste a la cantidad de años que faltan para tu retiro, entonces si tu retiro está a 30 años, puedes encontrar Bonos a 30 años que serían ideales, mientras que si tu retiro está a 25 años, deberás utilizar los Bonos a 20 años en su lugar. Si cuando entres a Cetesdirecto buscando invertir en un plazo específico, este no está disponible, no te preocupes; puedes transferir tu dinero a tu cuenta de Cetesdirecto aun si no has creado una instrucción de compra de Bonos. Si esto sucede, el dinero que transfieras te estará esperando (y generando algo de rendimiento) y siempre podrás regresar a tu cuenta cuando se acerque la fecha de subasta de los Bonos que deseas comprar y utilizar el dinero que ya tengas en tu cuenta para hacer esa compra. Para conocer los días de subasta del Bono que te interesa puedes buscar en internet el Programa Trimestral de Subastas de Valores Gubernamentales que publica la Secretaría de Hacienda y Crédito Público todos los trimestres. Por ejemplo, si yo quisiera conocer el calendario de subastas de octubre a diciembre de 2023, entonces debería de buscar el Programa Trimestral de Subastas correspondiente al cuarto trimestre de 2023. Nota en el ejemplo de la imagen 15, la cual muestra los datos del cuarto trimestre de 2023, que los Bonos M a 30 años se subastaron el 17 de octubre y el 28 de noviembre, entonces una o dos semanas antes de esa fecha podrás entrar a tu cuenta de Cetesdirecto y ver listada la opción para comprarlos.

IMAGEN 15. Calendario de subastas de Bonos M correspondiente al cuarto trimestre de 2023

| Fecha subasta | 03-oct | 10-oct | 17-oct | 24-oct | 30-oct | 07-nov | 14-nov | 21-nov | 28-nov | 05-dic | 11-dic | 19-dic | 26-dic |
|---|---|---|---|---|---|---|---|---|---|---|---|---|---|
| Fecha liquidación | 05-oct | 12-oct | 19-oct | 26-oct | 01-nov | 09-nov | 16-nov | 23-nov | 30-nov | 07-dic | 14-dic | 21-dic | 28-dic |
| M3 | | 12,000 | | | | 12,000 | | | | 12,000 | | | |
| M5 | | | | 12,000 | | | | 12,000 | | | 0 | 12,000 | |
| M10 | | | | | | 15,000 | 4,500 | | | | 15,000 | | |
| M20 | 4,500 | | | | | | | | 10,000 | | | | 4,500 |
| M30 | | | 10,000 | | | | | | | | | | |

Comprar Bonos sin duda suena un poco más completo que simplemente comprar IVVPESO o VOO desde una casa de bolsa, ¿no? Una opción mucho más sencilla es comprar el ETF M10TRAC que ya compró (y seguirá comprando continuamente) Bonos a 10 años, pero que te permite invertir en ellos en cualquier momento porque puedes invertir en este ETF desde cualquier casa de bolsa. Una desventaja es que, como este ETF está siendo comprado y vendido todo el tiempo, podrías ver su valor cambiar continuamente, y aunque esto no debería preocuparte si vas a mantener esa inversión al menos 10 años, sí es algo a considerar. Otra desventaja es que invertir a través de este ETF carga comisiones de 0.3%,

> **NOTA:** Los Bonos te depositarán los intereses prometidos en tu cuenta de Cetesdirecto cada seis meses, ese dinero se invertirá automáticamente en un fondo llamado BONDDIA y empezará a generar interés compuesto, pero idealmente querrás usar ese dinero para comprar nuevos Bonos a un plazo adecuado, dependiendo de los años que falten para tu retiro.

mientras que invertir a través de Cetesdirecto no tiene nada de comisiones. Es el precio de la conveniencia, y tú deberás elegir cuál de las dos opciones prefieres.

IMAGEN 16. ETF M10TRAC disponible desde GBM+

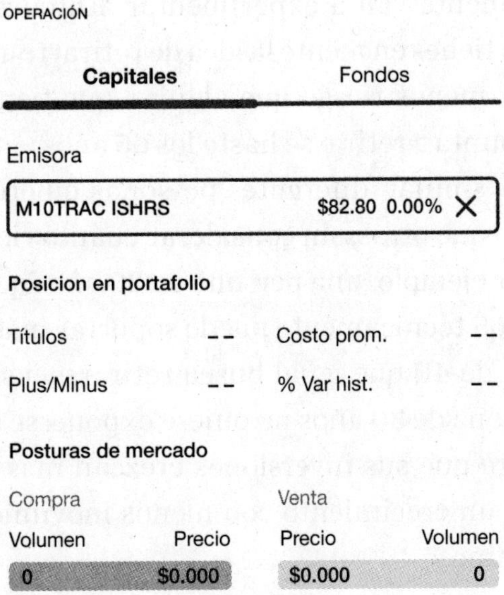

OPERACIÓN

| **Capitales** | Fondos |
|---|---|

Emisora

| M10TRAC ISHRS | $82.80 0.00% ✕ |
|---|---|

Posicion en portafolio

| Títulos | -- | Costo prom. | -- |
|---|---|---|---|
| Plus/Minus | -- | % Var hist. | -- |

Posturas de mercado

| Compra | | Venta | |
|---|---|---|---|
| Volumen | Precio | Precio | Volumen |
| 0 | $0.000 | $0.000 | 0 |

### Personaliza tu plan

Es crucial tomar en cuenta que la regla del 110 no contempla ninguna personalización del plan más allá de la basada en tu edad, pero dos personas de 30 años no deberían de invertir de la misma forma solo porque tienen la misma edad. Mientras que la regla del 110 es un buen comienzo, deberías considerar cuántos riesgos *puedes* soportar, así como cuántos riesgos *quieres* soportar.

> **PERO DOS PERSONAS DE 30 AÑOS NO DEBERÍAN DE INVERTIR DE LA MISMA FORMA SOLO PORQUE TIENEN LA MISMA EDAD.**

Es común que conforme menos años falten para tu retiro, menos riesgos puedes soportar porque hay menos años disponibles para que tus inversiones se recuperen de las bajadas que naturalmente van a experimentar. Entonces, si tienes 30 años pero tienes en mente la idea de retirarte a los 55, puedes soportar menos riesgo que alguien que tiene la misma edad pero apunta a retirarse hasta los 65 años.

De forma similar, diferentes personas quieren soportar menos riesgo que otras, sin considerar cuánto riesgo pueden soportar. Por ejemplo, una persona de 30 años que busca retirarse a los 65 técnicamente puede soportar más riesgo que una persona de 40 que igual busca retirarse a sus 65. Pero quizá la persona de 30 años no quiere exponerse a altos riesgos, y prefiere que sus inversiones crezcan más despacio si eso significa un crecimiento con menos movimientos bruscos en el camino.

IMAGEN 17. Efecto del riesgo en el potencial crecimiento y la volatilidad de sus movimientos

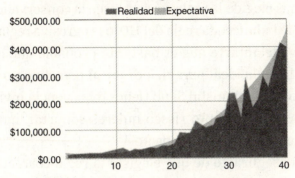

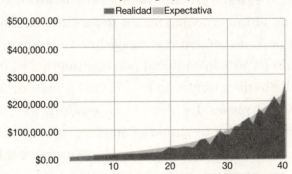

Entonces, si tú no puedes o no quieres soportar tanto riesgo con tus inversiones puedes optar por utilizar la regla del 100 como reemplazo de la regla del 110, y restar tu edad a 100 en lugar de restarla a 110. Esto significaría invertir de forma más conservadora a lo largo de tu vida como inversionista. Y si quieres o puedes soportar más riesgo, puedes considerar en su lugar la regla del 120, en la que restas tu edad a 120 para obtener un plan que destina un porcentaje mayor a las inversiones en acciones a lo largo de tu vida. Seguir esta regla del 120 significaría invertir de forma más agresiva.

Elegir una de estas tres reglas es un excelente primer paso, uno que te pondría por delante de la mayoría de las personas, pero para que tu plan tenga éxito, deberás asegurarte de que has elegido la regla correcta, sea la conservadora regla del 100, la balanceada regla del 110, o la agresiva regla del 120. Déjame adelantarte que es bastante probable que no hayas elegido la regla ideal para ti, ¡porque al principio no te conoces como inversionista! Si no tienes experiencia invirtiendo, quizá no sepas cuánto riesgo quieres soportar, ¡porque no has experimentado sus impactos!

Para asegurarte de que elegiste la regla correcta, en especial si aún no tienes experiencia invirtiendo, puedes utilizar el *plan de riesgo gradual* y empezar con una distribución 50/50 que al inicio te exponga a relativamente bajo riesgo, y poco a poco incrementar el riesgo que vas tomando, incrementando en 10% la cantidad que destinas a acciones (y en consiguiente disminuyendo la cantidad que destinas a deuda) cada tres meses. La idea es que, conforme el riesgo que tus inversiones van tomando es mayor, evalúes si este riesgo te incomoda. Si el riesgo te incomoda, te darás cuenta de que estás constantemente revisando el valor de tus inversiones, y que las pequeñas caídas o subidas que naturalmente experimentarán día con día te distraen o incluso te quitan el sueño. Si este es el caso es una señal indiscutible de que estás tomando más riesgo del que puedes soportar y no deberías seguir subiendo el riesgo (quizá incluso deberías disminuirlo). Pero si notas que el riesgo no te causa nada de estrés durante los tres meses que tienes una distribución particular, es señal de que puedes subir el porcentaje que destinas a acciones hasta alcanzar la regla que elegiste. Es más, puede suceder que incluso tras alcanzar la distribución calculada con la regla que hayas elegido te des cuenta de que puedes soportar un riesgo aún mayor; en ese caso podrías optar por elegir una regla que permite más riesgo que la que originalmente habías elegido.

TABLA 18. Evolución de un plan de riesgo gradual de una persona con una distribución objetivo de 80/20

| DISTRIBUCIÓN OBJETIVO: 80/20 | | |
|---|---|---|
| Meses | Acciones (%) | Deuda (%) |
| 1 a 3 | 50 | 50 |
| 4 a 6 | 60 | 40 |
| 7 a 9 | 70 | 30 |
| 10 en adelante | 80 | 20 |

Puedes usar la tabla 18 como guía de la forma en que tu plan evolucionaría si al usar la regla del 100, del 110 o del 120 calculaste una distribución objetivo de 80/20. En este ejemplo, los primeros meses —para seguir el plan de riesgo gradual— se empieza con una distribución muy conservadora de 50/50, y cada tres meses se evalúa si ese riesgo es aceptable. Si es así se incrementa en 10% el porcentaje destinado a acciones. Este proceso se repite cada tres meses hasta alcanzar la distribución objetivo. Opcionalmente, si el riesgo aún es aceptable cuando esta distribución objetivo sea alcanzada, se puede cambiar a una regla que permita aún más riesgo.

La razón por la que constantemente debes considerar el nerviosismo, miedo y emociones en general que sientas al invertir es que el tiempo que mantienes tu inversión tiene mucho más peso en los resultados que cualquier rendimiento generado gracias al nivel de riesgo que tomes. De poco servirá tomar altos riesgos con altos rendimientos potenciales si a la primera bajada en el valor de tus inversiones sacarás tu dinero y no volverás a invertir por varios años. Es mejor elegir una estrategia que podrás mantener por décadas a través de subidas y bajadas, sin interrumpir tu inversión. Dice Charlie Munger, el socio de Warren Buffett en Berkshire Hathaway, que la primera regla del interés compuesto es no interrumpirlo innecesariamente.

**DICE CHARLIE MUNGER, EL SOCIO DE WARREN BUFFETT EN BERKSHIRE HATHAWAY, QUE LA PRIMERA REGLA DEL INTERÉS COMPUESTO ES NO INTERRUMPIRLO INNECESARIAMENTE.**

IMAGEN 18. Crecimiento de una inversión de alto riesgo interrumpida comparado con el crecimiento de una inversión de bajo riesgo ininterrumpida

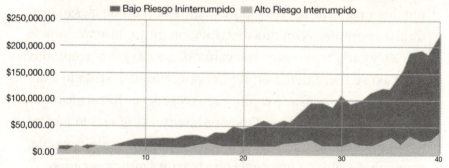

Para entender aún mejor cómo debes utilizar este plan de riesgo gradual conforme vas invirtiendo cada vez más dinero veamos un ejemplo práctico que puedes seguir en la tabla 19.

Pedro tiene 30 años y ha decidido utilizar la regla del 100 para crear su plan, eso quiere decir que su distribución objetivo debe ser 70% en acciones y 30% en deuda. Para seguir el plan de riesgo gradual, Pedro empezará con una distribución conservadora de 50/50, así que el primer mes debe distribuir sus inversiones 50% en acciones y 50% en deuda. Este primer mes Pedro destina 1 000 pesos a su inversión para el retiro, así que siguiendo la distribución invertirá $500 en acciones a través de IVVPESO y $500 en Bonos desde Cetesdirecto. Sencillo, ¿no?

El segundo mes es ligeramente más difícil para Pedro, porque esta vez tiene que tomar en cuenta el valor actual de su inversión y no solo la nueva inversión que realizará. Se da cuenta de que el valor de su inversión en IVVPESO ha bajado $480, que sumados a los $500 que tiene en Bonos significa que tiene $980 en total, no los $1 000 que originalmente había invertido. Esto no preocupa a Pedro porque sabe que su inversión es de décadas, no de un mes, pero cuando suma los $1 000 que invertirá este mes, deberá distribuir su nueva inversión de forma que al final tiene $990 en acciones y $990 en Bonos. Esto significa destinar $510 a su inversión en IVVPESO y solo $490 a Bonos.

El tercer mes la historia es similar, excepto que esta vez el valor de IVVPESO subió de $990 a $1 010, que sumados a los 990 que tiene en Bonos dan un total de $2 000, y como Pedro agregará los $1 000 que invierte todos los meses, el total de $3 000 debe distribuirse $1 500 en IVVPESO y $1 500 en Bonos. Esta vez, entonces, Pedro deberá destinar $490 a IVVPESO y $510 a Bonos.

El cuarto mes presenta un nuevo reto, porque Pedro ha decidido que estos movimientos en el valor de IVVPESO no lo espantaron ni le quitaron el sueño, así que decide subir el riesgo de su inversión utilizando ahora una distribución de

60% acciones y 40% deuda. Si al inicio del mes tenía $1 500 en IVVPESO y $1 500 en Bonos, cuando agregue los $1 000 de todos los meses tendrá $4 000, los cuales deberá distribuir $2 400 en acciones y $1 600 en Bonos. Eso quiere decir que este mes destinará $900 a IVVPESO y solo $100 a Bonos.

El quinto y sexto mes Pedro sigue esta misma estructura, pero para el séptimo mes decide volver a subir el riesgo a través de una distribución 70% a acciones y 30% a deuda. Esta vez Pedro tiene un problema, porque su inversión en acciones vale $3 600 pesos y su inversión en Bonos vale $2 400 más $25 que acaba de recibir por los intereses semestrales que paga esta inversión. Eso quiere decir que cuando agregue sus 1 000 de todos los meses su inversión total será de $7 025, lo que significa que debería tener (para seguir su nueva distribución 70/30) $4 917.50 invertidos en IVVPESO y los otros $2 107.50 invertidos en Bonos. Incluso tras invertir sus nuevos $1 000 completos en IVVPESO tendrá menos que el objetivo, mientras que en Bonos tendrá más que el objetivo.

La primera vez que un inversionista se enfrenta a esta situación suele pensar que debe vender parte de la inversión en la que tiene más dinero que el objetivo para transferirla a la inversión en la que tiene menos que el objetivo, pero esto no es necesario, y de hecho puede ser dañino. Los porcentajes de distribución existen no para atormentarte, sino solo para guiarte. Está bien si tus porcentajes reales no son idénticos al objetivo, siempre que uses los porcentajes objetivo como guía de qué hacer en el futuro. En el ejemplo de Pedro, para el octavo mes él tiene $4 600 en acciones y $2 425 en deuda, una vez que agrega los $1 000 de todos los meses sus porcentajes objetivo indican que debería, otra vez, agregar los $1 000 completos a IVVPESO, pero esta vez estará mucho más cerca del objetivo, porque tendría $5 600 en IVVPESO (de los $5 618 objetivo) y $2 425 en Bonos (de los $2 408 objetivo), no tuvo que hacer nada más que esperar a su siguiente inversión para regresar todo a unos números más cercanos al plan que definió.

TABLA 19. Evolución de la inversión de Pedro siguiendo el plan de riesgo gradual (en pesos)

| Inversiones de Pedro | | | | | | | |
|---|---|---|---|---|---|---|---|
| Mes | Plan | Acciones al inicio | Deuda al inicio | Nueva inversión | Total | Objetivo acciones | Objetivo deuda |
| 1 | 50/50 | 0 | 0 | 1000 | 1000 | 500 | 500 |
| 2 | 50/50 | 480 | 500 | 1000 | 1980 | 990 | 990 |
| 3 | 50/50 | 1010 | 990 | 1000 | 3000 | 1500 | 1500 |
| 4 | 60/40 | 1500 | 1500 | 1000 | 4000 | 2400 | 1600 |
| ... | | | | | | | |
| 7 | 70/30 | 3600 | 2425 | 1000 | 7025 | 4917.50 | 2107.50 |
| 8 | 70/30 | 4600 | 2425 | 1000 | 8025 | 5618 | 2408 |

Conforme tú adaptes tu propio plan, recuerda que este existe solo para guiarte; no hay nada de malo con que los porcentajes no sean exactos todo el tiempo, en especial cuando tu plan cambia o cuando ocurren movimientos bruscos sobre todo en el valor de tu inversión en acciones, esto es normal. Solo asegúrate de que las nuevas inversiones que realices las hagas de acuerdo con el plan definido. Recuerda también que si hacer las inversiones según ese plan te causa algunos conflictos, como miedo o duda sobre si deberías invertir tanto en acciones cuando van a la baja, o si no deberías invertir aún más en acciones cuando van de subida, esto es señal de que aún no deberías subir el riesgo de tus inversiones porque estas están teniendo un impacto negativo en tus emociones. Pero veremos más acerca de esto en el siguiente capítulo, por ahora ve por un vasito de agua que acabas de aprender muchísimas cosas y necesitarás altos niveles de hidratación para aprender un poco sobre los impuestos que deberás pagar al invertir. Ya sé, no todo podía ser risas y diversión.

## Si has de usar a los expertos, hazlo así

Creo con fervor que tú puedes hacer un mejor trabajo que los expertos tan solo porque, como vimos, sus altas comisiones hacen que en el largo plazo sus resultados sean peores que solo invertir tranquilamente de la forma que ya te presenté.

Pero si aún le tienes miedo a invertir por tu cuenta, te sentirías con mayor comodidad usando los servicios de uno de estos expertos, y entiendo si quieres hacerlo. Si no vas a invertir de otra forma que no sea de la mano de los expertos —incluso si sabes que sus altísimas comisiones se comerán parte de tus rendimientos— entonces es mejor que uses sus servicios. Después de todo, es mejor generar rendimientos bajos que no generar rendimientos en lo absoluto.

Y oye, quizá en unos meses o años, después de que agarres el hábito de invertir, decidas ahora sí proseguir con tus inversiones por tu cuenta.

Por el momento, si de verdad no he logrado convencerte de que tú puedes hacerlo mejor, está bien, invertir de la mano de los expertos es lo mejor que puedes hacer si necesitas de su ayuda para tener la confianza de adentrarte a este mundo.[21] Pero déjame darte unos tips para que decidas cómo invertir.

Lo primero que debes tener en mente es que hay muchas instituciones financieras que te pueden ayudar, incluso tu propio banco podría ofrecerte la opción. De hecho, ya hablamos de algunas, muchas de las instituciones que ofrecen PPR, o las casas de bolsa como GBM y Bursanet, tienen sus propios fondos que ellos te podrían ofrecer para invertir tu dinero sin que tú te tengas que preocupar por rebalancear; simplemente debes transferir dinero a tu cuenta, comprar el fondo y listo. Quizá justo puedas elegir una de estas instituciones, comunicarte con ellas y decirles de tu intención de invertir en sus fondos, un asesor podría ponerse en contacto contigo para ofrecerte un fondo que se adapte a lo que estás buscando (similar al proceso que sucede cuando inviertes en un PPR, cuando te hacen preguntas para encontrar tu perfil de riesgo).

Lo segundo que deberás tener en mente es que los asesores de inversión de cualquier banco, que son quienes te pueden ofrecer fondos de inversión para tus objetivos, tienen sus propias metas de ventas. Muchos buscarán venderte el último fondo que sus jefes les pusieron de meta, para lograr sus objetivos y obtener sus bonos. Cómo te podrás imaginar, esto rara vez es lo mejor para ti. Pide que te ofrezcan un fondo que invierta según tus objetivos.

---

[21] Un último intento de convencerte de lo contrario, ¿quizá puedas intentar el plan de riesgo gradual del que hablé en la tabla 18? Si de verdad dudas que puedas lograrlo por tu cuenta, tal vez puedes empezar con aún menos riesgo, como 25% en acciones y 75% en Bonos, ¡o incluso 100% en Cetes!, e ir incrementando el riesgo poco a poco. Invertir 100% en Cetes carga prácticamente nada de riesgo, no hay forma de equivocarse, y ya en el futuro puedes empezar a invertir un poco en IVVPESO o VOO. Si ni con esto te animas, está bien, no te juzgo, regresa a este capítulo cuando lo necesites en caso de que llegues a sentirte con la preparación necesaria para intentarlo por tu cuenta.

Lo tercero que debes tener en mente es que estos asesores son más vendedores que asesores. Desafortunadamente los asesores no tienen la obligación de poner tus necesidades primero que las suyas, y no tienen la obligación de ofrecerte el mejor producto, lo que significa que muchas veces te podrían ofrecer lo que les genere la mayor comisión posible.

Si todo esto suena a que tu última esperanza de empezar a invertir se esfuma, no temas. A pesar de todos estos puntos negativos, tú puedes ganarles pidiendo un fondo de "ciclo de vida". Los fondos de ciclo de vida van haciendo exactamente lo que hemos platicado, cambiando la forma en que invierten de modo que cada vez se toma menos riesgo. Por lo regular estos fondos se crean con una fecha objetivo, conforme esa fecha se acerca, el fondo invierte cada vez con menos riesgo hasta que llega a un plan de inversión que seguirá por el resto de la vida del fondo. Nota la imagen 19 para darte una idea de cómo va sucediendo esto, fíjate cómo es más o menos lo que haríamos con una regla del 110 o sus alternativas.

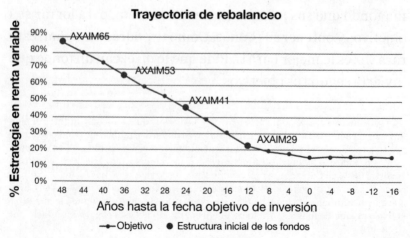

IMAGEN 19. Cómo cambia su plan de inversión un fondo "ciclo de vida" de BNP Paribas conforme se acerca su fecha objetivo

Estos fondos son excelentes para el retiro, ¡y de hecho es exactamente como funcionan los fondos de las afores! Una persona nacida entre 1990 y 1995, por ejemplo, podría elegir un fondo que tenga como fecha objetivo el año 2055 o 2060, que será cuando vaya cumpliendo 65 años. Usualmente, el año forma parte del nombre del fondo, por ejemplo, el AXAIM65 de la imagen 19 tiene un año objetivo en 2065.

Si pides a tu asesor uno de estos fondos, uno que tenga como fecha objetivo una fecha cercana a tu retiro, les quitarás el espacio de ofrecer sus productos de altas comisiones, obtendrás lo que necesitas, ¡y estarás invirtiendo! Es más, este tipo de fondos tiene comisiones mucho más bajas que los fondos "normales", que suelen rondar en 1%; aún serán comisiones mucho más altas que las que pagarías si invirtieras por tu cuenta a través de GBM+, Bursanet o Cetesdirecto, pero nada cercanas al 2 o 3% que seguramente pagarías en los fondos que los vendedores suelen ofrecer.

La mayor desventaja de estos fondos, como con las afores, es que suelen reducir el riesgo muy rápido. Revisa de nuevo la imagen 19, fíjate cómo cuando falten 20 años para la fecha objetivo el fondo ya solo invertirá un 38% en renta variable (es decir, acciones e inversiones similares). En ese momento la persona inversionista quizá tenga 45 años, aún 20 años restantes antes de su retiro; según la regla del 110 esa persona todavía debería estar invirtiendo 65% en acciones, ¡no 38%! Y esta reducción tan rápida en el riesgo dañará el crecimiento potencial de la inversión.

Suena a que aún estoy intentando convencerte de no usar estos fondos caros y más bien usar tu estrategia siguiendo la regla del 110 o una de sus alternativas, tal vez en conjunto con el plan de riesgo gradual. Quizá es cierto. Pero te repito, es mejor generar algo de rendimiento que no generar nada; es mejor invertir de la mano de uno de estos fondos y pagar sus comisiones que no invertir nada en lo absoluto. Y si estos fondos son los necesarios para que tú logres tu libertad financiera, entonces estos fondos son la mejor inversión que puedes hacer.

## La parte no divertida: los impuestos

Como residentes de un país tenemos la obligación de pagar impuestos por los ingresos que generamos, y los ingresos generados por nuestras inversiones no son la excepción (a menos que, como vimos, estos ingresos sean generados dentro de un PPR). En México, estos ingresos generarán impuesto sobre la renta (ISR). Ahora, de entrada, creo que es necesario aclarar que nunca vamos a pagar más impuestos por invertir que los rendimientos que nuestra inversión genere, de hecho, los impuestos que debemos pagar son solo sobre los rendimientos generados una vez que se descuenta la inflación. Eso quiere decir que si el 1º. de enero invertimos 100 pesos y al final del año se han convertido en $110, pero la inflación fue de 5% (de forma que ahora necesitaríamos $105 para comprar lo mismo que comprábamos con $100 al principio del año), no debemos pagar impuestos sobre los $10 que ganamos, sino solo sobre los $5 que generamos por encima de la inflación.

Antes de tocar más a detalle el proceso para el cálculo de estos impuestos es necesario saber que de las inversiones que hemos revisado en el libro vamos a tener que pagar impuestos en tres instancias diferentes: intereses por inversiones en Cetes, Bonos o inversiones similares, dividendos por nuestras inversiones en acciones, y ganancias de capital cuando vendemos acciones. Otra cosa a tener en cuenta es que los cálculos son realizados por las instituciones financieras, quienes entregan los resultados de esos cálculos al SAT para definir cada año cuánto debemos de pagar de impuestos, entonces no tendremos que preocuparnos mucho sobre este tema. Claro que siempre es bueno conocer qué pasa con nuestras inversiones para entender qué debemos revisar para asegurarnos de que el SAT no nos cobra más de lo debido.

### Impuestos por intereses

El primer tipo de ingresos por el que debemos pagar impuestos al invertir ocurre cuando nuestras inversiones en Cetes o en Bonos nos depositan los intereses que nos han prometido. En el caso de los Cetes esto es al final del plazo contratado, mientras que en el caso de los Bonos esto ocurre de manera semestral. Es importante mencionar que el impuesto lo debemos en cuanto este interés se deposita en nuestra cuenta de Cetesdirecto (o cualquier institución que hayamos usado para invertir en ellos), independientemente de si lo reinvertimos, lo dejamos líquido en nuestra cuenta o lo transferimos a nuestra cuenta de banco. Es común pensar que mientras el

> ES COMÚN PENSAR QUE MIENTRAS EL DINERO SE MANTENGA EN LA CUENTA DE INVERSIÓN Y NO SE TRANSFIERA A LA CUENTA DE BANCO, ESE DINERO NO GENERA IMPUESTOS, PERO ESTO ES UN ERROR.

dinero se mantenga en la cuenta de inversión y no se transfiera a la cuenta de banco, ese dinero no genera impuestos, pero esto es un error.

A pesar de que nosotros, técnicamente, debemos impuestos hasta que se generan los intereses, la cuenta de Cetesdirecto (y cualquier cuenta de una institución financiera regulada que genere intereses) te retendrá algo de dinero por concepto de retención de impuesto sobre la renta desde que tú haces la inversión. El porcentaje de retención cambia todos los años, en 2024 es de 0.50%, y existe para contrarrestar la evasión de impuestos. Esto quiere decir que, si nosotros invertimos 1000 pesos durante 2024, la institución financiera que nos pague intereses retendrá —y pagará al SAT a nuestro nombre— cinco pesos.

Ten en cuenta que esta tasa de retención no es el pago del impuesto definitivo, independientemente de la tasa de retención, el verdadero cálculo sucede en abril del siguiente año, cuando las personas físicas debemos presentar nuestra declaración anual. Para quienes no tienen experiencia presentando su declaración anual esto puede sonar aterrador, y entiendo cómo esto puede convertirse en una excusa para no invertir, parecen ser complicaciones y obligaciones adicionales de la vida adulta. Pero lo cierto es que hoy en día toda la información está digitalizada y la declaración anual aparecerá prellenada con toda la información necesaria.

Lo que sucederá es que las instituciones financieras como Cetesdirecto (técnicamente Nacional Financiera, quien es la institución detrás de cetesdirecto.com) harán el cálculo de los *intereses reales* que te pagaron. Estos intereses reales son los intereses que recibiste (intereses nominales) menos la inflación.[22] Finalmente, una vez que se tienen los intereses reales, estos se agregan a tus ingresos del año, de los cuales tienes que pagar impuestos según la tabla del ISR del año correspondiente, como vimos en la tabla 17 cuando hablamos de deducciones al ahorrar para nuestro retiro. A cualquier monto que resulte pagar, deberás restarle todas las retenciones que te hicieron durante el año.

En efecto, es muy común que durante el año te hayan retenido más impuestos de los que debes pagar, en ese caso tendrías saldo a favor y el SAT deberá regresarte tu dinero, o podrás usarlo para restar los impuestos que debas pagar en ejercicios futuros. Aunque claro, si resulta que te retuvieron menos de lo que debes pagar de ISR, deberás pagar la diferencia.

Toma en cuenta que el artículo 150 de la Ley del Impuesto Sobre la Renta (LISR) dice que si tus ingresos del año fueron menores a 400 000 pesos y los intereses reales generados durante el año fueron menores a $100 000, o tu único ingreso fue por intereses y estos no fueron mayores a $100 000, entonces la retención se tomará como pago definitivo. En este caso, incluso si al hacer los cálculos te das cuenta de que la retención fue menor a lo que debías, no deberás pagar lo que falta.

---

[22] El cálculo es un poco más elaborado que descontar un porcentaje menos otro (por ejemplo 10% de interés nominal menos 5% de inflación para un resultado de 5%). El cálculo, en realidad, necesita del valor del Índice Nacional de Precios al Consumidor (INPC) de cada mes en que se invirtió en Cetes. Este índice es publicado por el INEGI cada mes. Una vez se tienen los INPC se compara cuánto creció la inflación contra cuánto creció la inversión. Esto se hace para cada mes del año en que se mantuvo una inversión en Cetes para sumar los intereses reales generados durante el año fiscal.

## Impuestos por dividendos

Los dividendos son el segundo tipo de ingreso que nuestras inversiones podrían generar, y son una especie de reparto de utilidades que las empresas depositan a sus inversionistas, usualmente de forma trimestral. Entonces, si invertimos en 500 empresas a través de VOO o IVVPESO, varias de ellas nos depositarán esos dividendos que caerán a nuestra cuenta de GBM+ o Bursanet. Igual que con los intereses en Cetesdirecto, el ISR se debe en cuanto el dinero cae a nuestra cuenta, independientemente de si lo reinvertimos, lo dejamos en la casa de bolsa o lo transferimos a nuestra cuenta de banco.

Ese dinero cae como efectivo, pero recuerda que si quieres aprovechar y generar el interés compuesto, estos dividendos deberán ser reinvertidos, no retirados y usados para gastar.[23] Además, no importa si ese efectivo nunca sale de tu cuenta de inversión, ese dinero ya lo ganaste y tendrás que pagar ISR por él, de forma similar a como pagas ISR por tus ganancias por intereses.

La forma en que se calculan los impuestos que hay que pagar por este tipo de ingreso es un poco más compleja que con los intereses, donde solo se resta la inflación para obtener el rendimiento real y este se agrega a nuestros ingresos del año. Para empezar, el dividendo que recibimos puede ser un dividendo "incompleto", o más bien, un dividendo por el que la empresa ya ha pagado impuestos. Normalmente las empresas (no solo en México sino en varios otros países)

---

[23] Si quieres ahorrarte el proceso de reinversión, puedes sustituir VOO por VUAA, que acumula los dividendos automáticamente. Toma en cuenta que VUAA es menos popular, por lo que podría ser más difícil hacer la compra o venta de acciones en ese fondo. IVVPESO, por cierto, ya acumula los dividendos sin depositarlos en tu cuenta de inversión.

> **NOTA:** Si eres Resico* no podrás invertir en el S&P 500, ¡pero te estas ahorrando muchos impuestos! Mi sugerencia es que aproveches la cantidad de impuestos que te estás ahorrando para maximizar lo que aportas a tu retiro. Alguien asalariado que gana $10 000 pesos al mes pagaría $9 250 de impuestos durante el año. Si tú ganas $10 000 al mes solo pagarías $1 200 de impuestos; intenta aportar lo que te estás ahorrando de impuestos, aunque solo sea en Bonos (como Resico sí puedes generar intereses) en lo que te mantienes bajo este régimen fiscal, para minimizar el impacto de esta restricción que te impide invertir en acciones.
>
> ---
>
> *El nuevo Régimen Simplificado de Confianza del SAT.

pagan un ISR de 30%; entonces, si un dividendo es una utilidad —una renta—, se debe pagar impuesto de 30% por él. Eso quiere decir que si te toca recibir un dividendo de 70 pesos, y la empresa ya había pagado el 100% de los impuestos, en realidad te correspondían $100 pero la empresa ya pagó 30 pesos de impuestos por ti. Asimismo, la empresa puede avisarte (aunque no directamente, en nuestro caso será a la casa de bolsa) que el dividendo solo había pagado cierto porcentaje de los impuestos correspondientes. Desafortunadamente esos 70 pesos no te llegarán completos, las empresas están obligadas a retenerte un 10% que deberás pagar de ISR adicional. Aunque te corresponden 100 pesos, la empresa paga $30 por ti, y te retiene otros $7 (10% del dividendo restante) para depositarte $63.

Independientemente de la cantidad de impuestos que la empresa ha pagado por ti y de esa retención adicional, tú debes calcular tus propios impuestos con el dividendo completo, no el recibido. En el ejemplo de arriba, tu dividendo es de 100 pesos, no de los $63 que cayeron a tu cuenta,[24] esos $100 deben agregarse a tus ingresos del año y entonces pagarás impuestos según la tabla del ISR, como ya vimos en la tabla 17. Aunque recuerda que ese dividendo viene acompañado por 30 pesos que la empresa ya pagó por ti, entonces son 30 que tendrás "a favor" y podrás utilizar para reducir tu pago de impuestos. A menos que tus ingresos del año sean elevados y te pongan en un renglón de la tabla 17 donde pagas más de 30%, los dividendos ya vendrán "acompañados" de su propio pago de ISR, quizá incluso mayor al que te toca pagar, y la diferencia es dinero a tu favor.

Ese 10% adicional que se cobra en los dividendos convierte a este ingreso en el más penalizado para los inversionistas, pero esto no es todo, si los dividendos se generaron en el extranjero, el país donde se generaron podría tener sus propias leyes y retenerte aún más. Estados Unidos, por ejemplo, por defecto debe retener 30% extra después del impuesto que las empresas pagaron, y si no le avisamos que no somos residentes fiscales de su país, nosotros recibiríamos un dividendo aún más pequeño por el que tendríamos que pagar impuestos en México.

---

[24] La LISR dice que debemos multiplicar el dividendo antes de la retención de 10% por un "factor" que es 1.4286, pero eso es lo mismo que dividir entre 70% para obtener el dividendo completo antes del ISR pagado por la empresa (que es de 30%). Honestamente no sé por qué la LISR se complica las cosas con un factor.

CÓMO INVERTIR PARA RETIRARSE ANTES | 221

Por fortuna México tiene un tratado fiscal con Estados Unidos (y con muchos otros países) que disminuye la retención al mismo 10% que aplica en México, pero para aprovechar este tratado fiscal debemos pedir a nuestra casa de bolsa que queremos llenar el formato W-8 BEN, que le avisa al gobierno de Estados Unidos sobre nuestra residencia en México para que apliquen la retención menor. Bursanet no cobra por presentar ese formato, pero algunas otras casas de bolsa como GBM+ sí lo hacen. Comunícate con tu casa de bolsa para preguntar si el trámite tiene costo para ti.

De cualquier forma, recuerda que para maximizar el interés compuesto debes reinvertir los dividendos que caen en tu cuenta como efectivo, entonces te recomiendo que cada mes, cuando vas a realizar tu inversión correspondiente, consideres ese dinero como parte de tus cálculos para hacer tus nuevas inversiones.

## Impuestos por ganancias de capital

Por último, el tercer tipo de ingreso que puedes generar con las inversiones cubiertas en este libro es el de ganancias de capital, el cual ocurre cuando vendemos alguna de nuestras inversiones en acciones a un precio mayor al que la compramos. Imagina que compraste IVVPESO a 80 pesos y varios años después lo vendes a $200. Es en el momento en que vendes cuando se genera esta ganancia.

Esto quiere decir que si el valor de IVVPESO sube, pero no has vendido, no debes pagar nada de impuesto, no importa que en papel tengas ganancias de millones y millones de pesos, es hasta que vendes y realmente *obtienes* la ganancia que se calcula tu ganancia de capital.

Además, tal como en otros cálculos, la ganancia debe calcularse en términos reales, es decir, descontando la inflación. En el ejemplo de arriba, donde compramos IVVPESO a 80 pesos y vendemos a $200, inicialmente puede parecer que la ganancia es de $120, pero esa es solo la ganancia nominal, para calcular la ganancia real hay que considerar varias cosas.

Primero se debe considerar el costo completo de adquisición; sí, quizá IVVPESO te costó $80, pero la casa de bolsa seguramente te cobró comisiones de compra, tal vez de $0.25, entonces el costo completo será de $80.25. Además hay que obtener el índice nacional de precios al consumidor (INPC) que publicó el INEGI en el mes de la compra; para nuestro ejemplo usemos un INPC de $125.

Segundo, es necesario saber cuánto subió la inflación en el periodo en que se mantuvo la acción, esto se logra obteniendo el INPC más reciente al momento de la venta. Imaginemos que el INPC cuando vendemos, años en el futuro, es de $250, notarás que es del doble que el INPC al momento de comprar, esto indicaría que la inflación causó que los precios se duplicaran, entonces para mantener el mismo poder adquisitivo, los $80.25 que pagamos por nuestra acción, debieron convertirse en al menos $160.50. Ese es el valor actualizado, traído al futuro, contemplando la inflación.

A continuación se debe considerar el valor completo de venta. Tal como sucede al comprar, al vender la casa de bolsa también podría cobrarte una comisión, entonces en lugar de recibir 200 pesos que te pagaron al vender, recibirías, por ejemplo, $199.50 ya descontando la comisión. A este valor completo de compra se le debe restar el valor actualizado por la inflación del paso anterior ($160.50 de nuestro ejemplo) para obtener una ganancia real de $39. Esa es la ganancia de capital.

Por último, de esta ganancia real tenemos que pagar 10% por concepto de ISR (3.90 en nuestro ejemplo). Esta ganancia —al contrario de los intereses o dividendos— no se agrega a nuestros otros ingresos, sino que son ingresos separados. Este tratamiento fiscal convierte a las ganancias de capital en la mejor forma de generar patrimonio, y es la razón por la que tanta gente se hace rica de esta manera, ¡pues los impuestos son pequeños comparados con otros ingresos!

Recuerda que todos estos cálculos son realizados por tu casa de bolsa, sea GBM+, Bursanet o cualquier otra, y son entregados al SAT antes de que llegue el momento de realizar tu declaración anual. De cualquier forma, es importante saber que, a más tardar en el mes de febrero de cada año, la casa de bolsa deberá entregarte las constancias que muestran toda esta información, para que hagas los cálculos y te asegures de que tu declaración anual es correcta.

## CAPÍTULO 8

# Dos claves del éxito de tus inversiones

La fortuna de Warren Buffet a sus 93 años era de aproximadamente 117 500 millones[25] de dólares, lo que lo hacía, en agosto de 2023, la sexta persona más rica del planeta, uno de los inversionistas más exitosos del último siglo, si no es que el inversionista más exitoso que jamás ha vivido. A pesar de haber empezado a invertir desde muy temprana edad, 97% de su fortuna la ha hecho después de sus 60 años, y 50% solo en los últimos 10 años, después de sus 83. Tómate un momento para procesar esta información: si Warren Buffett empezó a invertir seriamente a los 10 años, le tomó 73 años juntar 58 500 millones de dólares, y solo 10 años más juntar otros 59 000 millones de dólares.

> **DE LOS 83 AÑOS QUE WARREN BUFFET HA INVERTIDO PUEDES QUITAR 33 (SOLO 40% DEL TIEMPO, IMAGINANDO POR EJEMPLO QUE NO EMPEZÓ A LOS 10 AÑOS, SINO A LOS 20, Y QUE TERMINÓ DE TRABAJAR A SUS 70) Y TERMINAR CON 97% MENOS DINERO.**

---

[25] Este número gigante, en español, se lee "ciento diecisiete mil quinientos millones", aunque en inglés de Estados Unidos se lee *"one hundred and seventeen billion five hundred million"*. Nota que *"billion"* en inglés estadounidense se traduce como "mil millones" (nueve ceros), no como "billón" (doce ceros). Para agregar a la confusión, "billón" se traduce a inglés estadounidense como "trillion". Otra forma en que a los gringos les encanta contradecir al mundo, como cuando no usan el sistema decimal. Pero suficiente con la lección de inglés.

Este es uno de los ejemplos más claros del poder del interés compuesto que podemos encontrar, y demuestra cómo la primera clave del éxito de tus inversiones no es otra cosa que la espera. De los 83 años que Warren Buffet ha invertido puedes quitar 33 (solo 40% del tiempo, imaginando por ejemplo que no empezó a los 10 años, sino a los 20, y que terminó de trabajar a sus 70) y terminar con 97% menos dinero.

## La clave está en la espera...

La primera clave del éxito de tus inversiones es, entonces, mantener tu inversión tanto tiempo como tengas disponible. Por ejemplo, si tu retiro está a 20 años (o quieres que esté a 20 años) debes mantener tu inversión todo este tiempo. Esto, claro, es más fácil decirlo que hacerlo. Por ejemplo, de febrero a abril de 2020 una inversión distribuida 80% en VOO y 20% en Bonos perdió, en papel, 12% de su valor en solo tres semanas. Y caídas como estas pasan todo el tiempo. Durante 2022 una inversión similar hubiera perdido 19%. A pesar de esto, en promedio, esta inversión en el periodo de 10 años que terminó en julio de 2023 generó 12.23% de rendimiento anual. Es importante tener en mente que esto es un promedio, lo que no significa que cada año sea igual, sino que hay años que generan más que ese porcentaje, hay años que generan menos, incluso hay años en que se generan minusvalías, pero en promedio se generó 12.23% cada año. Para obtener ese rendimiento promedio debiste soportar las caídas de valor que hubo en el camino.

Lo bueno es que ya tienes varios puntos jugando a tu favor, permitiéndote mantener tus inversiones en las buenas y en las malas. Para empezar, ya tienes tu fondo de emergencias (¿verdad?), que es el dinero que podrás usar cuando las cosas no vayan tan bien. Y es que en esta vida suele ocurrir que cuando llueve, llueve sobre mojado. Cuando la economía de un país atraviesa momentos difíciles, esto puede impactar a las empresas ubicadas en ese país, reduciendo el valor de sus acciones en bolsa, y además forzándolas a realizar cortes de personal. Esto fácilmente puede desencadenar una serie de eventos desafortunados (perdón, Lemony) en la que pierdes tu empleo por la mala economía, y luego necesitas vender tus acciones para enfrentar tus gastos, pero las tienes que vender justo cuando su valor ha caído, lo que no solo podría ocasionarte pérdidas, sino que significaría vender más acciones de las que hubieras vendido cuando estaban más caras, resultando en una menor inversión para cuando el valor se recupere. Un fondo de emergencias estará ahí para evitar que interrumpas tus inversiones, y permitirte que las dejes seguir e intentar recuperarse en el largo plazo, como históricamente ha sucedido. Así como sucedió justo después de marzo de 2020; después de una caída de 14% que ocurrió con VOO del 20 de febrero al 13 de marzo, ocurriría una subida de 32% solo entre el 13 de marzo y el 27 de abril.

Además de tu fondo de emergencias, también tienes a tu favor un plan que es fácil de seguir, que te ayuda a decidir qué porcentaje de tu inversión debe existir en acciones y qué porcentaje en deuda. Este plan es uno que debes seguir independientemente de los movimientos que estén ocurriendo en el valor de tus inversiones. Claro que seguir este plan podría no resultar tan fácil en periodos de volatilidad, incluso si no necesitamos vender nuestras inversiones para enfrentar nuestros gastos.

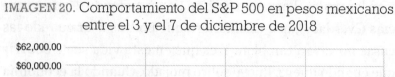

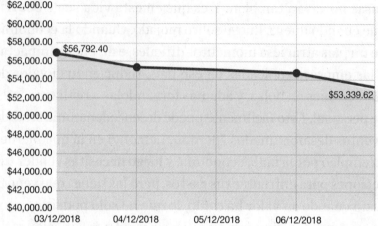

IMAGEN 20. Comportamiento del S&P 500 en pesos mexicanos entre el 3 y el 7 de diciembre de 2018

Por ejemplo, imagina que invertiste tu dinero de cada mes al principio de diciembre de 2018, quizá el día 3 del mes como la inversión que muestra la imagen 20. Solo cuatro días después tu inversión valía 6% menos. ¿Una caída pequeña que hubieras soportado?

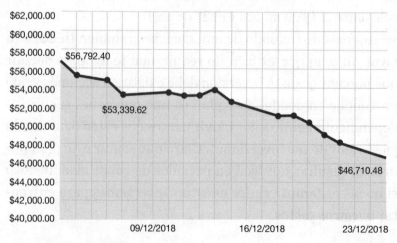

IMAGEN 21. Comportamiento del S&P 500 en pesos mexicanos entre el 3 y el 24 de diciembre de 2018

Si soportaste esa pequeña caída, como sabes que debes hacerlo según tu plan, a lo largo del mes tu inversión hubiera continuado a la baja, tocando su punto mínimo en Nochebuena; el 24 de diciembre tu inversión valía casi 18% menos de lo que valía solo unos días antes, el 3 de diciembre. Vaya recompensa para tu disciplina.

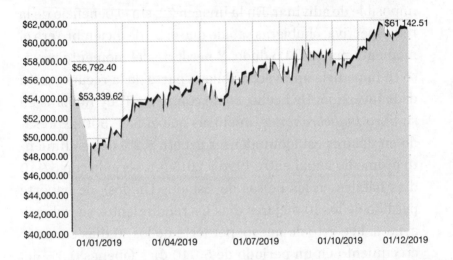

IMAGEN 22. Comportamiento del S&P 500 en pesos mexicanos entre el 3 de diciembre de 2018 y 31 de diciembre de 2019

Tu recompensa habría llegado lentamente durante 2019, cuando poco a poco el valor de la inversión en el S&P 500 se recuperó. El 31 de diciembre el valor incluso era superior que el 3 de diciembre de 2018, aun después de la caída de 18% que había sufrido tu inversión. De hecho, del 24 de diciembre de 2018 al 31 de diciembre de 2019 ¡el S&P 500 subió casi 31 por ciento!

Claro que en Navidad de 2018 no había forma de saber que 2019 tendría esta subida tan acelerada, y que tus minusvalías momentáneas eran solo eso. Es completamente natural sentir que estamos perdiendo dinero y que deberíamos vender nuestra inversión antes de que siga bajando más. Podemos pensar que vender en este momento que tenemos minusvalías de 18% nos puede librar de caídas peores, y que podremos comprar en cuanto veamos que la tendencia cambia y que el valor del S&P 500 se empieza a recuperar. El problema es que para que este plan tenga éxito deberíamos estar pegados a una pantalla todo el tiempo revisando el valor del S&P 500 y escoger el momento preciso, lo que es imposible de adivinar. En la imagen 22, sin el beneficio de la retrospectiva, ¿hubieras sabido que el 24 de diciembre era el momento preciso? Lo dudo. Y perderte del momento preciso te impediría aprovechar buena parte de la recuperación de la inversión. De hecho, como comparte Tony Robbins en su libro *Inquebrantable*, mientras que el S&P 500 expresado en dólares estadounidenses generó 8.2% de rendimiento promedio anual entre 1996 y 2015 (un periodo con 5 040 días hábiles en las bolsas de Estados Unidos), de haberte perdido de los 10 mejores días los rendimientos se reducen a 4.5%. Lee esto de nuevo: perderte de los 10 días con más crecimiento en un periodo de 5 040 días (apenas 0.2% del tiempo) corta tus rendimientos casi a la mitad. Por si esto no fuera poco, perderte de los 20 mejores días reduce el rendimiento promedio de 8.2 a 2.1%, y perderte los 30 mejores días reduce tu rendimiento a 0%. Peor aún, un estudio de JPMorgan encontró que, a abril de 2020, siete de los 10 mejores días ocurren dentro de las dos semanas después de los peores días, con cinco de esos siete ocurriendo dentro de la primera semana después de los peores días. Justo cuando los inversionistas podrían haber vendido sus inversiones debido a días con caídas terribles en el valor del S&P 500, el índice le echa sal y limón a sus heridas teniendo sus mejores días poco tiempo después.

> **NOTA:** ¿Por qué podemos decir con tanta certeza que, en el largo plazo, nuestra inversión crecerá? Bueno, porque históricamente, con datos desde 1871, invertir en un portafolio de acciones estadounidenses (como haríamos con el S&P 500) ha generado crecimiento en 73% de los periodos cortos de un solo año. Pero si tomamos periodos de inversión de dos años, 80% de los casos habría generado crecimiento para los inversionistas. Si fuimos pacientes e invertimos durante cinco años, nuestro dinero creció en 90% de los periodos de cinco años que han existido desde 1871 hasta el 31 de julio de 2023. El 97% de los periodos de 10 años ha resultado en crecimiento para los inversionistas, y finalmente 100% de los periodos de 20 años (o más largos) resultaron en rendimiento para los inversionistas. Como te das cuenta, el alto riesgo del que hablamos cuando invertimos en acciones solo existe en los movimientos en el valor del día a día, quizá en los movimientos de un año al siguiente, pero conforme el periodo es más largo, ¡el riesgo es en realidad bajísimo! En 0% de los periodos de 20 años o más habríamos perdido dinero al invertir en el mercado accionario estadounidense. Eso es, si mantuvimos nuestra inversión los 20 años completos, claro.

Pero no importa cuántos datos te comparta, de poco te servirá conocerlos cuando sientas miedo. Asegúrate de que estás invirtiendo de forma que puedas soportar a través de cualquier escenario negativo mantener tu inversión. Que la clave estará en la espera. Como estuvo a finales de 2018 para recuperarlo todo y más en 2019, o como está en los mejores días que suceden poco después de las peores caídas.

Dice Morgan Housel en su libro que más que querer los mayores rendimientos, quiere ser inquebrantable financieramente, lo que le permitirá mantener su inversión más tiempo, y que al final será justo eso lo que le dará los mayores rendimientos.

No persigas rendimientos, persigue el plan que puedes seguir, y los rendimientos vendrán por sí solos.

## Adapta tu plan

No siempre vas a querer o poder soportar el mismo riesgo que hoy, y el plan que tienes actualmente es para tu yo de hoy, ¿qué querrá tu yo del futuro? Ya establecimos que conforme se acerque tu retiro podrás soportar menos riesgo, de hecho, la regla del 110 y sus alternativas ya contemplan la adaptación del plan a lo largo de los años, ¡es importante que lo hagas! Pero además debes considerar que tu yo del futuro podría querer soportar un riesgo diferente al que quieres soportar hoy.

Al menos una vez cada dos años, pero de preferencia cada año, tienes que cambiar tu plan para que se adapte a tu nueva situación. El proceso que seguirás para hacerlo será similar al plan de riesgo gradual que vimos en la tabla 19, excepto que invertido, porque en lugar de incrementar gradualmente el riesgo, lo haremos cada vez menor. Lo que yo hago es que el día después de mi cumpleaños evalúo el plan que usé durante el año anterior y considero hacerlo menos riesgoso evaluando tres variables:

> **LO QUE YO HAGO ES QUE EL DÍA DESPUÉS DE MI CUMPLEAÑOS EVALÚO EL PLAN QUE USÉ DURANTE EL AÑO ANTERIOR Y CONSIDERO HACERLO MENOS RIESGOSO EVALUANDO TRES VARIABLES**

1. El menor riesgo que puedo tomar ahora por ser más viejo, que significaría restar 1% al porcentaje que destino a acciones e incrementar ese 1% al porcentaje que destino a deuda.

2. El menor riesgo que podría tomar ahora si durante el año se incrementaron mis responsabilidades. Nuevas responsabilidades, sobre todo grandes responsabilidades, como la contratación de una hipoteca, una boda, un cambio de trabajo, el nacimiento del nuevo integrante de la familia o el cuidado de un familiar enfermo, ponen a prueba la estabilidad de nuestras finanzas incrementando la carga sobre nuestro patrimonio. Es importante que ese patrimonio sea más sólido que nunca, lo que se puede lograr reduciendo el riesgo que tomamos con nuestras inversiones. Así como acercarnos a la edad de retiro significa que podemos soportar menos riesgo, también el incremento (y decremento) de responsabilidades puede cambiar la cantidad de riesgo que podemos tomar.

3. El menor riesgo que ahora querría soportar sea por mi experiencia como inversionista durante el año, o por el

crecimiento en mi patrimonio. Si durante el año los movimientos en el valor de mis inversiones me preocuparon, incluso por breves periodos, es señal de que ahora quiero soportar menos riesgo que antes, o podría significar también que los movimientos se sienten más bruscos porque el valor de mi patrimonio se ha incrementado, y las subidas y bajadas expresadas en pesos ya se sienten como navegar por una tormenta.

Toma en cuenta que, así como con el plan de riesgo gradual, cambiar estos porcentajes no significa vender tus acciones para comprar deuda, sino adaptar tus inversiones futuras para que el porcentaje se acerque al objetivo. Por ejemplo, si empezaste con un plan 80/20 y ya tienes 80 000 pesos en acciones y $20 000 en deuda, cuando lo cambies a 79/21 no significa vender $1 000 de VOO y pasarlos a Bonos, sino que tus siguientes $1 000 deberán ser invertidos con el plan 79/21 en mente. Con este plan, los $101 000 que tendrás en total tras invertir los $1 000 extra deberían dividirse $79 790 en acciones y $21 210 en deuda, pero bastará con destinar esos $1 000 a Bonos para tener una distribución de $80 000 en acciones y $21 000 en deuda incluso si no resulta en un 79/21 exacto. Como ya mencioné, los porcentajes no deben ser exactos todo el tiempo, solo deben guiarte en tus siguientes inversiones.

Cuando adaptes tu plan basándote en los tres puntos de arriba, no subestimes tu reacción a las caídas en el valor de tu inversión, en especial conforme pasa el tiempo; conociendo la historia del S&P 500 racionalmente puedes saber que tras una caída de 25% deberías mantener tu inversión y esperar a que se recupere como siempre lo ha hecho. Pero saber esto podría no ser suficiente cuando veas el valor de tu portafolio caer 25% en cuestión de semanas, en especial cuando tu portafolio ya contiene varios años de tus ingresos, como en un futuro sucederá. Cuando llevas poco tiempo invirtiendo (un año, por ejemplo), quizá tienes invertido el equivalente a un mes de tus ingresos; una caída de 25% en el valor de tus inversiones apenas equivale a tu ingreso de una semana, así que no se sentiría tan mal. Pero cuando ya llevas varios años invirtiendo, quizás unos 20, podrías ya tener invertido el equivalente a cuatro años de tus ingresos; en ese momento una caída de 25% es el equivalente a perder un año de ingresos, una pérdida catastrófica. Entonces, pensar que puedes soportar una caída de 25% no es lo mismo que vivir una caída de 25%, cuando además las noticias podrían llenarse de personas hablando de cómo las cosas están mal y van a empeorar. En esos momentos recuerda que lo mismo han dicho anteriormente, en 2020 con la pandemia, en 2011 con la crisis del techo de deuda en Estados Unidos, en 2008 durante la crisis financiera, en 2001 con los ataques terroristas a las torres gemelas, en 2000 con el estallido de la burbuja de las puntocom, y así podríamos listar las crisis del último siglo y encontrar que el valor de nuestra inversión en el S&P 500 hubiera crecido de todos modos.

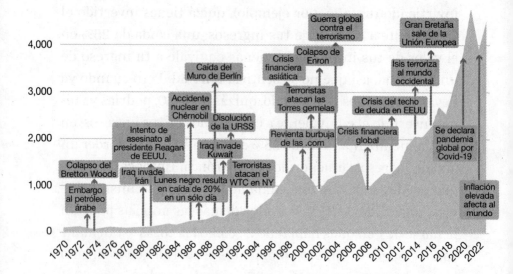

IMAGEN 23. Gráfica que muestra el crecimiento del S&P 500 desde 1970 a través de varias crisis financieras, guerras, ataques terroristas, entre otros sucesos históricos negativos

Sin duda una inversión en el S&P 500 ha soportado de todo, sobre todo porque el índice no se preocupa por comprar o vender ciertas acciones según lo que esté ocurriendo ese día, o cuando a los administradores expertos se les antoja. Porque no hay administradores, la estructura está predefinida y una computadora se encarga de mantenerla, de reemplazar a las empresas que dejan de cumplir los requisitos con nuevas empresas que ahora los cumplen, y de mantener una proporción que invierta más en las empresas más grandes y menos en las más pequeñas. El proceso de decisión no se basa en si las noticias dicen que se viene la próxima recesión, o si la inflación está haciendo estragos en la economía, o el estado del tipo de cambio, o lo que China pueda estar haciendo, nada de eso. Se basa en el valor de las empresas, y si es necesario, adapta cuatro veces al año la lista de 500 empresas a

## DOS CLAVES DEL ÉXITO DE TUS INVERSIONES | 237

ser incluidas y el tamaño de la inversión en cada una, lo que ha resultado en décadas de éxito para los inversionistas. A pesar de este éxito innegable, cuando llueve, llueve sobre mojado, y es importante que no subestimes tus sentimientos en las bajadas y subidas de esta montaña rusa llamada mercado accionario.

### Y la clave también está en la constancia

De poco nos serviría hacer una inversión de 1 000 pesos hoy y dejarla ahí 40 años, sin tocarla a través de subidas y bajadas. Tomando un 8% de rendimiento que podría generar un portafolio 80/20 en el largo plazo, ese dinero se convertiría en $21 724. Crecimiento impresionante, pero para nada suficiente para nuestro retiro.

Por eso la segunda clave del éxito en tus inversiones es la constancia. Que cada quincena, o cada mes, sin importar las noticias, los movimientos en el mercado accionario, la tasa que paguen los Bonos o lo que diga tu horóscopo, tú hagas una aportación a tu ahorro para el retiro.

Esto significa seguir tu plan sin voltear a ver qué está pasando en el corto plazo. Porque es demasiado común pensar que si el mes pasado compramos VOO a $7 000 y ahora está en $7 500 eso debe significar que ahora está caro, y que se debería esperar a que "regrese" a la normalidad. Esto aplica igual a la inversa, si ahora está en $6 500, pensamos que debemos de esperar a que deje de bajar, no queremos comprar a $6 500 si la siguiente semana estará a $6 000. A esto se le llama sesgo de anclaje, que es un sesgo cognitivo (un punto ciego en nuestra forma de pensar) que nos ancla al primer precio que asociamos con un producto o servicio, de forma que cuando lo vemos a un precio diferente lo sentiremos "barato" o "caro" según nuestra propia perspectiva, no según la realidad.

Si al sesgo de anclaje le agregamos que como humanos, en especial en periodos en los que leemos o escuchamos buenas o malas noticias, vamos a querer reaccionar ante esa situación, tenemos un problema más serio. Por ejemplo, podríamos querer invertir más en acciones cuando les está yendo bien, e invertir menos cuando ocurre lo contrario. Y eso iría en contra de un plan establecido con la regla del 110 o sus alternativas. Si resulta que atravesamos un periodo negativo para las acciones y su valor ha bajado 10% en un mes, tu plan de inversión naturalmente te invitará a invertir más en acciones, porque si antes tenías $8 000 en acciones y $2 000 en deuda, ahora tendrías $7 200 y $2 000; entonces si quieres mantener la distribución de 80/20, tus siguientes $1 000 tendrías que destinarlos $960 a acciones y solo $40 a deuda. Y si el siguiente mes las acciones siguen sufriendo y bajan otro 10%, de los $8 160 que tenías en acciones y $2 040 en deuda ahora tendrás $7 344 y $2 040; y otra vez, de los siguientes $1 000 que inviertas, deberás destinar $960 a acciones y solo $40 a deuda para mantener la distribución 80/20. Para quien tiene un plan que corre riesgos superiores a los que realmente quiere o puede soportar, esto será como echar limón a una herida, destinar cada vez más dinero a aquello que le está yendo mal. Es similar a cuando a algo le está yendo bien y nuestro plan no nos permite invertir más. Imagina que en lugar de caídas de 10% experimentamos subidas de 10% en nuestras acciones, de una distribución inicial de $8 000 y $2 000, pasamos a $8 800 y $2 000, pero nuestro plan dictaría que los siguientes $1 000 deberían distribuirse $640 en acciones y

$360 en deuda para mantener la distribución de 80/20, justo cuando las acciones suben, debemos invertir menos en ellas, y cuando las acciones bajan, debemos invertir más. Pasen la sal que el limón en la herida no es suficiente.

TABLA 20. Seguir un plan con disciplina significa comprar más de lo que va cayendo, y menos de lo que va subiendo. De esta forma se mantienen los porcentajes definidos por el plan

| | Inversión inicial (en pesos) | | Aportación de 1000 | |
|---|---|---|---|---|
| | Acciones | Deuda | Acciones | Deuda |
| Tras poca volatilidad | 8000.00 | 2000.00 | 800.00 | 200.00 |
| Tras 10% de caída en acciones | 7200.00 | 2000.00 | 960.00 | 40.00 |
| Tras 10% de subida en acciones | 8800.00 | 2000.00 | 640.00 | 360.00 |

Invertir menos en algo que sube, y más en algo que baja, suena completamente contraintuitivo, pero atenernos a nuestro plan es de vital importancia. Creaste tu plan con un nivel de riesgo en mente, quizá siguiendo el plan de riesgo gradual como el ilustrado en la tabla 19. Eso quiere decir que conscientemente has elegido, por ejemplo, una distribución de 80% en acciones y 20% en deuda. Con esta distribución, la caída de 24% que sufrió el S&P 500 en 2022 fue una caída de solo 19% en tu portafolio. Es más, considerando que en el mismo año los Bonos pagaron cerca de 9% (que es un crecimiento de 1.8% en tu portafolio si los Bonos son solo 20% del total), tu portafolio solo perdió 17%. Perder 17% en un año puede ser algo que para tu nivel de riesgo puedas soportar, perder 24% quizá ya no, si no mantienes el plan por querer invertir menos en algo que baja o invertir más en algo que sube, te podrías exponer a un riesgo para el que no te has preparado, un riesgo que no puedes —o no quieres— soportar, lo que muchas veces resulta en noches de insomnio y luego en la venta anticipada de tus inversiones, o el abandono de tu constancia, interrumpiendo el interés compuesto cuando no había necesidad.

Otro punto a favor de la constancia es el hecho de que al invertir todos los meses realmente estamos apartando dinero para nuestras metas financieras. Y es que ¿cuántas veces has decidido dejar de gastar en una cosa, solo para terminar gastando tu dinero en otra? Por ejemplo, decidiste no comprar tu café del día, o tomar el camión en lugar de un taxi "para ahorrar", pero ese ahorro nunca terminó en una cuenta de ahorro o inversión, sino que te lo gastaste quién sabe en qué. Así pasa con el dinero que no apartamos para nuestras inversiones, si un mes decidimos esperar "a que las cosas regresen a la normalidad" tras una caída o una subida, ese dinero podría desaparecer para cuando decidas dejarte de juegos e inviertas tu dinero de todos los meses. Ya hablamos de esto en el capítulo 2, así que hazlo e invierte tu dinero sin falta todos los meses.

## Cómo invertir una suma fuerte de dinero

Ser constante cuando inviertes una fuerte cantidad de dinero de golpe es un reto por sí solo. Imagina que has estado ahorrando por varios meses, esperando al fin saber cómo invertir, y tienes una buena cantidad de dinero, digamos que 100 000 pesos. Finalmente decides invertir todo tu dinero siguiendo una distribución 80/20 entre acciones y deuda gubernamental. Ahora imagina que corriste con la mala suerte de comprar justo antes de una caída de 10% en el valor del S&P 500 (algo bastante común, en el periodo de 20 años entre 2001 y 2021, una caída de al menos 10% ocurrió en la mitad de los años), esto significaría que en poco tiempo perdiste, en papel, unos 8 000 pesos. Para muchas personas esto podría ser suficiente para retirar todo su dinero, llamar al mundo de las inversiones "un fraude" y no volver a invertir por un buen rato.

Para minimizar esto, si has estado ahorrando dinero sin invertirlo, o si recibiste un bono importante, o una herencia, o en cualquier situación en la que te encuentres con la oportunidad de invertir una suma de dinero bastante superior a la que normalmente invertirías mes tras mes, podrías considerar *promediar tu costo de adquisición (PCA)*. Este es un término elegante para decir que tomarás tu suma grande de dinero y en lugar de invertirla de golpe la invertirás poco a poco cada mes.

En nuestro ejemplo de arriba eso significaría tomar los 100 000 pesos y, por ejemplo, dividirlos en 10 para invertir $10 000 cada mes por 10 meses. En este caso, cuando ocurre la caída de 10% solo tenemos $10 000 invertidos (seguramente $8 000 en acciones y $2 000 en deuda, por seguir la distribución 80/20), los otros $90 000 siguen en efectivo, y nuestra "pérdida"[26] inmediata es de solo $800. Los siguientes meses

---

[26] Pongo "pérdida" entre comillas porque en realidad se trata solo de una minusvalía momentánea. Como hemos visto, en el largo plazo una inversión en el S&P 500 siempre se recupera. Suena a un tecnicismo simplemente, pero una minusvalía significa

seguimos invirtiendo los $10 000 correspondientes al valor que sea que encontremos los valores en ese momento, de esta forma sentimos menor la variación en el precio (hacia arriba o hacia abajo), porque adquirimos a un precio promedio.

TABLA 21. Impacto del promedio de costo de adquisición *vs.* una inversión de golpe

| MES | INVERSIÓN DE GOLPE ($) | INVERSIÓN PCA ($) | PRECIO DE ADQUISICIÓN ($) |
|---|---|---|---|
| 1 | 80 000.00 | 8 000.00 | 7 000.00 |
| 2 | | 8 000.00 | 6 300.00 |
| 3 | | 8 000.00 | 6 400.00 |
| 4 | | 8 000.00 | 7 200.00 |
| 5 | | 8 000.00 | 7 500.00 |
| 6 | | 8 000.00 | 7 000.00 |
| 7 | | 8 000.00 | 6 500.00 |
| 8 | | 8 000.00 | 6 100.00 |
| 9 | | 8 000.00 | 6 500.00 |
| 10 | | 8 000.00 | 7 000.00 |
| PROM. | 7 000.00 | 6 750.00 | |

En la tabla 21 puedes ver el impacto de promediar tu costo de adquisición en acción. Para simplificar imaginemos que todos los meses, al usar PCA, inviertes los mismos 8 000

---

que tenemos la misma cantidad de activos (número de acciones de VOO, por ejemplo), aunque cada uno valga menos. Cuando vuelvan a subir, la minusvalía se borrará. La minusvalía solo se convierte en pérdida real cuando vendemos más barato que cuando compramos, porque ya no podríamos aprovechar la recuperación en el valor del activo.

pesos, pero recuerda que tendrías que contemplar la variación en los precios para mantener una distribución 80/20 (o cualquiera que tu plan te pida). Si hacemos una inversión de golpe, destinando de inmediato $80 000 a acciones, el precio de adquisición es simplemente el de ese mes (en el ejemplo de la tabla esto es $7 000). Cualquier variación en el valor de nuestras acciones significará un cambio bastante grande en el valor de nuestro portafolio. Pero si usamos PCA, tras 10 meses hemos adquirido acciones a diferentes precios, ciertamente a veces más caro que de haber comprado en el mes uno, pero a veces más barato. El punto de usar PCA no es intentar ganarle a una inversión de golpe, sino minimizar el impacto que la suerte pudo tener en el momento en que decidimos empezar a invertir. Al usar PCA si el precio sube o el precio baja lo hará con un impacto menor en nuestros sentimientos de culpa, porque la suerte no tuvo nada que ver, solo invertimos consistentemente.

Toma en cuenta que matemáticamente invertir de golpe es la mejor estrategia. La razón es que desde el principio el 100% de nuestro dinero está invertido, mientras que, al promediar el costo de adquisición, buena parte de nuestro dinero se mantiene en efectivo, lo que en el mejor de los casos no genera nada de rendimiento, y en el peor va perdiendo valor con la inflación. Pero como espero que sepas a estas alturas del libro, la mejor opción matemáticamente hablando —no por fuerza— es la mejor decisión financiera, porque, de nuevo, no usamos PCA para generar los mayores rendimientos, sino para volvernos inquebrantables mientras invertimos ese dinero. Esto, bien dice Morgan Housel, terminará dándonos los mayores rendimientos.

## CAPÍTULO 9

# Problemas que pueden retrasar tu retiro

Ya que estás en camino hacia la libertad financiera, ya que resolviste problemas iniciales como la falta de un fondo de emergencias y el pago de tus deudas, y ya que has creado un plan personal para ir aportando a tu PPR o a tus inversiones individuales, aún te puedes enfrentar a otros problemas que podrían retrasar tu retiro. La mayoría no depende solo de ti, cada persona podría enfrentarse a uno o varios de ellos, a veces al mismo tiempo, y enfrentarlos requerirá de un plan si quieres hacerlo de forma que el daño a tus finanzas, y a tu plan para el retiro, sea mínimo.

Conocer estos problemas con anticipación es altamente valioso, te puede preparar no solo para identificarlos a tiempo, sino también para que otras personas cercanas a ti hagan lo mismo. La connotación negativa de la palabra *problema* podría erróneamente hacerte pensar que deberás intentar evitar estas situaciones, pero no es así, ninguno de estos "problemas" representa situaciones negativas por sí solos; es más, a excepción del primero, los problemas de los que te contaré son aquellos que surgen al querer ayudar en las finanzas de tus familiares, y en ningún mundo esto es algo negativo. Entonces podrías ver estas situaciones más como retos que otra cosa, pero retos que vas a querer entender y resolver antes de que, ahora sí, se conviertan en una situación negativa.

## Inflación de tu estilo de vida

Sin embargo, de solucionar estos problemas (o retos) tu vida —y la de las personas que amas— será mejor.

## Inflación de tu estilo de vida

Uno de los retos financieros más comunes al que te enfrentarás durante tu vida, uno que fácil y rápidamente se puede convertir en un verdadero problema, es la inflación de tu estilo de vida, que se refiere a esa inflación que no existe simplemente porque el precio de las cosas ha subido, sino porque tú gastas más, o en cosas más caras.

Experimentar este tipo de inflación es completamente esperado, y lo podrás ver en muchos aspectos de tu vida. Por ejemplo, podrías llegar a notar la inflación de estilo de vida en la casa que rentas. Quizá empiezas rentando lo mínimo necesario para poder salir de la casa de tus padres, pero en cuanto tus ingresos lo permiten, podrías buscar un nuevo lugar donde no tengas que compartir un minidepartamento con otras siete personas, y luego buscar un lugar más cerca de tu trabajo, y luego uno donde tu familia pueda crecer. Tus gastos no se inflaron solo porque la inflación hace que el costo de las cosas suba, sino porque el estilo de vida que quieres llevar es cada vez más caro. Y no hay nada de malo con eso. Es más, la inflación de tu estilo de vida podría ser precisamente tu objetivo, la razón por la que trabajas y te esfuerzas todos los días.

El problema empieza cuando la inflación de tu estilo de vida se sale de tu control, crece más rápido que tus ingresos y no te da tiempo de adaptar tus finanzas a la nueva situación. Piensa, por ejemplo, en tu fondo de emergencias, y en cómo debe ser de seis meses de tus gastos (MDG).

PROBLEMAS QUE PUEDEN RETRASAR TU RETIRO | 247

Si construiste ese fondo con mucho esfuerzo cuando gastabas 10 000 pesos al mes, y al fin juntaste $60 000, en cuanto infles tu estilo de vida y ahora gastes $12 000 cada mes, de pronto necesitarás un fondo de emergencias con $72 000; si no destinas dinero a tu fondo de emergencias, inflar tu estilo de vida te puso en una situación financiera menos estable. Y lo mismo sucede con tu ahorro para el retiro.

Mi punto no es que no debes de inflar tu estilo de vida, sino que debes hacerlo de manera controlada. Si tus gastos mensuales suben y tus ingresos, tu fondo de emergencias y tus ahorros para el retiro no suben al mismo ritmo, el trabajo arduo de meses o años se vería comprometido. Debes asegurarte de que tus ahorros suben al menos al mismo ritmo que tus gastos, para que sepas que no solo estás inflando tu estilo de vida, sino también tu fondo para emergencias, pago de deudas, ahorros para el retiro o cualquier objetivo financiero que tengas en determinado momento.

El objetivo entonces es que esta inflación de estilo de vida sea solo algo positivo, después de todo es a lo que apuntamos, poder vivir una mejor vida, con menos preocupaciones, mayores comodidades, más oportunidades. Para eso trabajamos y nos esforzamos, de eso se trata la vida. Pero todo con medida.

Para lograr este balance entre la inflación de estilo de vida y el crecimiento de tus ahorros vale la pena recurrir a una regla que quizá recuerdes: la regla del 50%. Esta regla te permitirá inflar tu estilo de vida cada que recibas un aumento de sueldo, sin que esa inflación se salga de control. Cada que recibas un aumento de sueldo podrás destinar 50% de ese aumento, todos los meses siguientes, a los gastos que tú decidas realizar (usarlo para gastar más en las prioridades que listaste en la tabla 4 sería lo ideal). Al mismo tiempo deberás destinar el otro 50% de ese aumento, todos los meses, para ahorrar en tus objetivos financieros. La elegancia de esta regla permite que la rapidez con la que ahorras crezca, sin depender de cortar tus gastos para hacerlo, dejando que el peso recaiga en tu potencial de generar mayores ingresos, y no en vivir tu vida de forma aún más apretada. Considera el ejemplo de una persona que gana 10 000 pesos y ahorra 0% de sus ingresos, seguir esta regla la guiaría a ahorrar $2 500 cuando sus ingresos sean de $15 000 (para un total de 16.67%), $5 000 cuando sus ingresos sean de $20 000 (para un total de 25%), $10 000 cuando sean de $30 000 (¡para un total de 33.33%!). Los ahorros se aceleran, y sus gastos se incrementan, ganar-ganar.

Toma en cuenta que para que la regla de verdad no dependa de que cortemos gastos para poder ahorrar dinero, esta nos permite considerar la inflación. Si un año nuestros ingresos son de $10 000 y ese año la inflación fue de 10%, cuando

> **NOTA:** Si tus aumentos de sueldo no le mantienen el ritmo a la inflación, ¡te están pagando menos por el mismo trabajo! Habla con tu jefa, el departamento de recursos humanos, o quien sea que esté a cargo de tus ingresos, sobre tu compensación y cómo esta ahora es menor debido al impacto que la inflación tiene en los precios, intenta crear un plan con ellos de cómo puede seguir subiendo para reflejar el nuevo entorno económico.

nos suban el sueldo a $11 000 en realidad no es un aumento, es simplemente una adaptación a los precios más caros, ¡ahora debemos gastar $11 000 solo para comprar lo mismo! Entonces, a menos que nuestro aumento de sueldo sea superior a la inflación, en realidad no hay dinero que dividir 50% en gastos y 50% en ahorros, 100% debe irse a gastos solo para seguirle el ritmo al alza en los precios.

Independientemente de la inflación en los precios, seguir la regla del 50% con los aumentos que recibas te puede llevar muy lejos cuando intentas controlar la inflación de tu estilo de vida, pero aun así esta regla tiene sus límites.

Para ejemplificar los límites de esta regla imagina que tienes 63 años, estás a dos años de la edad a la que decidiste retirarte, ganas 30 000 pesos al mes, y gracias a que seguiste la regla del 50% toda tu vida puedes ahorrar $10 000 todos los meses, un genial 33%. Esto significa que gastas $20 000 al mes, y según tus cálculos necesitas de $3.26 millones de pesos para retirarte. Ya tienes tres millones y entre los rendimientos que tu inversión generará y los $10 000 que puedes aportar cada mes, sin problema llegarás a la meta. Y luego recibes un aumento de sueldo de $5 000 mensuales.

Recibir un aumento suena a lo opuesto de malas noticias, y por supuesto que no son malas noticias. La mala noticia sería inflar tu estilo de vida en este momento. Siguiendo la regla del 50% podrías incrementar tus ahorros mensuales a $12 500, y tus gastos a $22 500. Pero esto significaría que en lugar de 3.26 millones, ahora necesitarás aproximadamente $3.67 millones para retirarte y poder cubrir tu nuevo nivel de gastos de $22 500 mensuales. Incluso ahorrando $2 500 más todos los meses, y considerando que tus $3 millones estén invertidos generando 4% anual por encima de la inflación, a los 65 años tu inversión apenas sería de $3.32 millones; no sería suficiente, ¡y tendrías que posponer tu retiro hasta tus 67 años! Vaya recompensa por recibir un aumento e incrementar tus ahorros.

No tienes que estar a solo dos años de tu retiro para que el problema se presente. El problema reside en que cuando inflas tu estilo de vida, también debes inflar tus ahorros, y debes asegurarte de que puedes inflar esos ahorros antes de que los necesites. Como el ejemplo del fondo de emergencias que mencionaba hace unos párrafos, donde si recibimos un aumento de 2 000 pesos mensuales, y cada mes gastaremos $1 000 extra (porque seguimos la regla del 50%), un fondo de emergencias de 6 "MDG" ahora debe tener $6 000 más que antes. Si ahora ahorramos los otros $1 000 todos los meses, nos tomará seis meses juntar esa cantidad. Tu ahorro para el retiro también deberá tener más dinero, porque ahora esperarás gastar más mes tras mes.

¿Hasta qué punto, entonces, puedes depender de la regla del 50%?

GRÁFICA 5. Crecimiento en el porcentaje de ahorro siguiendo la regla del 50%

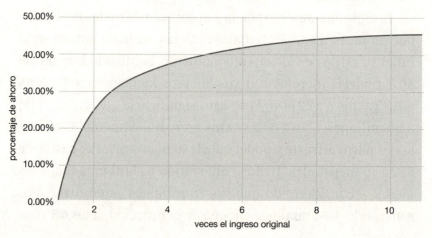

El problema de la regla del 50%, como ilustra la gráfica 5, es que tu porcentaje de ahorro mensual crecería rápido solo al principio, pero por su naturaleza, esta regla hará que el crecimiento sea cada vez más lento conforme más te acerques a 50%. De hecho, siguiendo esta regla, tu ahorro nunca sería de más de 50% de tu ingreso. Mientras que duplicar tu ingreso por primera vez (ganar dos veces tu ingreso original, asumiendo que antes tu porcentaje de ahorro era 0%), te permitiría ahorrar 25% siguiendo la regla del 50%; volver a duplicar tu ingreso (para ahora ganar cuatro veces el ingreso original), apenas te permitiría ahorrar 37.5%. Y volver a duplicarlo (a ocho veces tu ingreso original), significaría ahorrar apenas 43.75 por ciento.

Esta desaceleración en el crecimiento de nuestros ahorros es la culpable de los límites de la regla del 50%. Mientras que esta regla es genial cuando apenas empiezas tu camino hacia la libertad financiera, y al principio no tienes que preocuparte en lo absoluto por sus límites, en algún momento se convierte en uno de esos problemas que pueden posponer tu retiro, porque su eficacia en controlar la inflación de tu estilo de vida se ve disminuida.

**MIENTRAS QUE ESTA REGLA ES GENIAL CUANDO APENAS EMPIEZAS TU CAMINO HACIA LA LIBERTAD FINANCIERA, Y AL PRINCIPIO NO TIENES QUE PREOCUPARTE EN LO ABSOLUTO POR SUS LÍMITES, EN ALGÚN MOMENTO SE CONVIERTE EN UNO DE ESOS PROBLEMAS QUE PUEDEN POSPONER TU RETIRO, PORQUE SU EFICACIA EN CONTROLAR LA INFLACIÓN DE TU ESTILO DE VIDA SE VE DISMINUIDA.**

Lo que tendrás que hacer será identificar cuando tu porcentaje de ahorro mensual ha llegado a 30% de tus ingresos (nota en la gráfica 5 cómo alrededor de este porcentaje la curva se aplana, y el crecimiento es más lento). En ese momento deberás reemplazar la regla del 50% por una decisión más consciente sobre tu porcentaje de ahorro. Cada que recibas un aumento evalúa cómo afectaría a tu fondo de emergencias y a tu ahorro para el retiro el gastar una parte de ese aumento todos los meses. Como hicimos en los ejemplos de arriba, tendrás que calcular cuánto tiempo te tomaría crecer tu fondo de emergencias al nuevo tamaño necesario; también tendrás que calcular cuánto nuevo dinero tendrías que juntar para tu retiro, y cuánto tiempo te tomará juntarlo; y si resulta que te tomará más tiempo del que falta para tu retiro, deberás evaluar si esos nuevos gastos valen la pena si el costo es unos años menos de libertad financiera.

Si quieres una regla rápida que puedas seguir una vez que alcances el 30% de ahorro mensual, puedes usar la regla del 75%, que establece que deberás ahorrar 75% de tus futuros aumentos de sueldo, y solo gastar 25%. Esta regla permitirá que tu porcentaje de ahorro siga subiendo más aceleradamente que si solo usas la regla del 50 por ciento.

Regla del 50%: Ahorra la mitad de todos tus futuros aumentos de sueldo; la otra mitad la puedes gastar para mejorar tu calidad de vida.

Regla del 75%: Una vez que alcances un porcentaje de ahorro de 30%, para minimizar las limitantes de la regla del 50%, ahorra 75% de todos tus futuros aumentos de sueldo; el otro 25% lo puedes gastar para incrementar tu calidad de vida.

**REGLA DEL 50%**

Ahorra la mitad de todos tus futuros aumentos de sueldo; la otra mitad la puedes gastar para mejorar tu calidad de vida.

## REGLA DEL 75%

Una vez que alcances un porcentaje de ahorro de 30%, para minimizar las limitantes de la regla del 50%, ahorra 75% de todos tus futuros aumentos de sueldo; el otro 25% lo puedes gastar para incrementar tu calidad de vida.

## Cuando una compra desata un nuevo estilo de vida

Por cierto, la inflación del estilo de vida no solo ocurre cuando recibes un aumento de sueldo. Ten mucho cuidado con el efecto Diderot, en el que un patrón establecido en tu estilo de vida puede ser alterado por una sola compra, y establecer un nuevo patrón con un estilo de vida más caro. El ejemplo más claro solemos encontrarlo cuando compramos, o rentamos, una nueva casa. Sea más grande, más lujosa o mejor ubicada, lo más probable es que el gasto relacionado con la nueva casa no sea el único, sino que desencadenará todo un nuevo estilo de vida más caro. Nuevos muebles para llenar la casa más grande, o ropa y autos más lujosos que vayan más acorde con el lujo del nuevo hogar, o salidas a restaurantes más recurrentes porque ahora están a la vuelta de la esquina. Una sola decisión desencadena nuevos gastos que no se habían contemplado. Quizá habíamos contemplado, por ejemplo, 2 000 pesos más de renta todos los meses; pero no que esos $2 000 se convertirían en $3 000 o $4 000 porque ahora tenemos un estilo de vida completamente diferente.

Y el efecto Diderot no solo se desencadena tras realizar cambios grandes, como mudarte a una casa mejor. Puede pasar cuando compras un nuevo celular; sí, quizá presupuestas el nuevo celular, pero debido a este efecto podrías encontrarte con que después gastaste también en una mica para no dañar la pantalla, en una funda por si tiras tu nuevo celular, o incluso en un nuevo *smartwatch* que sea compatible. Yo mismo experimenté el efecto Diderot hace unos años cuando reemplacé mi viejo librero por uno mucho más grande; de pronto mi librero se veía bastante vacío, así que empecé a comprar todo libro que se me atravesaba; compré algunos

Legos para armar y usar de decoración, hasta estuve tentado a cambiar toda la sala por una nueva que combinaba un poco mejor con el nuevo librero.

El efecto Diderot es escurridizo, es difícil planear alrededor de él; no sabemos la extensión de su impacto porque no estamos completamente seguros de cómo vamos a reaccionar al hacer una compra. Pero ser conscientes de su existencia puede ayudarnos a estar alertas. La siguiente vez que hagas una compra, sobre todo una grande como un auto o una casa, prende tus alertas e intenta identificar aquellas compras subsecuentes que parecen tener su origen en el efecto Diderot y pregúntate si de verdad la compra original no es suficiente por ahora, para que tu estilo de vida no se infle mucho más de lo que habías anticipado y evites que se salga de control.

## "Si mi vecino puede, por qué yo no"

Los humanos somos animales sociales, queremos ser aceptados por las personas cercanas a nosotros, y queremos destacar y sentirnos importantes. Está en nuestra naturaleza. Esta naturaleza, sin embargo, atenta contra nuestras finanzas.

Cada que nos comparamos con el círculo social en el que nos desenvolvemos nos exponemos a otros sesgos cognitivos, puntos ciegos de nuestro pensamiento, que nos pueden orillar hacia comportamientos financieros irresponsables.

Piensa en cómo cuando ves que una persona de tu círculo social (vecinos, familiares o amigos) compra un auto nuevo, o se va de viaje, de inmediato quieres hacer lo mismo, para mostrarles que tú también puedes y te mereces ser parte de

PROBLEMAS QUE PUEDEN RETRASAR TU RETIRO | **257**

la manada. Después de todo, si ellos pueden, ¿por qué tú no? Deben tener ingresos similares si viven en el mismo vecindario, o crecieron con la misma familia, o fueron a las mismas escuelas, ¿no? ¡No! Usualmente no tenemos suficiente contexto sobre las finanzas de los demás; podrían haberse endeudado, o recibido una herencia o ahorrado por años. Pero nada de eso pasa por nuestra cabeza, porque nuestros sesgos cognitivos hacen que sintamos que las demás personas viven mejores vidas que nosotros (Instagram y los hábitos de compartir fotos perfectas, aunque sean solo una parte de la realidad, o completamente irreales, no ayudan con esto). Porque cuando pensamos en que nuestros vecinos tienen un mejor coche que nosotros, curiosamente no pensamos en los cien vecinos que tienen un Aveo o un Jetta, pensamos en el vecino que tiene un Porsche. Y entonces queremos un coche que también destaque, independientemente de si nuestras finanzas nos lo permiten o no.

Para pelear contra este tipo de sesgos cognitivos ya te compartí la regla de las $4x^2$, y la tabla 4 para listar tus prioridades. Con esa lista de prioridades puedes convencerte, sin importar si es cierto o no, que si tu vecino se compró un Porsche es porque eso debe estar dentro de sus prioridades, pero si tener un auto de lujo no está en las tuyas, significa que tú no debes gastar en eso, porque tus prioridades están en otro lado.

Lo que no te había compartido antes es cómo estos mismos sesgos cognitivos pueden afectar a las personas que amas cuando tú eres quien se compra el Porsche. O cuando te vas de viaje, o empiezas a gastar en tus propias prioridades, o cuando tus finanzas están mucho más robustas, y se note. No estoy diciendo que debes dejar de disfrutar tu dinero para evitar dañar los sentimientos o finanzas de los demás, si ellos no tienen buenas finanzas es su problema, no el tuyo. Pero sí debes tener cuidado con dañar las finanzas de las personas cercanas a ti a través de actos más directos.

Por ejemplo, hace unos meses mi novia y yo organizamos una visita a Tequila, Jalisco, como uno de nuestros viajes de despedida antes de mudarnos a Sídney para estudiar nuestras maestrías. En la visita pasamos a comer a un restaurante algo elegante, cada quien pidió sus platillos, lógicamente pedimos una botella de tequila y tuvimos una tarde agradable, hasta que llegó la cuenta. Sin consultar con todo el grupo, la mitad del grupo decidimos que era buena idea dividir la cuenta entre el número de personas para que todos pagáramos exactamente lo mismo, después de todo —pensamos— habíamos comido y bebido más o menos igual. Lo que nos había pasado desapercibido es que dos de nuestros amigos, a propósito, habían pedido solo una entrada para compartir entre ellos, porque era para lo único para lo que les alcanzaba. Cuando les dijimos cuánto les tocaba pagar se notaron incómodos, y aunque no dijeron nada, sí se molestaron y se esforzaron por ser quienes se llevaran la botella con el tequila que sobró. Me sentí terrible de poner a mis amigos en esa situación.

Conforme tus finanzas sean mejores, y puedas permitirte mayores lujos, ten cuidado de este tipo de situaciones. Cuando quieras salir a restaurantes más caros, a viajes más largos, o incluso tener una boda donde las damas de honor tengan que vestirse de forma particular, piensa en las finanzas de las personas con quien quieres compartir la experiencia. Consulta con tus amigos si ese restaurante está bien, o diles que los quieres invitar tú por una ocasión especial. Presenta a tu familia el viaje que has planeado con diferentes niveles de presupuesto, y ofrece aportar de tu propio bolsillo para cubrir algunos costos y tener experiencias que tú quieres tener pero que quizá no todos pueden pagar. Y por favor, si vas a hacer que tus damas de honor usen el vestido que tú quieres, págalo tú o déjalas usar el vestido que ellas puedan pagar.

## El retiro de tus padres

Resulta que no solo debes preocuparte por tu propio retiro, el retiro de tus padres podría impactarte negativamente a ti y, por ende, posponer tu propia libertad financiera. Si tus padres no ahorraron lo suficiente para retirarse con comodidad, o si se endeudaron y de pronto no pueden trabajar con la misma eficiencia, o quizá sus gastos médicos son cada vez mayores y les es difícil cubrirlos, van a necesitar de tu ayuda.

Solo para aclarar, no será tu obligación ayudar a tus padres en su retiro, tal como no será obligación de tus hijos ayudarte en el tuyo. Pero claro que si tienes la oportunidad, podrías querer ayudarlos, incluso si no quieren aceptar tu ayuda.

En su libro *The Dumb Things Smart People Do with Their Money* (Las cosas tontas que la gente inteligente hace con su dinero), Jill Schlesinger dice que a los padres les parece egoísta pedir ayuda a sus hijos incluso cuando su edad empieza a dificultarles el valerse por sí mismos, pero que en realidad es más egoísta no aceptar esa ayuda cuando aún hay tiempo de resolver los problemas juntos, padres e hijos, porque después necesitarán la ayuda cuando todo el peso recaerá completamente en los hijos. Aceptar la ayuda a tiempo puede ahorrar muchos dolores de cabeza, y muchos miles de pesos.

Intenta platicar con tus padres sobre el estado de sus finanzas lo más pronto posible, pregúntales sobre sus deudas, sobre si tienen un plan para el retiro, o si ya están retirados pregúntales sobre sus ahorros y cuánto tiempo les van a durar. Pregúntales si saben cómo se enfrentarían a una posible enfermedad, si podrían cubrir sus gastos, y si necesitarán a alguien que los cuide.

En definitiva son temas complicados, pero es importante planear con antelación. Quizá se dan cuenta de que necesitarán un seguro de gastos médicos o necesitarán de tu ayuda para pagar la prima. Tal vez te pones de acuerdo con tus hermanos, si los tienes, sobre las mejores formas de cuidar de la salud de tus padres cuando lo empiecen a necesitar. Platicar de todo esto cuando aún hay tiempo será mejor para tus finanzas, las finanzas de tus padres y hasta para tu relación con ellos.

Ahora, si en esta plática llegan a la conclusión de que necesitarán ayuda en la planeación de su propio retiro, este libro ya te habrá dado una muy buena idea de las cosas que tus padres podrían hacer, pero ten en cuenta que sus circunstancias podrían ser aptas para planes completamente diferentes a los tuyos. Y no estoy hablando solo de los diferentes planes de inversión necesarios debido a su edad, sino de planes a los que tienen acceso por pertenecer a una generación que aún tenía pensiones, al contrario de la nuestra que tiene que ahorrar su propio dinero para retirarse.

## Modalidad 40

Si tus padres empezaron a trabajar y generar semanas cotizadas antes del 1º. de julio de 1997, en la actualidad no tienen un empleo formal o no están cotizando ante el IMSS, aún no se han pensionado, y en los últimos cinco años han cotizado al menos 52 semanas, pueden utilizar la modalidad 40 para obtener una pensión después de que cumplan 60 años. Inscribir a tus padres en esta modalidad 40, técnicamente llamada "continuación voluntaria al régimen obligatorio del IMSS", es una de las mejores formas en que puedes ayudar con su retiro.

Esta modalidad 40, como su nombre técnico lo describe, les permite seguir cotizando voluntariamente ante el IMSS a cambio de una aportación mensual. La idea es que una vez alcancen un mínimo de 60 años, si se cumplen algunas condiciones, pueden recibir una pensión de por vida.

Esta es una de las diferencias que podrían existir entre el retiro de tus padres y el tuyo, de haber empezado a cotizar antes del 1º. de julio de 1997 significa que ellos se pueden pensionar utilizando la Ley del 73 con haber cotizado tan solo 500 semanas durante su vida laboral. Claro que el monto de su pensión dependerá de algunos factores: el número total de semanas cotizadas, el salario promedio diario de los cinco años antes de su retiro y la edad a la que deciden solicitar esa pensión.

Las semanas cotizadas son el número de semanas que se han trabajado y reportado al IMSS, tradicionalmente son las semanas en las que se tuvo un empleo formal, y juntar tantas como sea posible será importante para conseguir una mejor pensión. Si tus padres quieren saber cuántas semanas han cotizado pueden utilizar su número de seguridad social y su CURP en este minisitio del IMSS: serviciosdigitales.imss.gob. mx/semanascotizadas-web/usuarios/IngresoAsegurado. Es importante que consideren que algunas semanas cotizadas podrían estar inactivas, y hay que reactivarlas juntando 52 semanas de cotización en los últimos cinco años para poder utilizar la modalidad 40. Esto quizá requiera que tus padres consigan un empleo al menos para juntar esa cantidad de semanas. También es importante contemplar que el número de semanas cotizadas antes de 1982 podrían estar "perdidas", quizá el IMSS llevaba un registro aún análogo y luego cambió a uno digital, entonces si tus padres trabajaron antes de ese año, es probable que necesiten hacer una aclaración manual para que encuentren esas semanas en los registros y se las tomen en cuenta. Después de todo, como mencionaba, el número de semanas cotizadas totales será importante para calcular la pensión, no solo se necesita un mínimo de 500 para acceder a ella, sino que entre más semanas cotizadas tengan la pensión mensual será mayor. La modalidad 40 también puede ayudar con esto, precisamente porque es una "continuación voluntaria" que agregará semanas cotizadas como si tus padres tuvieran un empleo formal. Entonces, ayudar a tus padres con su modalidad 40 puede permitirles obtener una mejor pensión solo por el hecho de que esta agregará más semanas de cotización a su historial.

El segundo factor que se utiliza para calcular una pensión es el salario promedio diario de los últimos cinco años trabajados antes del retiro. Este es uno de los factores que más pueden ser impactados por la modalidad 40, que hace que incluso personas que sí tienen un empleo formal y están cotizando semanas decidan platicar con sus empleadores cuando se acerca su edad de retiro para dejar de cotizar con ellos y al contrario cotizar utilizando la modalidad 40. Y es que la modalidad 40 permite registrarse con un salario de hasta 25 unidades de medida y actualización (UMA). Quizá recuerdes que el valor de la UMA se actualiza cada año, y en 2024 equivale a 108.57 pesos diarios, $3 300.53 mensuales o $39 606.36 anuales. Esto quiere decir que en 2024 una persona se puede registrar en la modalidad 40 con un salario mensual de hasta $82 513.25 pesos. Por eso muchas personas optan por usar la modalidad 40, para registrarse con un salario alto y que eso resulte en una mayor pensión. Claro, el pago mensual de la modalidad 40 también subiría dependiendo del salario registrado. La cuota es un porcentaje de este salario registrado, y a partir de 2023 ese porcentaje se incrementará cada año hasta 2030 (hasta 2022 el porcentaje era de 10.075%). Los porcentajes que definirán la cuota mensual para los siguientes años se muestran en la tabla 22. Por ejemplo, en 2024, de registrarse con el salario máximo posible de $82 513.25, la cuota mensual de la modalidad 40 sería de 12.256% de esa cantidad, es decir, $10 112.82.

TABLA 22. Porcentaje de cuota mensual de la modalidad 40 de 2023 a 2030

| Año | % de cuota mensual |
| --- | --- |
| 2023 | 11.166 |
| 2024 | 12.256 |
| 2025 | 13.347 |
| 2026 | 14.438 |
| 2027 | 15.528 |
| 2028 | 16.619 |
| 2029 | 17.709 |
| 2030 | 18.800 |

Es importante registrar la modalidad 40 con el salario tan alto como sea posible para que el promedio diario al momento de que se calcule la pensión resulte en el mejor retiro posible. Pero claro, debes asegurarte de que esa cuota se podrá cubrir todos los meses. Aquí es donde puedes, junto con tus hermanos (si tienes), ayudar a que tus padres junten la mayor cantidad posible todos los meses para pagar la cuota y permitirles acceder a una mejor pensión de la que podrían obtener sin tu ayuda. Calculen lo que podrían aportar —todos los meses sin falta— a esa modalidad 40 durante los años que estén inscritos a ella, y dividan esa cantidad entre el porcentaje de cuota anual para el año actual, el resultado es el salario con el que se pueden registrar.

La edad a la que soliciten la pensión es el tercer y último factor por considerar para el cálculo de una pensión con la Ley del 73, y simplemente define el porcentaje de la pensión a la que se tiene derecho. Verás, la pensión se puede calcular solo con el salario promedio diario de los últimos cinco años, las semanas cotizadas y varios datos fijos que existen en la Ley del Seguro Social, pero dependiendo de la edad a la que se solicite la pensión, se tiene derecho a la pensión total o solo a un porcentaje. Estos porcentajes se muestran en la tabla 23.

TABLA 23. Porcentaje de pensión por edad

| Edad | % de pensión |
|------|--------------|
| 65 | 100 |
| 64 | 95 |
| 63 | 90 |
| 62 | 85 |
| 61 | 80 |
| 60 | 75 |

PROBLEMAS QUE PUEDEN RETRASAR TU RETIRO | 265

Veamos un ejemplo para aterrizar toda esta información. Imagina que uno de tus padres podría decidir empezar a cotizar usando la modalidad 40 a sus 60 años, cuando tenía acumuladas 1 000 semanas cotizadas, y decidir hacerlo justo por cinco años para pedir su pensión a los 65 años ya que pueda acceder al 100% de la pensión, y en el proceso juntar otras 260 semanas para un total de 1 260. Durante esos años imaginemos que estará registrado con un salario mensual de $30 400, lo que en 2023 le hará pagar $3 394.46 todos los meses como cuota de la modalidad (11.166%). Este salario mensual equivale a un salario diario de $1 000, y como tendrá ese mismo salario durante los siguientes cinco años, al retirarse, el salario promedio diario de los últimos cinco años será, lógicamente, de esos $1 000. Con estos datos podemos calcular el monto de la pensión siguiendo estos pasos:

1. Hay que obtener el salario promedio diario expresado en veces el salario mínimo (VSM), para eso, en nuestro ejemplo, dividimos 1 000 entre el salario mínimo actual en México. En 2023 este es de 207.44 pesos diarios, así que el resultado es de 4.82.

2. Con el resultado del paso 1, hay que encontrar los porcentajes correspondientes para la cuantía básica y el incremento anual para esa cantidad de salarios mínimos. Esta información existe en la Ley del 73, específicamente en el artículo 167, y se muestra en la tabla 24. Para 4.82 VSM, el porcentaje de cuantía básica correspondiente es 16.41%, y el de incremento anual es de 2.36 por ciento.

3. Ahora el porcentaje de cuantía básica debe multiplicarse por el salario promedio anual, que es el salario promedio diario multiplicado por 365. En nuestro ejemplo eso

equivale a \$365 000 por 16.41%, que da un resultado de \$59 896.50. Esta es la primera parte de la pensión.

4. A continuación debemos calcular el número de años cotizados por encima del mínimo necesario de 500 semanas. Esto lo obtenemos restando 500 del número de semanas cotizadas y dividiendo el resultado entre 52. En nuestro ejemplo restaríamos 1 260 − 500 = 760, y dividiríamos 760 entre 52 para un resultado de 14.61.

5. El resultado del paso 4 hay que redondearlo según los números después del punto decimal. Si después del punto decimal hay un valor menor a 0.25, el valor se redondea hacia abajo, es decir, un 14.23 se redondearía a 14. Si el valor después del punto decimal está entre 0.25 y 0.50, el valor se redondea a 0.50, es decir, un 14.25 ya se redondearía a 14.5. Y si el valor después del punto decimal es de más de 0.50, el valor se redondea hacia arriba, es decir, un 14.61 se redondearía a 15, que es el caso de nuestro ejemplo.

6. El resultado del paso 5 debe ser multiplicado por el incremento anual correspondiente encontrado en el paso 2. En nuestro ejemplo debemos multiplicar 15 por 2.36% para un resultado de 35.40%.

7. El resultado del paso 6 debe multiplicarse por el salario promedio anual para obtener el valor de incrementos anuales. En nuestro ejemplo debemos multiplicar 365 000 por 35.40% para un resultado de \$129 210. Esta es la segunda parte de la pensión.

8. La pensión anual se calcula sumando el resultado del paso 3 más el resultado del paso 7 y agregando un 11%. En nuestro ejemplo eso significa sumar \$59 896.50 pesos más \$129 210 para un total de \$189 106.50 y multiplicando este por 1.11 para un total de \$209 908.21.

9. El resultado del paso 8 debe multiplicarse por el porcentaje de pensión correspondiente según la edad de la persona que se pensiona, como se muestra en la tabla 23. En nuestro ejemplo se tiene derecho al 100% de la pensión calculada.

10. Finalmente, la pensión se puede incrementar a través de asignaciones familiares, que se refieren a asistencias provistas cuando la persona pensionada tiene dependientes económicos. La pensión se incrementa en estos porcentajes:

    a. 15% si tiene cónyuge.

    b. 10% por cada hijo menor de 16 años.

    c. 10% por cada hijo entre 16 y 25 que esté estudiando en planteles del Sistema Educativo Nacional.

    d. 10% por cada hijo que no pueda mantenerse por sí mismo debido a inhabilitación para trabajar por enfermedad crónica, física o psíquica.

    e. 10% por cada padre que dependa de la persona que se pensiona, siempre que no apliquen los puntos anteriores, un 10% adicional si solo se tiene un ascendiente.

    f. 15% si no aplica ninguno de los puntos anteriores.

# 268 | YA TE CARGÓ EL RETIRO

TABLA 24. Tabla del artículo 167 de la Ley del Seguro Social de 1973 sobre porcentajes de cuantía básica e incremento anual

| VSM | | % | |
|---|---|---|---|
| De | Hasta | Cuantía básica | Incremento anual |
| 0.01 | 1.00 | 80.00 | 0.56 |
| 1.01 | 1.25 | 77.11 | 0.81 |
| 1.26 | 1.50 | 58.18 | 1.18 |
| 1.51 | 1.75 | 49.23 | 1.43 |
| 1.76 | 2.00 | 42.67 | 1.62 |
| 2.01 | 2.25 | 37.65 | 1.76 |
| 2.26 | 2.50 | 33.68 | 1.87 |
| 2.51 | 2.75 | 30.48 | 1.96 |
| 2.76 | 3.00 | 27.83 | 2.03 |
| 3.01 | 3.25 | 25.60 | 2.10 |
| 3.26 | 3.50 | 23.70 | 2.15 |
| 3.51 | 3.75 | 22.07 | 2.20 |
| 3.76 | 4.00 | 20.65 | 2.24 |
| 4.01 | 4.25 | 19.39 | 2.27 |
| 4.26 | 4.50 | 18.29 | 2.30 |
| 4.51 | 4.75 | 17.30 | 2.33 |
| 4.76 | 5.00 | 16.41 | 2.36 |
| 5.01 | 5.25 | 15.61 | 2.38 |
| 5.26 | 5.50 | 14.88 | 2.40 |
| 5.51 | 5.75 | 14.22 | 2.42 |
| 5.76 | 6.00 | 13.62 | 2.43 |
| 6.01 | $\infty$ | 13.00 | 2.45 |

Por cierto, si alguno de tus padres tiene urgencia por retirarse, pueden hacer un pago retroactivo a la modalidad 40,

## PROBLEMAS QUE PUEDEN RETRASAR TU RETIRO | 269

en la que en una sola exhibición pueden cubrir hasta cinco años que no hayan cotizado anteriores a la fecha del pago. Es como hacer el pago de la modalidad 40 de forma mensual, pero en una sola exhibición y correspondiente a meses en el pasado. De esta manera podrían obtener una mejor pensión con todos los beneficios de la modalidad 40, pero de un día al siguiente. El problema, claro, es que se debe hacer el pago en una sola exhibición, es decir, si con el salario con el que quieren cotizar deben aportar —por ejemplo— $3 000 de cuota cada mes, deberían cubrir esos $3 000 correspondientes a los 60 meses que hay en cinco años ($180 000). Encima de esa cantidad se deberá agregar 1.7% por cada mes como recargo por pago extemporáneo, esto es un total de 102% para nuestro ejemplo, entonces el pago subiría hasta $363 600. Finalmente también se tendrá que agregar la inflación de cada año, haciendo que el monto del pago sea aún mayor. El monto sería grande, pero en algunos escenarios podría valer la pena. Platícalo con tus padres y hermanos, y si deciden hacer el pago retroactivo pueden ir a una subdelegación del IMSS para solicitar el alta a la modalidad y preguntar por la opción de pago retroactivo.

De hecho, para inscribirse a esta modalidad 40 se puede acudir tanto a una ventanilla del IMSS, o mejor aún, ya se puede iniciar desde internet en la página imss.gob.mx/tramites/imss02007.

## Su retiro más allá del dinero

Que tus padres aseguren que sus finanzas serán fuertes durante su propio retiro es crucial, pero que puedan disfrutar de ese retiro es quizá aún más importante. Claro, el dinero jugará un papel muy importante, difícilmente podrían disfrutar su retiro si todo el tiempo se tienen que preocupar de dónde van a generar algo de ingreso. Tal vez por esto decidiste ayudarles.

Pero como hijos podemos tener un impacto muy grande en la felicidad de nuestros padres durante su retiro, simplemente compartiendo un poco de nuestra vida con ellos. Como este libro es acerca de libertad financiera, es en lo que me quiero enfocar: comparte tu libertad financiera con ellos.

Compartir tu libertad financiera con tus padres puede tomar muchas maneras, desde simplemente compartirles tu logro y darles las gracias por las formas en que te apoyaron, hasta ayudarles a cubrir algunos gastos extra que les permitan vivir mejores vidas. Quizá puedes pagarles las clases de piano o danza que siempre quisieron tomar. Tal vez puedes pagarles el vuelo o camión para que te visiten por algunas semanas o ir a visitarlos tú por unas semanas y tomar unas vacaciones con los nietos incluidos, incluso si en tu caso tus padres insisten en que los *perrhijos* no cuentan como nietos.

Pero una de las mejores formas en que puedes compartir tu libertad financiera con ellos (si durante su plática te enteras de que quieren dejarte algo cuando mueran), desde mi punto de vista es quitarles la carga con la que quizá han cargado toda tu vida pensando que deben dejarte herencia. Que los padres hereden cosas a sus hijos puede ser un acto enorme de amor, que ellos por años sacrificaron comodidades, lujos, incluso necesidades, para poder dejarte algo cuando mueran (como si el sacrificio que hicieron mientras nos criaban no hubiera sido más que suficiente). Acepta con los brazos abiertos ese acto de amor, cuéntales a tus padres de tu libertad, y diles que agradeces enormemente su generosidad, pero que no quieres disfrutarla cuando ellos ya no estén, que prefieres disfrutarla desde hoy con ellos.

Que hereden en vida y puedan disfrutar juntos.

Ya veremos más sobre heredar en vida cuando hablemos sobre tus propias herencias, pero hablando de la herencia de tus padres creo que es importante que no lo pospongan todo para después, para cuando ni siquiera estarán vivos. Ahorrar para el futuro es importante, pero de poco o nada sirve si no disfrutas de tu dinero, tu libertad, tu vida en algún momento. Y lo mismo aplica para tus padres.

## Dejar tu trabajo para emplearte directamente

Hoy en día es cada vez menos común tener un solo empleador durante toda nuestra carrera profesional, es más, se vuelve cada vez más común dedicarnos a varias cosas durante nuestra vida. Quizá saliendo de la universidad te dediques a una cosa, pero es bastante probable que al retirarte te dediques a algo completamente diferente. Yo mismo, por ejemplo, empecé mi carrera profesional como desarrollador de *software* (estudié Ingeniería en Sistemas Computacionales) y unos años después cambié mi carrera para dedicarme a las finanzas (después de estudiar mi Licenciatura en Finanzas y Banca). Todo esto antes de los 27 años. Quién sabe qué esté haciendo a los 40, ni hablar de los 70.

Mientras los cambios de oficio o profesión que hagas durante tu vida sean con un empleo formal, no hay grandes cosas de qué preocuparte cuando se trata de tu retiro. Las aportaciones a tu afore continuarán, y mientras las complementes con tus propios ahorros, todo estará bien. Si haces las cosas bien, el dinero puede pasar a segundo plano y ser solo un efecto secundario de las actividades que realizas a lo largo de tu vida.

Pero sí es importante considerar que, si como parte de los cambios, en algún momento decides dejar la seguridad de un empleo formal para perseguir una idea y emprender tu propio negocio y crear tu propia fuente de ingresos, o decides trabajar como *freelancer* para varias empresas a la vez, pero recibiendo un pago por proyecto en lugar de un salario, debes considerar que en esos escenarios no habrá un empleador que aporte para tu retiro. Sin un salario, los montos de aportación que vimos en la imagen 11, más el 2% de aportación base que hace tu empleador, y el 1.125% que te deben retener de tu salario para aportar a tu afore, simplemente no se realizan. En el peor de los escenarios, esto significaría recibir 15% menos de aportaciones anuales para tu retiro.

Idealmente dejar de recibir esta aportación tiene un peso muy pequeño al momento de decidir perseguir tu emprendimiento o buscar perseguir tus otros intereses como *freelancer*, pero, aunque esto no debería desanimarte ni impedir que hagas lo que tú quieres hacer con tu vida y perseguir tus pasiones, sería irresponsable no contemplar el impacto en tu retiro e intentar minimizarlo.

Para dimensionar el impacto que dejar la seguridad de un empleo formal tiene en tu retiro, regresa al capítulo 5, a la sección de Cuando tu empleador afecta tu plan para el retiro. Ahí podrás calcular cuánto aportaría un patrón según el ingreso que recibas con tu emprendimiento. Por ejemplo, usando la imagen 11 y sumando 2% de aportación base y 1.125% de retención que se realiza al empleado, podrías encontrar que, si en lugar de tener un emprendimiento tuvieras un empleo formal, se aportaría 6.99% de tu ingreso a tu afore para el año actual.

Tu objetivo será apuntar a ahorrar un porcentaje de ingreso que incluya ese porcentaje que hubiera sido aportado por tu empleador. Si antes de dejar tu empleo formal destinabas 5% de tu ingreso hacia tu retiro, y además encuentras que se aportaba 6.99% a tu afore, tu objetivo será aportar en total 11.99% de tu ingreso mensual hacia tus ahorros para el retiro. Esta vez no necesariamente en una afore, sino como vimos quizá a través de un PPR o tus propias inversiones personales.

Como con todo objetivo financiero, no es necesario lograrlo desde el primer mes que emprendes tu negocio, tal vez incluso sea imposible hacerlo. Pero tener ese objetivo en mente será indispensable para evitar que tu plan para el retiro sufra.

La misma regla del 50% de la que hablamos hace un par de secciones te podría ser útil para este objetivo también. Quizá al principio de tu emprendimiento no puedes ahorrar más que 5% de tus ingresos, pero conforme vayas subiendo tus ingresos y tu sueldo puedes ir subiendo ese porcentaje. Ten muy presente el lugar en el que te encuentras actualmente (tu porcentaje de ahorro actual) y el lugar al que quieres llegar (el porcentaje de ahorro anterior más el porcentaje que aportaría un empleador) para que sepas qué pasos debes ir tomando.

Emprender es genial, y puede ser una de las mejores decisiones que tomes durante tu vida. Proporciona la enorme ventaja de no tener un techo definiendo la cantidad de ingresos que puedes recibir. Quizá esta es precisamente una de las razones por las que buscaste emprender, tener el potencial de ganar mucho más dinero del que ganarías con un empleo "normal". Pero asegúrate de que contemplas las aportaciones que estás dejando de recibir en una afore, y cuando tengas éxito y vayas en camino a ser la siguiente Ariana Huffington o Sara Blakely, no inflas tu estilo de vida más rápido de lo que tus ahorros pueden permitir.

Ah, y tu retiro no es lo único que podría verse impactado por tu persecución de una idea de negocio. Si no tienes un empleo formal en el que cotizas en el IMSS o el ISSSTE, también es necesario que contemples la manera en que cubrirás posibles gastos médicos.

De verdad que espero que estos pequeños topes no te desanimen en tu búsqueda de generar nuevas fuentes de ingreso por tu cuenta. Solo asegúrate de que poco a poco empiezas a cubrir esas aportaciones a tu retiro, y que cuentas con un seguro contratado por tu cuenta. Como ya vimos en la sección de Seguros del capítulo 3, puedes contratar un seguro con una aseguradora.

## Incorporación al IMSS como trabajador independiente

Una nueva opción, mucho más asequible que la contratación de un seguro privado —y que te otorga los beneficios del IMSS que tendría cualquier empleado "normal"— es la incorporación voluntaria de las personas trabajadoras independientes. Este es un nuevo esquema del IMSS que en México te dará acceso a beneficios como pago de incapacidades, cobertura de riesgos de trabajo, guarderías, seguro de maternidad, seguro de invalidez y vida, y hasta seguro de retiro y vejez. Sin duda

PROBLEMAS QUE PUEDEN RETRASAR TU RETIRO | 275

es una protección tremendamente amplia que reemplazaría a la perfección los beneficios que obtenías en tu empleo antes de perseguir tus sueños. Contratar esta cobertura (o alguna cobertura privada) te permitirá perseguir esos sueños sin la incertidumbre de no saber qué protecciones tienes para ti y tu familia.

Para incorporarte voluntariamente al IMSS puedes ir a su sitio web imss.gob.mx/personas-trabajadoras-independientes e iniciar el trámite en línea. Ahí mismo podrás encontrar una calculadora de la cuota que tendrás que pagar, y podrás cubrirla de forma mensual, semestral o anual. Similar a como cubrirías la prima de un seguro privado.

Por ejemplo, imagina que tienes una panadería en el centro del país, y que ganas 12 000 pesos mensuales. En la calculadora podrás seleccionar tu ocupación (en términos generales, no existe panadería como tal), elegir la zona del país en la que trabajas y capturar tu ingreso. Toma en cuenta que no puedes registrar un ingreso menor al salario mínimo vigente en tu zona geográfica, ni mayor a 25 UMA mensuales.

También es de mucha importancia que tomes en cuenta que el monto de registro definirá las prestaciones que recibas. Por ejemplo, el seguro de maternidad otorga un subsidio de dinero igual al 100% del último salario de cotización con el que se realizó el registro. Naturalmente, si decides registrarte con un salario menor al real, el monto de tu cobertura será menor y no te protegerá como lo necesitas. ¡Regístrate con tu ingreso real y ve actualizando ese monto de cotización conforme tu ingreso cambia!

Entonces, regresando a la calculadora, si en 2023 tienes una panadería en el centro del país ganando 12 000 pesos mensuales, el costo de esta afiliación voluntaria sería de $2 550.07 mensuales, $15 053.67 semestrales o $30 107.35 anuales. Puedes realizar el pago con la banca en línea de tu banco, hacer una transferencia bancaria o pagar en ventanilla de un banco y obtener esta protección en minutos. Desafortunadamente tendrás que hacer este trámite cada mes, no se puede automatizar, entonces de preferencia establece un recordatorio en tu teléfono para que no se te pase ninguna mensualidad y no pierdas tu cobertura.

Como también te decía más arriba, no es necesario que logres obtener la cobertura al 100% desde el primer mes que pones tu panadería, pero tener este objetivo en mente es muy importante, y trabajar hacia lograrlo, por supuesto, es aún más crucial.

Asegúrate de que la persecución de tus sueños en el corto plazo no pospone tus sueños del largo plazo, y que no arriesgas tus finanzas durante el camino.

## Pausar tu trabajo para criar a tus hijos

Criar hijos es una tarea ardua, quizá la más complicada en la vida de los padres, y es una responsabilidad muy grande que recae en una pareja, un trabajo de tiempo completo.

Esta responsabilidad puede pausar, retrasar o en general dañar la carrera de una o las dos partes de una pareja, lo que también afecta las aportaciones al retiro. Claro, como la compra de una casa o apoyar a tus padres con su retiro, esta decisión no debe ser puramente financiera; tienes hijos porque quieres hacerlo, y tus finanzas y las de tu pareja son solo una variable más a considerar para tomar la decisión. Pero justo es muy importante considerar esa variable y preparar tus finanzas para poder contrarrestar el impacto que pudiera tener en tus ahorros para el retiro (o cualquier otra parte de tu situación financiera).

De entrada, mientras se planea tener hijos, es necesario considerar los nuevos costos que se deberán cubrir. Podrías regresar al inicio del capítulo 2 para crear un presupuesto que ya contemple gastos en pañales, comida, ropa, muebles, las decenas de libros que deberás comprar para aprender cómo criar a un ser humano y hasta el ahorro para la educación. Y claro, a la par de considerar el incremento en los gastos, también tendrías que considerar que esto significaría incrementar el tamaño de tu fondo de emergencias. Incrementar el tamaño de la protección de tu seguro de vida también será importante, para ahora incluir a un dependiente más. Y por último deberás recordar ajustar tus inversiones conforme tus responsabilidades cambian, lo que en este caso podría significar invertir de una forma más estable, con menos riesgo.

A lo largo del libro ya vimos cómo este tipo de cambios importantes en tu vida pueden tener un impacto en tu plan de ahorro e inversión, no lo pases por alto. Vuelve a evaluar qué porcentaje debes destinar a cada parte de tu portafolio de inversión y reajusta tus inversiones mensuales, similar a lo que vimos en la tabla 19, pero esta vez reduciendo el riesgo en lugar de incrementarlo.

Además de estos ajustes, es importante considerar, incluso si los hijos ya nacieron hace varios años, el impacto que esto tuvo en tu carrera y ahorros para el retiro, o en los de tu pareja. En especial si una pareja decidió que una persona se quedaría en casa a cuidar de los hijos; por lo regular esa responsabilidad, ese trabajo de tiempo completo, no suele ser recompensado financieramente, a pesar de tener un alto valor financiero. Lo más probable es que la persona que se quedó en casa por años a criar a los hijos lo haya hecho a costa de su carrera, y de su retiro. Quizá durante esos años no trabajó en un empleo formal, lo que quiere decir que no se hicieron aportaciones a su afore, y no se cotizaron semanas. Como tal vez recuerdes de la tabla 15, en algún momento será necesario haber cotizado hasta 1 000 semanas durante la vida laboral para tener derecho a la pensión que puede otorgar la afore.

Esta decisión, que una persona se quede en casa a criar a los hijos de la pareja, no tiene por qué afectar sus finanzas y su retiro. La persona que va a generar un sueldo puede poner sobre la mesa, entre otras cosas, la forma en que puede apoyar a las finanzas de la persona que se queda en casa para que ambas partes puedan perseguir su propia libertad financiera.

## Por lo que más quieran, hablen de finanzas

La única forma de que ambas partes puedan perseguir la libertad financiera mientras una persona se queda en casa a criar los hijos es platicando entre los dos sobre qué es lo que se necesita; conocer la situación financiera de los dos, la cantidad de deudas, los ingresos, las metas y los gastos. Todo esto, por cierto, es necesario cuando una pareja decide compartir su vida juntos, pero es particularmente indispensable cuando deciden tener hijos y vivir con el sueldo de una sola persona. En ese momento las responsabilidades cambian por completo, la persona que se quedará en casa se vuelve muy responsable de la crianza de los hijos, mientras que quien trabaja se vuelve responsable de las finanzas y gastos de al menos otras dos personas: la que se queda en casa y el nuevo bebé.

Esto no quiere decir que una persona es 100% responsable del ingreso y la otra 100% responsable de la crianza. La persona que se queda en casa aún debe ser responsable con las finanzas de la familia gastando dentro de un presupuesto establecido en equipo. Y la persona que sale a trabajar aún debe ser responsable de la crianza de los hijos cuando interactúa con ellos. Pero hablando del lado financiero, si una persona se responsabilizará de las finanzas de la familia, es necesario conocer la extensión de esas responsabilidades.

Parecería innecesario mencionar esto a una pareja que planea tener hijos, si están hablando de semejante responsabilidad deberían saberlo todo el uno del otro, pero las finanzas suelen ser un tema tan tabú entre las personas que se habla menos de ellas que de sexo. Podría ser, entonces, que una persona que ya está planeando tener hijos, no lo conoce todo sobre las finanzas de su pareja.

Dejar muy claro el estado de las finanzas de cada uno permite evaluar si hay deudas que hay que pagar, fondos de emergencia que se deben construir o fondos para el retiro que tienen que llenar. En general, permite tener el panorama completo del estado conjunto de sus finanzas.

Con ese panorama completo se puede empezar a trabajar en un plan, similar a todo lo que hemos platicado en este libro, pero ahora en pareja. Teniendo un solo ingreso, ¿cómo se puede distribuir mejor ese dinero para lograr la libertad financiera de ambas personas? Ya vimos, por ejemplo, cómo el pago de las deudas es el mejor lugar para comenzar, si eso es necesario, ¿cómo se puede lograr? ¿Estarían las dos partes de la pareja cómodas si es una persona quien paga las deudas de la otra?

Nunca sabrás la respuesta si no se hace la pregunta, y no se hará la pregunta si ni siquiera se sabe qué preguntar porque nunca se habla de dinero.

Idealmente se platicó de dinero y todo lo que conlleva desde antes del embarazo, para poder poner todo esto sobre la mesa e identificar qué tanta compatibilidad hay entre las dos personas en cuestiones financieras. Pero si no se platicó antes del embarazo, o la bendición ya hasta está por graduarse de la universidad, nunca es tarde para empezar a evaluar la situación.

## Una relación no es 50/50

Mientras se platica de esta situación, empezando por conocer las finanzas de cada uno, evaluando cómo es que se debe usar el único salario que se está generando para que ambas personas puedan perseguir su propia libertad financiera, será muy común tener discusiones alrededor del tema.

Muchas de las discusiones podían tener su origen en el objetivo de ser "justos". Mientras que ser justos no parece ser algo negativo, lo es cuando constantemente se restriega al otro que "no es justo esto" o "no es justo aquello" y continuamente se lleva un "marcador" de quién le debe a quién. Nate y Kaley Klemp dicen en su libro *The 80/80 Mariage* (El matrimonio 80/80) que buscar tener una relación 50/50 en la que se busca "justicia" tiene sus propias desventajas, incluyendo que —aunque mejor en muchos sentidos que un modelo anticuado de 80/20— en lugar de trabajar en equipo hacia un objetivo en común nos pone en contra de nuestra pareja. Empieza a haber peleas como "no es justo que yo pasé dos horas trabajando en nuestras finanzas mientras tú estabas divirtiéndote con tus amigos", o "crees que eres más importante que yo porque tú ganas el dinero". Dicen los Klemp que empezamos a decir que la relación no es justa, pero que estamos comparando la aportación de la pareja en un solo tema, y peor, se limita la comparación a las últimas dos horas. No se toman en cuenta las contribuciones en otras áreas, ni la realidad de que en una relación no habrá completamente una división 50/50, y apuntar a eso es exponernos a juzgar todo el tiempo que las cosas son injustas de una o varias maneras.

Lo peor es que siempre pensaremos que quien está causando la injusticia es la otra persona, porque nunca estamos completamente consciente de lo que aporta. Siempre estamos conscientes de lo que nosotros hacemos, pero no del trabajo que la otra persona realiza. Esto nos lleva a pensar que siempre somos nosotros quienes hacemos mayores sacrificios o que destinamos más recursos —de tiempo o dinero— dentro de la relación.

La solución, dicen los Klemp, es una unión 80/80 (como podrás haberte imaginado por el título de su libro). En este tipo de unión cada persona busca dar todo lo que tiene desde un punto de generosidad, amor y éxito en equipo. Eso es la pareja, después de todo: un equipo. Cuando se es un equipo no hay necesidad de marcador, porque no hay lados, no es uno contra el otro. Con este modelo se cambia de un ideal 50/50 en el que "cuando tú ganas, yo pierdo" a un ideal de "cuando tú ganas, yo gano".

Apunten, entonces, a trabajar como un equipo hacia las metas de ambos. Si quieren la libertad financiera, y quieren hijos, y quieren que una persona se quede en casa mientras la otra trabaja, es en equipo como se logran todos estos objetivos. No pensando en ser "justos" y aportar exactamente lo mismo (que nunca se lograría), sino aportar cada uno 80% de sí hacia el equipo, hacia las metas en común.

## Las finanzas de tus hijos

Antes de que un avión despegue la tripulación nos advierte que en caso de pérdida de presión debemos ponernos las máscaras de oxígeno antes de ayudar a alguien más. Si intentaras ayudar a alguien, a tus hijos, por ejemplo, antes de asegurarte de que tú tienes el oxígeno necesario, te arriesgas a que ni tú ni tus hijos estén a salvo.

Lo mismo ocurre con las finanzas: si ayudas con las finanzas de tus hijos más allá de tus posibilidades, por mucho que esa ayuda provenga de todo el amor que les tienes, podría dañar las finanzas de todos los involucrados. Algo similar a lo que te platicaba cuando hablamos del retiro de tus padres podría pasar; si tú no aseguras tu retiro, o dañas tu libertad financiera por querer ayudar a tus hijos, podrías terminar necesitando más ayuda de su parte en el futuro. Aunque no parezca así en el momento, en el largo plazo resultará más egoísta no asegurar tus propias finanzas y tener que depender de tus hijos, que negarles algo de ayuda cuando aún no estás en posición de darla. Ponte la máscara de oxígeno tú primero.

## ¿Qué es más egoísta?

Ponerte la máscara de oxígeno antes de ponérsela a alguien más, en términos de tus finanzas personales, significa priorizar tus objetivos financieros antes que los de tus hijos. Debes asegurarte de que estás en camino a lograr tu propia libertad financiera antes de ayudar, de una u otra forma, en las finanzas de tus hijos. Por ejemplo, tienes que asegurarte de que estás pagando tus deudas lo más rápido posible antes de aportar dinero a sus ahorros, que tienes un fondo de emergencias con al menos seis meses de tus gastos antes de pagar sus vacaciones soñadas y de estar aportando consistentemente a tu retiro antes de ayudarles con sus propias deudas.

Esto es cierto incluso para objetivos financieros importantes, aquellos que a nosotros nos ha costado mucho trabajo lograr. Incluso cuando queremos dar a nuestros hijos las oportunidades que nosotros nunca tuvimos, en especial cuando sabemos el esfuerzo tan grande que algo puede necesitar, debemos resistir la tentación de ofrecerles la máscara de oxígeno antes de tiempo.

Por ejemplo, sería muy liberador para tus hijos que desde el momento en que se independicen ya tengan un fondo de emergencias de algunos meses de sus gastos que los proteja de imprevistos. Con esto en mente podrías decidir crear una cuenta de Cetesdirecto niños, desde la misma cuenta en donde tú tienes parte de tu fondo de emergencias, como vimos en el capítulo 3. Para crear esta cuenta basta con que inicies sesión en tu propia cuenta de Cetesdirecto y encuentres la opción de "Apertura cetesniños" desde el menú superior derecho, como se muestra en la imagen 24. Ahí podrías ir ahorrando algunos pesos cada mes, quizá desde que tienen unos 15 años, para acelerar su camino hacia la libertad financiera cuando empiecen a trabajar. Pero esa aportación mensual deberá ser después de tus propias aportaciones al pago de tus deudas, o el ahorro de tu propio fondo de emergencias, o el ahorro para tu retiro.

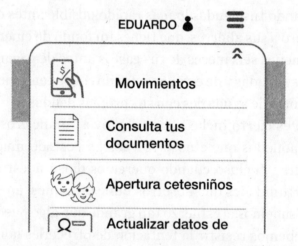

IMAGEN 24. Opción de apertura cetesniños desde Cetesdirecto

También podrás haberte dado cuenta de que juntar para tu retiro va a ser difícil, y se te podría ocurrir que ayudar a que tus hijos empiecen a juntar para su propio retiro incluso desde antes de que entren a la preparatoria les vendría muy bien. Sin duda es algo que puedes hacer. Las mismas afores que en México administran los ahorros de los trabajadores permiten que los padres o tutores aporten al retiro de los niños desde cualquier edad. Puedes decidir abrir una cuenta para tus hijos con la misma afore que administra tu dinero, la *cuenta afore niños* permite aportar y hasta domiciliar desde un peso que empezará a ser invertido tal como lo hace tu propio dinero, y posteriormente, cuando empiecen a trabajar, ese dinero será transferido a su propia cuenta individual para que sus empleadores sean ahora quienes hagan las aportaciones obligatorias. Darles a tus hijos años adicionales en los que su dinero empieza a ser ahorrado e invertido podría significar mucho mejores pensiones para ellos. Pero estas aportaciones no deberían de ser a costa de tus propios ahorros.

Aunque la ayuda que prestes a tus hijos no debería de ser a costa de tus propias finanzas, sin duda vas a querer ayudarles todo lo que puedas. ¡Hazlo! Hazlo generosamente, tan pronto como puedas, pero ni un día antes.

Esto no quiere decir que no hay formas en las que puedes ayudar a tus hijos mientras te estás enfocando en mejorar tus propias finanzas y establecer bases sólidas para el futuro, hay varias maneras en que puedes ayudar a tus hijos sin dañar tus propias finanzas, todas ellas centradas alrededor de su educación.

## Cómo ayudarles a ser independientes

Si quieres ayudar con las finanzas de tus hijos lo mejor que les puedes regalar es educación financiera, mucha de la cual puede ocurrir desde casa sin gastar dinero adicional. Los padres tienen una oportunidad única de moldear la relación que los hijos tendrán con el dinero, y esta educación será primordial para que crezcan con una idea sana sobre su valor.

En esencia hay dos opuestos que quieres evitar a toda costa. Por un lado, quieres evitar darles absolutamente todo lo que desean, permitiéndoles que crezcan con la idea de que el dinero no vale nada o que crezcan pensando que pueden gastar sin preocuparse por ahorrar o mantener unas finanzas sanas. Por el otro lado, también deberás evitar comunicarles una idea en el que el dinero lo es todo y todo gira alrededor de él, sea que haya poco o mucho disponible. Cuando pidan cosas demasiado caras para tu presupuesto, en lugar de repetir una y otra vez que "el dinero no crece en los árboles", puedes intentar explicarles el costo de las cosas, y lo que tomaría ahorrar suficiente dinero para eso.

Conforme van creciendo, entonces, puedes empezar a introducir cada vez más contexto acerca del dinero y de las finanzas familiares. Desde que tienen unos tres o cinco años puedes empezar por explicar cómo necesitas trabajar para ganar dinero, cómo el dinero es necesario para comprar algunas cosas, y cuál es la diferencia entre cosas que son gratis y cosas que no lo son. Después puedes enseñarles a dónde va el dinero, hablando de cuentas de banco y qué sucede cuando compras con una tarjeta de débito, pagando solo con tu celular o comprando por internet.

Cuando ya tienen unos cinco o seis años, y los hábitos financieros empiezan a desarrollarse, puedes introducir en su vida temas como el ahorro y las cuentas de inversión. A esa edad puedes empezar a ofrecer algunos pequeños pagos a cambio de terminar tareas adicionales a las que les corresponden, y alentarlos a ahorrar una parte, explicándoles como ese poco dinero podría alcanzarles para unos dulces, pero si quieren un juguete seguro tendrán que ahorrar algunos meses. Ese será un buen momento para hablar sobre objetivos financieros, ayúdalos a priorizar las cosas en las que quieren gastarse su "domingo".

Unos meses después puedes introducir la idea de generar intereses, de cómo ahorrar dinero en cuentas especiales pone ese dinero a crecer. Puedes crear una cuenta de cetesniños como ya vimos arriba y ayudarlos a ahorrar algunos de sus pesos ahí, y muéstrales cómo cada mes tendrán un poco más de dinero. Es más, podrías ofrecerles beneficios adicionales por ahorrar a plazos mayores a tres o seis meses, por ejemplo, diciéndoles que agregarás a su cuenta dos pesos por cada 10 que ellos ahorren para acelerar sus objetivos financieros.

Después empieza a incluirlos en el proceso de tomar decisiones financieras, desde la forma en que creas un presupuesto para cubrir la siguiente compra familiar, hasta el proceso de comparación en internet y la comparación de ofertas. Empieza a explicarles cómo comprar antes de tener el dinero puede significar el pago de intereses de un préstamo como opuesto a ganar intereses por ahorrar, explícales cómo podrías esperar a la siguiente temporada de ofertas, y cómo tienes un fondo de emergencias para cubrirte de gastos repentinos que simplemente no podrían esperar.

Y cuando ya ronden los 16 años, preséntales las ventajas y desventajas de una tarjeta de crédito, cómo un historial crediticio impacta el costo de créditos futuros, la forma en que usar las tarjetas de crédito con responsabilidad puede ayudar a construir su historial crediticio. Quizá en este momento puedas crear para ellos un presupuesto aparte, en el que sus gastos se consideran independientes de los de la familia, como tal vez se habían considerado hasta ahora, y poco a poco ayúdales a entender cómo podrán seguir desarrollando los hábitos o conocimientos financieros que ahora tienen para alcanzar su propia libertad financiera.

Ayudarles de esta forma con su libertad financiera tendrá un impacto mucho mayor que llegar un día con la billetera abierta a intentar arreglar sus problemas, quizá a costa de los tuyos. Además, te permitirá seguir tu camino hacia la libertad financiera, para lograrla lo más pronto posible. Y en cuanto la logres, ahora sí, apoyarlos con todo lo extra que puedas, quizá para facilitar su propio camino hacia juntar para su retiro, o comprar su propia casa, o cualquier objetivo financiero grande que se les atraviese. Y esta vez sabiendo que tienes la máscara de oxígeno bien puesta.

# CAPÍTULO 10

# Rómpase cuando se llegue al retiro

¡Felicidades, has llegado a tu retiro, has alcanzado la libertad financiera! ¿Y ahora qué? ¿La vida será color de rosa a partir de este momento, se ha logrado la paz mundial y no tienes nada de qué preocuparte? No exactamente.

Para este momento todos tus problemas financieros deberán haber quedado atrás, alcanzar la libertad financiera significa que el dinero que has ahorrado durante las pasadas décadas te alcanzará para vivir sin necesidad de generar nuevos ingresos por el resto de tu vida. Además, para este momento tu portafolio de inversión es bastante moderado, pues como vimos, tanto las afores como tus propias inversiones deben irse volviendo más conservadoras para que al retirarte un movimiento negativo en el valor de tus inversiones no afecte tus planes.

Entonces ya no tienes que preocuparte por perder tu fuente de ingresos, ni por destinar nuevo dinero a tus inversiones ni por poner tu despertador a las cinco de la mañana, ni siquiera tienes que preocuparte de si es lunes o viernes o domingo. La vida es buena. Llegó la hora de comprar un vuelo a la playa, salir con los amigos a cualquier hora por un cafecito, inscribirse a clases de salsa, al fin leer los 5 971 libros que amasaste durante tu vida. La vida es muy buena. Mmm. Sospechosamente buena.

Lo cierto es que el retiro viene con sus propios problemas, algunos de ellos simplemente administrativos, otros de vida o muerte. Esto es lo que debes tener en cuenta.

## Te costará trabajo gastar tu dinero

¿Qué pensarías si te digo que uno de los primeros problemas a los que te enfrentarás al retirarte será no querer gastar tu dinero? "Ay ajá, ¡si hay algo en lo que sobresalgo es en mi habilidad para gastar!", me vas a decir. "Además, qué clase de problema es ese, 'no querer gastar', ¡problema es poder ahorrar!", podrías añadir.

Y sin duda es un problema que, comparado con todos a los que te enfrentaste para llegar al retiro, podrías minimizar.

Pero cuando te retires te enfrentarás a este problema de todos modos, ten en cuenta que para cuando logres la libertad financiera habrás estado en "modo ahorrador" por años, seguro décadas, viendo todo ese tiempo cómo tus ahorros crecían y crecían. Se sentía bien ver a tu patrimonio crecer. ¿Qué pasa cuando al fin ha llegado el momento de gastar todo ese dinero y ver a tu patrimonio decrecer, tus ahorros e inversiones poco a poco desaparecer?

Era el objetivo desde el principio, lo sabías de entrada, y aun así podrías querer evitarlo.

Qué triste sería no disfrutar los frutos de tu trabajo de décadas, y volverte una historia más de aquella persona tacaña que a pesar de tener muchísimo dinero no lo usaba ni lo compartía con nadie.

Pasar de "modo ahorrador" a "modo gastador" será un cambio que no sucederá de la noche a la mañana; los hábitos son difíciles de romper, incluso los que son buenos. Pero el hábito y mentalidad del ahorro ya no los necesitarás de la misma forma cuando seas libre financieramente.

Que quede claro que esto no significa que podrás despilfarrar tu dinero a diestra y siniestra. Aún deberás atenerte a un presupuesto que contemple los gastos que ya hacías y los gastos que ahora vas a querer hacer, pero ya no tendrás que presupuestar espacio para tus ahorros, el pago de tus deudas o tus inversiones.

Pero sí significa que debes aceptar que es momento de gastar, de recibir la pensión que te otorgue tu afore si ya llegaste a la edad de retiro (como vimos en el capítulo sobre el tema), y sobre todo de retirar el dinero necesario de tus ahorros. ¿Puedes retirar 5% de tu dinero sin problema o como has estado en "modo ahorrador" por décadas sentirás la tentación de retirar solo 4%, o menos? ¿Y podrás seguir moviendo tu dinero a instrumentos cada vez más seguros, porque ya juntaste lo suficiente, o querrás mantener tu dinero en activos más riesgosos para que crezca más?

No hay forma de saber con certeza cómo reaccionarás cuando al fin te retires, pero para prepararte lo mejor posible debes asegurarte de que no asocias el tamaño de tus ahorros con tu propio éxito, y mucho menos con tu identidad. Si para ti eres la persona que tiene $x$ cantidad de dinero en el banco, cuando llegue el momento de hacer esa cantidad más pequeña, vas a sufrir. Pero si para ti eres la persona que tiene alineadas sus prioridades financieras, disfruta de su vida, o simplemente tiene buenas finanzas, nada de eso tiene que cambiar cuando tus cuentas de banco empiezan a tener menos dinero.

Si tu identidad no está atada a la cantidad de dinero que tienes, puedes dejar de mover la meta de ahorro hacia un lugar cada vez más lejano, "solo un poco más", para obtener un retiro aún mejor. No hay nada de malo con querer un retiro mejor, pero no dejes que esa búsqueda se interponga e impida que realmente llegue el punto en el que tengas suficiente.

Suficiente. Quizá esa es la meta más difícil de alcanzar, no el juntar lo necesario para lograr un nivel 1 de libertad financiera, o un nivel 3, o incluso un nivel 5 (como también vimos en el primer capítulo). Decidir que el nivel alcanzado es suficiente para ti significa evitar atorarte en una carrera de la rata de tu propia construcción. No salgas de la carrera de la rata en la que persigues más dinero para poder alcanzar la libertad financiera, solo para entrar en otra carrera de la rata en la que persigues más dinero solo porque no puedes tener suficiente.

En su libro *La bolsa o la vida*, Vicki Robin y Joe Domínguez dedican un capítulo completo a responder la pregunta de cuánto es suficiente; Morgan Housel hace lo propio en *La psicología del dinero* y John Bogle de plano escribió un libro completo. En lo personal hay una pregunta muy poderosa que siempre me ayuda a alinear mis prioridades y evaluar si estoy sacrificando mi vida por la persecución de más dinero: si supiera que voy a morir este año, ¿cómo gastaría mi dinero? Creo que si contestas esa pregunta con honestidad puedes darte cuenta —sobre todo ya en el retiro si tienes la tentación de seguir trabajando un poco más, o invertir diferente para que tu dinero crezca un poco más— si lo estás haciendo porque lo necesitas, o porque tu ego está estorbando y no te

**SI SUPIERA QUE VOY A MORIR ESTE AÑO, ¿CÓMO GASTARÍA MI DINERO?**

## Cuánto puedes retirar de tus ahorros

Una más de las barreras que podría impedirte cambiar de "modo ahorrador" a "modo gastador" podría ser la incertidumbre de saber si ahorraste suficiente dinero, o cuánto dinero puedes gastar sin que se termine. Del primer capítulo del libro quizá recuerdes la regla del 5% (nuestra sustitución de la regla del 4%) que nos permitirá sacar 5% de nuestros ahorros el primer año de nuestro retiro, y luego incrementar esa cantidad según la inflación. Pongamos un ejemplo: imagina que juntaste 2 000 000 de pesos para tu retiro, entre tus inversiones directas, tu PPR y tu afore. Eso quiere decir que el primer año podrías retirar $100 000. Para el segundo año retirarás $100 000 más la inflación (si fue de 5%, retirarías $105 000), y así sucesivamente.

Esta es una excelente regla a seguir, pero toma en cuenta que esto no es una ciencia exacta, porque no sabemos qué inflación existirá en los siguientes años, ni sabemos cuánto crecerán tus inversiones, y aunque la regla sí te permitirá calcular un rango estimado de retiro —y si te dedicas a retirar un valor dentro de ese rango, podrás tener la tranquilidad de saber que tienes la situación bajo tu control— entiendo que siempre puedes tener cierta incertidumbre de qué tan bien estás haciendo las cosas.

Para tranquilizar esa incertidumbre te voy a mostrar algunos cálculos que puedes hacer para conocer cuánto de tus ahorros podrías retirar todos los años sin que esos ahorros se terminen antes de tiempo. Seguiremos ocupando el ejemplo de arriba, en el que juntas 2 000 000 de pesos para tu retiro.

*Escenario uno: menos de 20 años de expectativa de vida*

En realidad espero que nadie tenga que usar este escenario, en el que han logrado la libertad financiera hasta que tienen menos de 20 años de expectativa de vida, porque como van las cosas, dentro de las siguientes décadas, incluso a los 65 años, la expectativa de vida podría ser de otros 20 años, al menos. Pero si te llegas a encontrar en un escenario en el que tuviste que posponer tu retiro hasta los 70 años (o después), o recibes la mala noticia de que un accidente o una enfermedad ha cortado tu expectativa de vida, estos son los cálculos que debes realizar.

En el escenario uno, entonces, te retiras con 2 000 000 y esperas vivir menos de 20 años —quizá porque aún es 2023 y esperaste hasta los 65 para retirarte. A los 65 años, en México en 2020, la esperanza de vida para ambos sexos combinados era de unos 16 años, lo que indicaría que, en promedio, vivirás hasta los 81 años.[27] Si necesitas que 2 000 000 de pesos duren unos 16 años, considerando que cada año tus gastos subirán un 4% debido a la inflación,[28] y tus ahorros crezcan un 7%,[29] podrías retirar el primer año unos $153 395, equivalentes a

---

[27] Aproximación basada en una esperanza de vida a los 60 años de 21 años (véase Knoema, 2020). Por cierto, no hay que confundir la esperanza de vida a los 60 años (los años que se espera que vivan las personas que ya tienen 60) con la esperanza de vida al nacer (los años que se espera que vivan las personas que nacen este año), que en 2021 fue de apenas 70 años, menor que los 74 años en 2019.

[28] Recuerda que, en realidad, los gastos tienden a bajar 1% por año después del retiro, pero para ser un poco conservadores con el cálculo, no lo estoy tomando en cuenta.

[29] Este es un promedio; recuerda que tus ahorros, en el retiro, ya deben estar invertidos de forma conservadora, quizás 70% en Bonos y el resto en acciones, para que el riesgo de que este rendimiento sea negativo sea menor.

$12 783 cada mes. Esto lo puedes calcular con las siguientes fórmulas.

Toma un pequeño respiro si lo necesitas; a veces, incluso ver de reojo unas fórmulas puede ser aterrador. Yo culpo a los profesores de matemáticas que fallaron en hacernos ver las matemáticas como lo divertidas que son. Pero te prometo que no son difíciles, ¡y todo lo puedes hacer con calculadora! La operación más difícil será una división. Tú puedes hacerlo: lo primero que necesitas es conocer la tasa real (la que descuenta la inflación) a la que crecerá tu dinero. Esta es su fórmula:

ECUACIÓN 1. Fórmula para calcular la tasa real (la tasa generada después de descontar la inflación).

$$tasa\ Real = \left(\frac{1+rendimiento}{1+inflación}\right) \times 100$$

Sencillo, ¿no? Sustituyendo con los valores de nuestro ejemplo, esto nos da una tasa real de 2.88%. Recuerda que un porcentaje es como dividir entre 100, entonces 7% es igual a 0.07 y 4% es igual a 0.04.

$$\left(\frac{1.07}{1.04} - 1\right) \times 100 = 2.8846\%$$

Con esto ya tienes lo necesario para calcular el monto que puedes retirar cada año si quieres que te dure 16 años en total, considerando que cada año tendrás que sacar un poco más para que tus gastos le sigan el ritmo a la inflación, y que el dinero restante siga creciendo a la tasa real que ya calculamos arriba. La fórmula que puedes usar para calcular el retiro anual es esta:

# YA TE CARGÓ EL RETIRO

$$retiro\ anual = \frac{\left(\frac{ahorro\ total}{1+tasa\ real}\right) \times tasa\ real}{1 - (1+tasa\ real)^{-años\ restantes}}$$

*Ecuación . Fórmula para calcular el retiro que se puede hacer de los ahorros al retirarse.*

Sustituyendo con los valores de nuestro ejemplo obtenemos el resultado de $153 395.64 anuales, el equivalente de $12 782.97 al mes.

$$\frac{\left(\frac{\$2\ 000\ 000}{1.028846}\right) \times 0.028846}{1 - (1.028846)^{-16}} = \$153\ 395.64$$

El monto total de tus ahorros iría bajando, como se muestra en la gráfica 6. Recuerda, este cálculo es solo para el primer año, los siguientes años deberás agregar la inflación a este cálculo que ya realizaste. Por ejemplo, para el segundo año, cuando ya tengas 67 años, multiplicarías los 153 395 por 1.04 si la inflación de ese año fue 4%; el total son 159 531. Y para el tercer año multiplicarías esos 159 531 por 1.04 y así sucesivamente. Toma en cuenta que estos montos que hemos calculado se refieren a toda la cantidad que debe salir de tus ahorros, esto significa que la pensión que te dé tu afore, más los retiros de tu PPR, más los retiros de tus cuentas de inversión, deben de ser igual al monto calculado.

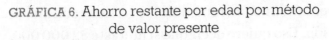

GRÁFICA 6. Ahorro restante por edad por método de valor presente

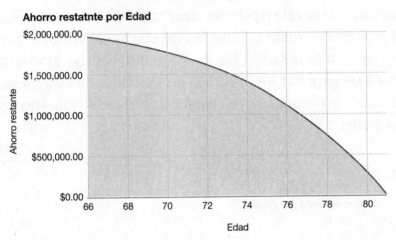

*Escenario dos: más de 20 años de expectativa de vida*

En el escenario dos tú lograste la libertad financiera a tiempo, te apuraste durante tu vida laboral y alcanzaste la libertad financiera con más de 20 años disponibles según tu expectativa de vida. Por ejemplo, alcanzaste la libertad financiera a los 50 años. Con más de 20 años de potencial expectativa de vida, tus ahorros, para empezar, deben seguir invertidos de forma más agresiva —como sucedería siguiendo la regla del 110, por ejemplo, que dictaría que a los 50 inviertes 15% más en acciones que a los 65—. Además, deberás retirar porcentajes más pequeños de tu fondo para el retiro. Quizá notaste en el escenario uno cómo el retiro realizado en el primer año equivale a 7.67% de los 2 000 000 de pesos ahorrados. Con tantos años por fondear en este segundo escenario debes limitarte a retirar 5% el primer año,[30] y similar

---

[30] Este porcentaje lo revisamos en el primer capítulo cuando modificamos la regla del 4% para contemplar estudios más recientes.

al escenario uno, incrementar los retiros cada año según la inflación. Eso quiere decir que si juntaste $2 000 000, el primer año de tu retiro podrías sacar $100 000 de tus ahorros, y el segundo sumar la inflación del año a esos 100 000, por ejemplo, si la inflación fue de 4%, multiplicarías $100 000 por 1.04 para dar un resultado de $104 000. De esta forma el total de tus ahorros se comportaría como se muestra en la gráfica 7.

GRÁFICA 7. Ahorro restante por edad por regla del 5%

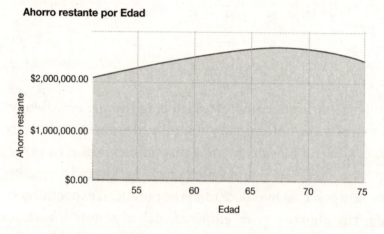

De entrada, podrás ver que este escenario parece hacer que tu dinero nunca se termine, ¡al principio hasta tienes más dinero cada año, a pesar de retirar dinero de tus ahorros! Pero en este escenario debes de contemplar, más que en el primero, la mala suerte que puedas experimentar. En el primer escenario te has retirado ya con una estrategia de inversión conservadora, pero en este segundo podrías tener aún bastante exposición a movimientos bruscos en el mercado. Imagina que en el año cinco de tu retiro ocurre una recesión que hace que tu ahorro pierda 15% de su valor, ¿cómo te afectaría eso? Quizá ocurriría algo como en la gráfica 8, donde el margen de error que provee esta regla del 5% permite que el ahorro sea suficiente para alcanzar muchos años más de vida, a pesar de esa caída espantosa.

GRÁFICA 8. Ahorro restante por edad por regla del 5% contemplando una caída del mercado en el año 5

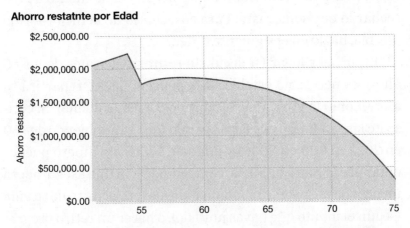

Estas reglas no son a prueba de todo; es importante que durante tu retiro sigas evaluando tu propia situación. Caídas en los mercados, alta inflación y hasta tu propia salud pueden necesitar de un cambio de planes. El primer escenario contempla la expectativa de vida promedio, pero ¿y si vives más? ¡Ni modo que quieras vivir menos para que no se acaben tus ahorros! ¿O qué pasa si varios años en el futuro tienes mucho más dinero que cuando te retiraste porque has tenido buena suerte? ¡Podrías gastar más de lo esperado! Usa la ecuación o la regla del 5% como guías, no como normas escritas en piedra; de esta forma son adaptables, te permiten reaccionar a tiempo y podrás vivir tu retiro con menos preocupaciones.

## Cómo retirar tu dinero

Cuando te retires y llegue el momento de sacar parte de tus inversiones es importante que consideres la forma en que debes hacerlo para que no arruines tu plan sin querer. Vas a tener que seguir entrando a tus cuentas de Cetesdirecto y de tu casa de bolsa, pero esta vez para vender y hacer retiros, no para invertir. Al fin habrá llegado el momento de cosechar lo que sembraste. Para cosecharlo de la mejor forma posible, hazlo en el siguiente orden.

En primer lugar (si decidiste retirarte después de los 65 años), es necesario establecer la pensión que te repartirá tu afore, como lo vimos en su capítulo correspondiente. Si cotizaste las semanas necesarias para ti (que van subiendo de 750 en 2021 a 1 000 en 2030) y juntaste suficiente dinero puedes optar por la renta vitalicia, contratando con una aseguradora un plan que te pague un monto mensual por el resto de tu vida (según el monto que hayas juntado), o hacer un retiro programado de los ahorros que juntaste. La renta vitalicia tiene la ventaja de ser de por vida y de que incluye aguinaldo, pero la desventaja de que tu dinero pasa a manos de la aseguradora. El retiro programado tiene la ventaja de que tienes acceso a todo tu dinero y en caso de muerte pasa a tus beneficiarios, la desventaja es que podrías terminártelo antes de tiempo (pero ya cubrimos cómo evitarlo en la sección anterior).

Desafortunadamente en ninguno de los casos puedes decidir qué monto obtienes, sino que se calcula según el monto que hayas ahorrado durante tu vida y tu esperanza de vida. Por fortuna, si seguiste las recomendaciones de este libro, la pensión otorgada por tu afore será solo una pequeña parte de tus ingresos mensuales.

En segundo lugar (también si decidiste retirarte después de los 65 años), tienes que considerar tu PPR. En este caso recuerda que tienes la opción de recibir un pago único o hacer retiros periódicos, por ejemplo, cada mes. El pago único es genial si en tu plan considerabas usar tu PPR como un ahorro para comprar la casa en la que vivirás tus años de retiro, en la playa o en el bosque. Pero de otra forma, hacer retiros periódicos es la mejor opción, que permite que el resto de tu dinero siga invertido.

Los ingresos que obtengas entre estas dos fuentes de ingresos (tu pensión de la afore y los retiros periódicos de un PPR) están exentos de impuesto sobre la renta (ISR) hasta 15 UMA (lo que en 2024 equivale a $49 507.95 mensuales). Si, por ejemplo, entre la pensión que recibes de tu afore y los retiros periódicos de tu PPR recibes en el mes $50 000, solo deberías pagar ISR por el excedente de $492.05. Recuerda también que el valor del UMA cambia todos los años, entonces estos montos serán diferentes en el futuro.

En tercer y último lugar puedes retirar de tus cuentas de inversión (este será el único lugar del que saques dinero si te retiras antes de los 65 años). Inicialmente puedes retirar cualquier monto que se encuentre en "efectivo"[31] dentro de tus cuentas de Cetesdirecto o casas de bolsa. Por lo regular este "efectivo" provendrá de intereses, en cuyo caso el dinero se agregará a tus ganancias del año (incluido el excedente por encima de las 15 UMA que hayas retirado de tus cuentas de afore y PPR) para calcular el impuesto que hay que pagar.

---

[31] Pongo "efectivo" entre comillas porque por ley el dinero dentro de estas cuentas de inversión no se puede quedar sin invertir. En Cetesdirecto el efectivo que se recibe de los rendimientos de las inversiones, o el remanente que no se invierte en algún instrumento, se invierte en BONDDIA, un fondo de liquidez diaria. Las casas de bolsa hacen lo propio con los intereses, dividendos y remanentes, con sus propios fondos de liquidez diaria. De cualquier modo, este dinero es rápidamente accesible.

Si después de retirar el efectivo aún necesitas más dinero para complementar tus retiros del mes, como los calculamos en la sección anterior, lo siguiente será vender parte de tus inversiones. La forma de calcular cómo venderlas será similar a la forma en que calculas cómo invertir, solo que en "reversa".

Por ejemplo, imagina que este mes debes vender 10 000 pesos de un total de $2 000 000 que tienes invertidos. Actualmente estás usando una distribución de 60% en Bonos y 40% en acciones, de forma que tienes $1 200 000 invertidos en Bonos en Cetesdirecto, y $800 000 invertidos en IVVPESO en GBM+. Después de vender te quedarás con $1 990 000, y siguiendo tu distribución eso significaría tener $1 194 000 en Bonos y $796 000 en IVVPESO. Tendrás entonces que retirar $6 000 de tus Bonos y $4 000 de IVVPESO.

Simple, ¿no? Pero recuerda contemplar en tus cálculos el reajuste de tus inversiones. Un año después quizá tu plan cambia a 61% en Bonos y 39% en IVVPESO. Digamos que para ese momento ya solo tienes $1 880 000 aún repartidos con la distribución anterior, $1 128 000 (60%) en Bonos y $752 000 (40%) en IVVPESO. Después de vender los $10 000 de todos los meses para complementar tu retiro te quedarías con $1 870 000, que ahora deberán estar distribuidos $1 140 700 en Bonos y $729 300 en IVVPESO, pero en Bonos tienes $12 700 menos de lo necesario y en IVVPESO tienes $22 700 de más. No te preocupes si los porcentajes no quedarán exactos, en este caso deberás vender de lo que tienes de más ($10 000 de IVVPESO) aunque aún te queden $12 700 de menos en un lado y $12 700 de más en el otro. Cada mes haz el cálculo para que poco a poco se rebalancee tu portafolio. Recuerda que los porcentajes existen como guía de cómo invertir (y ya en tu retiro, de cómo vender), no para atormentarte de siempre mantenerlos exactamente como dicta tu plan.

Recuerda que al vender tus acciones —en este ejemplo IVVPESO— se calculará la ganancia de capital que obtuviste (cuánto creció tu inversión desde su compra hasta su venta por encima de la inflación). Sobre esa ganancia tendrás que pagar 10% de ISR, que es un monto bastante bajo en comparación con lo que se paga de otros ingresos.

El total de tus retiros, entre afore, PPR y cuentas de inversión no debe superar lo que calculamos en la sección anterior, a menos que para los cálculos no hayas considerado, por ejemplo, la afore (por no permitirte decidir el monto) o tu PPR (por haberlo usado como ahorro para tu casa de retiro).

## No hacer nada te matará

Por lo que más quieras, ¡nunca te retires!

"¿Cómo que el libro sobre retiro me dice ahora que ya nos acercamos al final que no me retire? ¿Todo lo que me enseñó fue en vano?", te preguntarás.

Por "nunca te retires", en realidad, me refiero a que nunca dejes de hacer cosas que son importantes para ti y que te dan un propósito para levantarte todos los días. Es cierto que con este libro puedes encaminarte hacia la libertad financiera, alcanzar un punto en el que ya no necesitas levantarte todos los días para obtener el dinero necesario para enfrentar tus gastos. Es cierto también que en algún momento, quizás a tus 65, puedes decidir retirarte y no volver a trabajar, y vivir de tus pensiones y ahorros.

Pero por lo que más quieras, una vez que seas libre financieramente, una vez que ya no tengas que trabajar, ¡sigue trabajando! Esto no significa que tienes que seguir yendo al mismo trabajo del que te acabas de retirar, no significa ni siquiera que debe ser un trabajo formal, o uno que tenga horarios, y jefes, y todo eso de lo que quizá has querido escapar por años. No, me refiero más bien a seguir teniendo actividades que cubran tres requisitos principales: que ocupen de tu tiempo, que te permitan relacionarte con otras personas y te hagan sentir útil. De lo contrario, tu salud sufrirá.

Actividades que ocupen de tu tiempo hay muchas, podrías pensar que ya en el retiro puedes leer todos los libros que no leíste, aprender a tocar el instrumento que siempre admiraste, al fin ir a nadar todos los días, o en general pasar tus días en un estado de armoniosa ocupación, sin prisas. Pero ¿cuántas horas realmente puedes ocupar con tus pasatiempos? Dudo que el día completo. Dos horas leyendo, una hora en clase de piano y una hora nadando son cuatro horas en total, ¿y las otras 12 que no pasas durmiendo?

Actividades que permitan relacionarte con otras personas también hay innumerables, como simplemente visitar a tus amigos o familiares, después de todo tendrás todo el tiempo del mundo. ¿Pero lo tendrán ellos, te podrán recibir a cualquier hora?

¿Y qué hay de una actividad que te haga sentir útil? Leer por tu cuenta no ayudará mucho en este sentido, ni aprender un instrumento que puedes tocar sin nadie más, ni mantener tu cuerpo en forma yendo a correr en solitario.

Encontrar actividades que cubran estos tres requisitos es importante porque las personas necesitamos de ello para vivir, de una forma bastante literal. Mientras trabajamos obtenemos todo esto, es una actividad que ocupa nuestro tiempo —aunque a veces la actividad no nos guste y hasta consume demasiado de nuestro tiempo—, que nos permite relacionarnos e interactuar con otras personas todos los días, y que nos hace sentir útiles o que nuestro trabajo hace, aunque sea, una pequeña diferencia.

Muchas personas no se dan cuenta de cuánto sentido de pertenencia les da su trabajo, de las importantes relaciones que generan ahí, de la autoestima que ese trabajo les trae. Al retirarnos todo eso desaparece de la noche a la mañana, y cómo no, si dejamos de ver a las personas con quienes convivimos por años, dejamos de ocupar nuestro cuerpo o nuestra mente de la misma forma, y nos mata no tener un propósito en la vida. En japonés existe un término que define mejor a este propósito: *ikigai*, que según Héctor García y Francesc Miralles en su libro *Ikigai: Los secretos de Japón para una vida larga y feliz*, más o menos se traduce como "el placer de siempre estar ocupado", o según Google como "razón para vivir" y se refiere a esa satisfacción que obtenemos al tener un propósito que perseguir.

Cuando nos retiramos, o mejor dicho, cuando logramos la libertad financiera, tenemos una mejor oportunidad de perseguir nuestro *ikigai*, porque ya no existen necesidades financieras impidiendo que persigamos una actividad solo porque podría no generar ingresos. ¡Ya no necesitas los ingresos, ve y hazlo! Ve y conviértete en artista, que ahora tus pinturas no tienen que pagar la despensa. Ve y cuida tu jardín, que los frutos que dé no los tienes que vender para pagar la renta. Ve y escribe un libro, que no tienes que obtener regalías para poder viajar. Todos esos gastos ya los cubren tus inversiones. Con esta libertad ve y haz lo que siempre quisiste.

Hacerlo, además, podría ser beneficioso para la salud. Perseguir tu *ikigai* podría traducirse en mantener cierto nivel de actividad física en el retiro, lo que podría reducir la probabilidad de experimentar depresión o ansiedad en 50%, ni hablar de los beneficios cardiovasculares. Perseguir tu *ikigai* podría ser mantener o crear contacto con otras personas, lo que se traduce en una mayor autoestima y fortalecer tu sistema inmune. Y perseguir tu *ikigai* podría traducirse en mantener activa tu mente, mejorando tu memoria y posiblemente reduciendo el riesgo de padecer Alzheimer o demencia (el más importante para mí, honestamente).

García y Miralles dicen en su libro que "si quieres mantenerte ocupada incluso cuando no hay necesidad de trabajar, debe de existir un *ikigai* en tu horizonte, un propósito que te guía a lo largo de tu vida y te empuja a crear cosas bellas y útiles para la comunidad y para ti". Espero que estés a tiempo de encontrar este *ikigai* antes de tu retiro, que es una parte importante de la planeación que muchas veces ignoramos. Nos enfocamos en el tremendo problema de ahorrar lo suficiente, y rara vez pensamos en el tremendo problema de qué vamos a hacer con nuestro tiempo una vez que no tenemos que trabajar.

Entonces ve y encuentra tu *ikigai*, de preferencia desde antes de lograr la libertad financiera, para que incluso cuando ya no tengas que trabajar, sigas teniendo una razón o un objetivo por el cual salir de la cama, salir de tu casa y continuar viviendo, pero ahora libre de cualquier presión financiera.

CAPÍTULO 11

# No esperes a tu retiro

En su libro *De qué te arrepentirás antes de morir,* la autora Bronnie Ware comparte una de las historias más tristes que he leído, es la historia de John y su esposa Margaret. Desde que sus hijos se volvieron adultos, Margaret le pidió a John que se retirara, que podían vender su enorme casa, que ahora estaba bastante vacía, y usar su dinero para viajar. Pero John quería más, y su trabajo le daba un alto estatus social, así que siguió trabajando. Por 15 años. Hasta que al fin aceptó las suplicas de Margaret, y le dijo que se retiraría. En un año más. Margaret cayó enferma cuatro meses después, y falleció antes de la fecha en que John se retiraría.

Lo último que quiero es que te pase algo similar, que tu búsqueda de un escalón más de libertad financiera te impida disfrutar tu vida. Por eso quiero compartirte algunas formas en las que puedes empezar a disfrutar del proceso desde hoy, en lugar de esperar hasta tu retiro, que podría estar aún a décadas de distancia.

## Vive ya

¿Te he contado que alcancé la libertad financiera a los 29 años? Creo que quizá lo he mencionado un par de veces durante el libro. Pero hablando en serio, creo que hubiera preferido posponer esa libertad unos cinco o seis años si eso me hubiera permitido disfrutar mis veintes. El hubiera es algo extraño, sabemos que no existe; si no hubiera hecho lo que hice quizá mi libertad financiera no se habría pospuesto seis años, sino 40. Quién sabe. Pero tal vez no hubiera perdido 90% de mis amigos, a quienes siempre les decía que no podía salir de fiesta porque tenía que regresar a trabajar. Seguro no habría entristecido tantas veces a mi mamá porque los domingos solo podía verla un rato, pues tenía trabajo que terminar. Es probable que sí hubiera aprendido a tocar el piano si no hubiera querido "solo un cliente más". No lo sé. Pero sé lo que estás pensando, "ay, pobrecito, el señor libre financieramente perdió unos cuantos amigos, ¡qué más da, es libre!".

Y es cierto, pero te cuento esto para ayudarte a entender que la vida no empieza cuando logras la libertad financiera, ¡la vida es hoy! Y deberás encontrar un balance entre todas las enseñanzas de este libro, y disfrutar de tu tiempo y de tu dinero hoy.

Como con muchas cosas en la vida, se trata de evitar extremos, y lograr un balance.

Quieres evitar el extremo en el que durante tus veintes y treintas haces todo lo que quieres, ganas algo de dinero, pero te lo gastas todo en las cosas que te gustan, vives bien, disfrutas la vida, pero en cuanto llegas a tus sesentas y setentas, sin fuerzas para trabajar igual de arduamente, sin poder darte ni un respiro, tienes que seguir esforzándote porque de lo contrario no hay dinero para comer.

Y también quieres evitar el extremo en el que durante tus veintes y treintas, cuando tu cuerpo te permite hacer tantas cosas, lo usas solo para trabajar, y ahorras millones, y nunca gastas en nada más que en lo necesario, y luego llegas a los sesentas y setentas con toda la libertad del mundo, todo el dinero que necesitas, y nada de fuerzas para gastarlo.

No es necesario que encuentres el balance exacto, ese balance —o punto medio— podría cambiar durante tu vida, pero con que evites los extremos te será fácil adaptarte. Me encanta la forma en que lo expresa Morgan Housel en su libro *La psicología del dinero*, dice que asumir que serás feliz con un ingreso muy bajo, o elegir trabajar horas interminables en la persecución de un mayor ingreso, son extremos que incrementan la probabilidad de sentir arrepentimiento en cierto momento, y que el arrepentimiento es particularmente doloroso cuando tienes que abandonar un plan que estaba en uno de estos extremos y hace que ahora sientas que debes correr el doble de rápido hacia el lado opuesto para recuperar el tiempo perdido. Si durante tu vida estás cerca de ese punto medio, cualquier arrepentimiento será fácil de corregir.

He encontrado que la tabla 4, con su lista de dos prioridades, puede ser bastante útil en esto. Si, por ejemplo, tu prioridad es viajar, en tus veintes puedes escoger actividades duras con tu físico pero suaves con la cartera, como escalar una montaña, caminar horas explorando una ciudad o dormir en una de esas horribles camas de un hostal. Nada de eso lo podrás hacer fácilmente a los sesenta, te dará experiencias únicas y no dañará tanto tus finanzas, permitiéndote seguir el camino hacia un retiro cómodo para que en tus sesentas puedas escoger actividades menos demandantes para el cuerpo, aunque más demandantes en lo financiero, como navegar con comodidad en el bote de un chef por el río Tajo en Lisboa, ver la ciudad completa desde los aires mientras cenas plácidamente en el Peak Restaurant & Bar de Hudson Yards en Nueva York, y hospedarte en un St. Regis donde un mayordomo te puede cambiar la almohada si la encuentras tan solo un poco incómoda.

No creas que encontrar este balance es sencillo, es de lo más difícil, y tendrás que reaprender la lección sin cesar. Apenas esta semana, casi exactamente dos años después de la primera vez que aprendí la lección, me sorprendí cometiendo el mismo error. A pesar de estar viviendo mi sueño de vivir y estudiar en el extranjero, sueño que tenía desde los 15 años, a pesar de vivir a 15 minutos de la Opera House, uno de los edificios más bellos del mundo, y a pesar de ser libre financieramente, llevaba meses enfocado en mi trabajo, en este libro, en la maestría, sin tiempo para mí o las personas que amo. Mi primera reacción fue lamentarme, llorar, enojarme conmigo mismo. Mi segunda reacción fue tomar mi cámara y salir a hacer algo que amo, fotografiar la vida urbana de una ciudad semidesconocida. Pasé las siguientes cinco horas explorando la ciudad, hablando con desconocidos que querían que un "fotógrafo" les tome una foto "profesional" (no soy fotógrafo, solo tengo una cámara, pero eso no les molesta), tomando fotos medio decentes que pueda compartir en mi Instagram privado; le mandé un mensaje a mi mejor amiga a 13 mil kilómetros de distancia; le cociné la cena a mi novia, y el mundo seguía dando vueltas. Nada era diferente, pero todo lo era.

## Dona hoy

La generosidad es uno de los seis factores más importantes que definen nuestra felicidad, y como seres sociales que somos, no debe ser ninguna sorpresa. Ser generosos con nuestro dinero, entonces, suele traernos grandes felicidades, ver los frutos de nuestro trabajo tener impactos positivos nos puede hacer sentir muy bien con nosotros mismos.

Que esta sea la razón por la que donamos suena a una razón bastante egoísta, tú podrías decidir donar para salvar vidas, ayudar a niños con cáncer, proteger el medio ambiente, rescatar perros de la calle; las razones son innumerables. Cualquiera que sea la razón, y sin importar qué sea primero, el huevo o la gallina, donar o compartir parte de nuestros recursos nos hará sentir bien con nosotros mismos. ¿Por qué esperar a morir para hacer las donaciones más grandes de nuestra vida, en nuestro testamento? Ya no nos brindará nada de satisfacción.

Y no se trata solo de nuestra satisfacción, las organizaciones sin fines de lucro, aquellas que se podrían beneficiar de tu generosidad, muchas veces necesitan de tu dinero hoy, no dentro de 10 o 20 años, cuando quizá ya hayan desaparecido, sin poder ayudar a quien lo necesitaba. Ese perro en la calle, esos árboles que necesitan ser plantados, cualquiera que sea la organización o causa con la que te identificas, necesitan tu ayuda hoy.

Donar tiene la ventaja añadida de ser deducible por el equivalente de hasta 7% de nuestros ingresos del año anterior. Digamos que durante 2023 ganaste 100 000 pesos y decidiste donar $250 cada mes a una organización autorizada para recibir donativos deducibles de impuesto. Eso es un total de $3 000 durante el año. Cuando llegue el momento de presentar tu declaración anual podrás deducir esa cantidad, lo que significa que solo deberás pagar impuesto sobre la renta de $97 000, no de los $100 000 completos. En 2023 eso se traduciría en un ahorro de impuestos de $326.40. La organización autorizada habrá recibido $3 000 completos, y tú solo habrías desembolsado $2 673.60.

Si quieres sentirte bien contigo, o quieres ayudar a una buena causa, o quieres deberle un poco menos al SAT —o quizá una combinación de los tres— a partir de hoy, entonces, y sin importar en qué etapa de tu camino a la libertad financiera te encuentres, puedes hacer un espacio en tu presupuesto para donar, aunque sea 10 o 20 pesos a aquella organización que desde tu punto de vista está haciendo cosas importantes. No te olvides de pedirle una factura si quieres deducir ese donativo en tu declaración anual.

Lo cierto es que si no donas cuando tienes poco dinero, será muy probable que tampoco lo hagas cuando tengas mucho. La buena noticia es que no es necesario limitar tu generosidad a tu situación financiera, ¡puedes empezar donando tu tiempo! Hacer voluntariado puede ser un enorme primer paso que tomes para compartir tus recursos, en este caso tu tiempo, con quienes más lo necesitan.

No hay nada de malo en dejar un testamento cediendo algo de dinero a esa organización que quieres ayudar, pero la forma en que debes ver un testamento, desde mi punto de vista, es como un documento que detalla las instrucciones que tendrían que seguirse como tú desearías si sigues con vida, pero mientras sigues con vida ¡puedes seguir las instrucciones directamente! El testamento existe para que tu generosidad continúe, no para que apenas empiece. Puedes ver el testamento como un documento que asegurará que, si mueres antes de lo esperado, tus deseos se cumplirán, pero mientras sigues con vida es tu responsabilidad hacer con tu dinero lo que tú desees.

## Hereda en vida

Esa misma idea de que un testamento existe para asegurar que tu generosidad continúa cuando ya no estás aplica al dinero o posesiones que quieres donar a tu familia. Si quieres mostrar generosidad a tus hijos, nietos, sobrinos, o quién sea, ¿por qué no mientras vives?

¿De verdad tienes que esperar a heredar ese terrenito hasta que mueras?

La respuesta seguramente es sí para las posesiones que utilizas mientras vives. Tu anillo que conmemora tu boda, el convertible que todavía manejas algunos fines de semana, la casa en la que aún vives. ¿Pero qué hay del dinero que tal vez nunca te termines, de los libros que tus ojos ya no te permiten leer, del terrenito aquel que ha quedado medio olvidado?

Heredar después de la muerte es, en realidad, el resultado de una planeación financiera incompleta —a menos que sufras una muerte repentina por accidente o enfermedad. Significa haber trabajado más de lo que era necesario para cubrir tus gastos, y no haber otorgado ayuda a tus dependientes cuando tal vez más les beneficiaba. Espero que cuando alcances la libertad financiera ya puedas calcular cada año si tendrás dinero de sobra gracias al crecimiento de tus inversiones o la reducción de tus gastos. Si es así, es momento de empezar a donar. En vida.

Digamos que te retiras a los 65, como veíamos al inicio del capítulo 10; a esa edad (al menos durante 2021), un mexicano promedio puede esperar vivir hasta los 81 años. Durante esos 16 años puedes empezar a administrar tu dinero intentando evaluar qué tanto dinero extra tienes, y empezar a usarlo para ayudar financieramente a los familiares que lo merezcan.

Porque si murieras alrededor de esa edad según tu expectativa de vida, y solo hasta ese momento tus hijos recibieran ahorros que te sobraron, o tu casa, o tus colecciones privadas, todo esto llega a ellos demasiado tarde. Demasiado tarde financiera y emocionalmente. Para ese momento quizá tus hijos están en sus cincuentas o incluso sesentas, si lograste tu cometido de enseñarles sobre finanzas como vimos en el capítulo anterior, hace mucho tiempo que ellos son independientes financieramente, y mientras que tu dinero podría caerles bien, les pudo haber caído mucho mejor hace unos 10 o 20 años, cuando estaban comprando su primera casa, cuando estaban enfrentando los gastos de un nuevo hijo, y más importante, cuando aún te tenían para disfrutarlo.

Si trabajaste tan arduo durante tu vida para alcanzar la libertad financiera, ¿no sería mejor compartirla con tus hijos cuando aún vives que cuando ya ni estarás para verlos disfrutarla?

## Muere con cero

*Morir con cero* es el nombre de mi libro favorito de finanzas personales, excepto que parece tener enseñanzas opuestas a lo que el sentido común puede darnos a entender. El autor, Bill Perkins, nos invita a gastar nuestro dinero cuando ganamos poco, si sabemos con relativa alta certeza que ganaremos más en el futuro, o nos invita a invertir más en experiencias que en una propiedad, si sabemos que el crecimiento en su valor será insignificante comparado con el valor de la experiencia. Claro que dice que "tiene sentido posponer nuestra gratificación hasta cierto punto, porque paga dividendos en el largo plazo", pero añade que "demasiadas personas posponen su gratificación por mucho tiempo, o indefinidamente".

El autor ofrece sus enseñanzas desde el punto de vista de que la mayor riqueza proviene de nuestras experiencias y de nuestros recuerdos. Que al final de nuestra vida es en realidad lo único que nos quedará, "el inmenso orgullo, felicidad y agridulce sabor de la nostalgia".

Creo que esta idea principal otorgada por el mero título del libro puede convertirse en nuestra brújula financiera a lo largo de nuestra vida. Morir con cero significa no trabajar tanto y ser tan tacaños que al final de la vida ni podamos gastarnos todo nuestro dinero, o que el único lugar donde lo gastemos sea en el hospital, alargando nuestro lecho de muerte. Claro, morir con cero también significa no permitir que el dinero se nos termine antes de tiempo (se llama morir con cero, no con menos un millón), sino haber planeado adecuadamente, ahorrado lo necesario para alcanzar la libertad financiera, y poder seguir juntando experiencias cuando nuestro cuerpo ya no quiera trabajar.

Con esta brújula guiándonos en el camino podemos ajustar el rumbo cada que sea necesario. Si llevamos muchos meses enfocados solo en nuestro trabajo, en ganar más dinero, en tener un mayor estatus social, hay que ajustar el rumbo a tener experiencias. Y si nos sorprendemos con un fondo de emergencias incompleto, retrasados en nuestras inversiones o endeudándonos cada vez más, también es tiempo de corregir, bajarles a las experiencias y las compras, y poner las finanzas en orden de nuevo.

Morir con cero, Bill Perkins mismo lo admite, es tremendamente difícil. ¿Cómo administras tu dinero para que se termine justo el día en que mueres, sin saber la fecha por adelantado? Algunas de las herramientas en este libro te pueden ser bastante útiles, pero con tantas variables impredecibles, que no podemos controlar, como movimientos en los mercados o la fecha de nuestra muerte, esas herramientas se quedarán un poco cortas.

Tendrás que planear que el plan no vaya según el plan.

Prepararte para imprevistos significa tener un margen de error que impida que el dinero se termine antes de que mueras, que permita el tiempo suficiente para ajustar el curso cuando sea necesario. Si el plan va a ser morir con cero, planear que el plan no vaya según el plan es tener un testamento por si morimos antes de tiempo, y significa también ser cuidadosos, mantener un monto invertido de manera segura incluso durante los últimos años. Será esta preparación la que incremente las probabilidades de que nuestro dinero se haya usado como en realidad queríamos, no solo ahorrado para darnos libertad financiera, sino exprimido hasta su última gota para darnos la libertad de vivir como siempre lo quisimos.

Al final de todo repítete los títulos de cada sección de este capítulo. Vive ya. Dona hoy. Hereda en vida. Muere con cero.

## Conclusión

En cuanto tomas el primer paso hacia tu libertad financiera, el significado de "despilfarrar el dinero" cambia. Despilfarrar el dinero ya no significa gastar en restaurantes pudiendo comer en casa, ya no significa comprar el iPhone 24 Ultra Pro Max cuando el iPhone 12 sigue funcionando perfectamente, ya no significa regresar del centro comercial con cinco bolsas llenas de ropa que ni siquiera cabrá en tu clóset.

De pronto despilfarrar el dinero no tiene nada que ver con el objeto que se compra, y todo que ver con las horas o días de libertad financiera que intercambiamos por esa compra. Si ese intercambio vale la pena, no importa si el objeto que compramos es lo más ridículo para los ojos de los demás. Hace dos años tuve la oportunidad de comprar el coche de mis sueños, un divertidísimo Miata convertible. Comprar ese coche seguro significará, en el largo plazo, no haber agregado millones de pesos a mis ahorros (una vez contemplando lo que pueden crecer al ser invertidos), y haber pospuesto mi nivel 4 de libertad financiera. Pero las sonrisas que me sacó manejando por las curvas del bosque hidalguense mientras estaba enfermo de covid y no podía interactuar con nadie; los paisajes disfrutados con la capota retraída mientras cruzaba el país de regreso a Guadalajara; los fines de semana sintiendo el sol en la cara manejando por el centro de Querétaro; los viajes apretados porque la cajuela era diminuta y la última maleta no cabía más que en los pies del copiloto; los pelos de Raven, mi perrita, adornando todo el tablero. Todas esas experiencias valen mucho más que poder comprar un tercer Mercedes cuando tenga 60 años.

Pero despilfarrar, también, de pronto es más fácil, porque conocerás de mejor manera el estado de tus finanzas. De repente comprar esa pizza significa pagar más lento tus deudas; comprar ese café significa ahorrar menos en tu fondo de emergencias; comprar esa bolsa significa no invertir este mes. Esta conciencia en el impacto de tus decisiones te puede aquejar, sobre todo al principio. Entender lo difícil que será pagar tus deudas, o abrir los ojos a la realidad de que te será imposible ahorrar para ese viaje soñado, es doloroso. Será natural intentar protegernos de ese dolor inmediato, pero usualmente lo haremos a costa de un mayor dolor futuro.

Si mientras avanzas por el camino a la libertad financiera sufres algunos retrasos, o llegas a sentir que no puedes avanzar más, toma un respiro. Voltea a ver todo el camino que has recorrido ya, y recompénsate por ello. Ante cada nueva meta alcanzada, celebra. Celebra cuando entiendas en qué te gastas tu dinero, y crees un presupuesto. Celebra seguir ese presupuesto. Celebra la apertura de tu cuenta de ahorro y los primeros 100 pesos transferidos. Celebra el pago de tu deuda más cara, y cada pago mensual que hiciste para llegar ahí. Celebra cambiarte a la mejor afore para tu generación, y la apertura de tu PPR, y la contratación de una cuenta de inversión, y cada ajuste que haces a tu plan, y la forma en que cuidas tus finanzas, y las finanzas de tus padres y de tus hijos, y celebra cuando alcances el nivel 1 de libertad financiera, y luego el nivel 2, y celebra cuando decidas dejar de trabajar por dinero, lo lograste.

Pero sobre todo celébrate a ti por decidir mejorar tu situación financiera; celebra a tu familia que te ayuda a gastar según lo planeado; celebra a tu cuerpo y mente que te permite ir a trabajar y ganarte la vida; celebra las cosas y experiencias que compras; celebra los momentos en que disfrutas de los frutos de tu trabajo, y los momentos en los que no tanto; celebra a tus padres y lo que te enseñaron; celebra a tus hijos y el amor que les tienes; celebra la vida y el regalo del tiempo que te da; y celebra cuando veas el fin cerca, sabiendo que hiciste lo posible por vivir libre de la persecución del dinero, y que de cualquier forma intentaste disfrutar el camino.

*Ya te cargó el retiro* de Eduardo Rosas
se terminó de imprimir en el mes de mayo de 2024
en los talleres de
Grafimex Impresores S.A. de C.V.
Av. de las Torres No. 256 Valle de San Lorenzo
Iztapalapa, C.P. 09970, CDMX,